TEEN TEEN POWER IN JESUS

청·소·년
핵·심·공·과

교회학교 청소년을 위한 최고의 교재

틴틴파워 인 지저스 5권

| 지도자 가이드북 |

- 구약 인물주제 12과
- 신앙 핵심주제 12과
- 풍습과 전통 주제 4과
- 신약 인물주제 12과
- 생활 핵심주제 12과

요단

교사들에게

하나님의 말씀인 성경은 정보를 다루는 책이 아니라 하나님이 만드신 사람의 영혼을 위해 기록된 책입니다. 사람은 하나님의 말씀(성경)을 통해 하나님과의 통로가 생기고, 만남이 열리게 됩니다. 무엇보다 어릴 적부터 하나님 말씀인 성경을 읽고 가까이 하는 것은 한 세대를 살아가는 사람이 삶의 참다운 의미와 목표를 발견하기 위해 해야만 하는 중대한 노력입니다.

하지만 요즘 성경교육은 교회에서는 물론 믿음의 가정에서 조차 쉽지 않습니다. 그 이유는 여러 가지가 있을 수 있으나 급변하는 시대 흐름과 혼돈 속의, 가치관 그리고 구체적인 미래를 알 수 없는 현실이 큰 벽이 되고 있습니다. 또한, 세상 문명의 새로운 가치들이 물밀듯 쏟아지면서 절대 진리가 흔들리고 있기 때문입니다. 물론 우리나라 교육의 문제점인 사교육으로 인한 바쁜 현실도 한 가지 이유가 될 수 있습니다.

본서에서는 이러한 현실을 감안하여 우리 크리스천 청소년에게 필요한 새로운 교과과정을 생각해 보았습니다. 바로 청소년이 꼭 알아야 하고 실천해야 할 핵심과제가 무엇인가 하는 것입니다. 이러한 관점에서 청소년이 교회 안에서 믿음을 가지고 성장하기 위해서는 청소년기에 꼭 필요한 핵심 내용을 가르쳐야 함을 발견했습니다.

실제로 청소년기에 교회를 6년간 출석하지만 명확한 성경의 지식을 습득하기는 어렵습니다. 그리고 그것을 가르치기 위해 구조화 된 교재도 찾아보기 어렵습니다. 더구나 매년 사역자들이 교체 되는 교회 안의 현실은 성경교육의 목표가 자주 바뀌는 결과를 낳습니다. 이런 현실을 감안할 때 청소년의 신앙생활을 돕기 위해서 짧은 기간이지만 구체적이고 꼭 필요한 성경 지식과 신앙 지침, 나아가 세상에서 살아갈 때 필요한 삶의 가치를 정확히 전달할 수 있는 교재가 있어야 했습니다.

본 교재는 바로 이러한 이유로 우리 청소년에게 필요한 핵심내용들을 뽑아 6년 동안 가르칠 수 있도록 기획 했습니다. 이 교재를 통한 학습의 특징은 신약성경과 구약성경의 중요 핵심내용을 배우게 되는 것입니다. 동시에 급속히 변화된 청소년의 생활과 문화를 함께 배우게 됩니다. 이를 통해 그들이 처한 공간과 가치관 속에 하나님의 말씀인 성경의 진리에서 그들의 신앙관이 올바르게 발견되고 형성될 수 있도록 만들 것입니다. 청소년을 위한 학습 소재의 선택과 구성에도 세심한 배려를 하였습니다. 또한 모든 학습이 학생 중심의 능동·효율적 학습이 될 수 있도록 구성과 전개에 힘을 기울였습니다.

이번 틴틴 파워 인 지저스 핵심공과를 통해 성경교육의 새로운 진면목을 발견하고 청소년이 하나님의 말씀을 깊이 새길 수 있는 기회가 되기를 간절히 소망합니다.

틴틴 파워 인 지저스 기획 및 집필위원회

구약편

신약편

틴틴파워 인지저스 5권

신앙편

생활편

풍습과 전통편

공과소개

1 기획의도

틴틴 파워 인 지저스 핵심공과는 청소년기에 알아야 할 성경의 주제와 청소년기에 삶의 현장에서 부딪히는 실질적인 문제를 뽑아 공부할 수 있도록 만든 성경공부 교재입니다. 이를 통해 청소년의 생활 변화를 기대하며 기획되었습니다.

2 교과 과정의 특징

이번에 새로 만들어진 틴틴 파워 인 지저스 핵심공과의 청소년 교과 과정은 청소년기에 배워야 할 가장 중요한 핵심을 다루고 있다는 데 특징이 있습니다. 성경의 주제를 사건, 인물, 성격, 내용을 중심으로 청소년기에 필요한 핵심내용을 가지고 공과를 진행하도록 했습니다.

앞서 나온 1, 2, 3권의 교과과정 이후 이번 4, 5, 6권의 시리즈 내용으로는 구약주제 36과, 신약주제 36과, 신앙주제 36과, 청소년생활주제 36과, 이스라엘의 풍습과 전통주제 12과를 다룹니다. 이것을 3권으로 나누어 각 156과로 구성하여, 한 권에 52개 주제를 가지고 1년 동안 가르칠 수 있는 분량으로 구성하였습니다.

그리고 이번 4권의 내용은 구약의 인물, 신약의 인물, 청소년의 신앙, 청소년의 생활로 4가지 대주제입니다. 그리고 이스라엘의 풍습과 전통에 관한 주제로 다루게 됩니다.

	구약인물	신약인물	신앙	생활	풍습과 전통	합계
4권	12	12	12	12	4	52
5권	12	12	12	12	4	52
6권	12	12	12	12	4	52
합계	36	36	36	36	12	156

3

3년 교과 과정

틴틴 파워 인 지저스 핵심공과 두 번째 시리즈인 4, 5, 6권의 3년 교과과정 내용입니다.

4권 주제

구분	주 제	단원	내용
구 약 편	모세 5경의 인물	1단원	인류의 출발
		2단원	하나님의 세우심
		3단원	하나님의 이끄심
		4단원	지도자와 섬기는 자
신 약 편	예수님의 12제자	1단원	부르심
		2단원	사랑하심
		3단원	이끄심
		4단원	지키심
신 앙 편	믿음의 출발선에서	1단원	기도
		2단원	큐티(Q.T)
		3단원	성경
생 활 편	나의 공간(Ⅰ)	1단원	내면의 공간(나)
		2단원	가정의 공간(가정)
		3단원	생활의 공간(학교)
		4단원	미래의 공간(직업)
풍습과 전통편	예수시대의 생활풍습		할례, 자녀교육, 식생활, 결혼식

공과소개

5권 주제

구분	주 제	단원	내용
구 약 편	역사서의 인물	1단원	약속의 땅
		2단원	성취의 과정
		3단원	준비된 나라
		4단원	왕의 이야기
신 약 편	예수님과 만난 사람들	1단원	약속의 사람들
		2단원	그들만의 세상
		3단원	이적의 중심에서
		4단원	반대편에서
신 앙 편	그리스도를 본받아	1단원	그리스도인이 됨
		2단원	그리스도인의 성장
		3단원	그리스도를 본받아
		4단원	그리스도인의 삶
생 활 편	나의 공간(II)	1단원	내면의 공간(나)
		2단원	가정의 공간(가정)
		3단원	생활의 공간(학교)
		4단원	미래의 공간(사회)
풍습과 전통편	예수시대의 전통풍습		출생, 장례, 의복, 주거

6권 주제

구분	주 제	단원	내용
구 약 편	선지서의 인물	1단원	심판의 때
		2단원	포로기의 인도
		3단원	하나님의 사랑
		4단원	약속의 기다림
신 약 편	복음의 증거자들	1단원	복음의 중심에서
		2단원	복음을 외치다
		3단원	그들 속에도
		4단원	성장의 기쁨
신 앙 편	성령의 능력으로 살기	1단원	성령은 누구인가?
		2단원	성령의 능력
		3단원	성령의 사역
		4단원	성령의 은사
생 활 편	나의 공간(III)	1단원	내면의 공간(나)
		2단원	가정의 공간(가정)
		3단원	생활의 공간(학교)
		4단원	미래의 공간(직업)
풍습과 전통편	예수시대의 숫자들		도량형, 시간계산, 돈, 달력

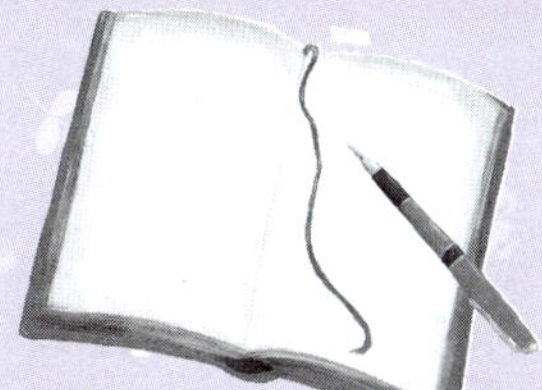

4 저자

틴틴 파워 인 지저스는 각 분야에서 활동 중인 전문가에 의해서 집필되었습니다. 신구약 성경의 핵심과정은 청소년이 꼭 알아야 할 성경내용을 청소년 시각에서 이해할 수 있도록 신약과 구약 전공자가 집필했으며, 생활과 문화 부분은 일선 중 · 고등학교와 그 분야에서 활동 중인 전문가가 집필했습니다.

5 각 과의 진행구성

구약 · 신약편 교과진행 구조

1. 제목
   각 과의 제목을 청소년의 수준에서 그들의 언어에 적합하도록 만들었습니다.
   각 단원과 연계하여 각 과의 주제를 먼저 파악하도록 합니다.

2. Question About It
   처음 각 과에는 각 과 주제에 준비된 질문이 나옵니다. 이 질문은 과가 시작되기 전에 무엇을 배우게 될지에 대한 생각을 유도합니다. 질문을 통해 과의 목표를 발견하도록 도와 줍니다.

3. View of Bible
   성경공부의 전체적인 내용을 한 번에 알 수 있도록 도와줍니다. 다음에 이어질 내용에 대한 서론에 해당합니다.

4. Learn of Bible
   각 과의 내용을 공부하는 과정입니다. 성경을 공부하는 것이니 만큼 말씀을 직접 찾고 적을 수 있도록 했습니다. 성경의 흐름을 이해하고 꼭 알아야 할 핵심내용을 배우게 됩니다.

5. Application of Bible
   각 과에서 배운 내용을 점검하고 적용하도록 돕습니다.

6. Tip of Bible
   성경공부에서 알 수 없는 내용 중 청소년이 알아야 할 재미있는 부분을 추가했습니다.

공과소개

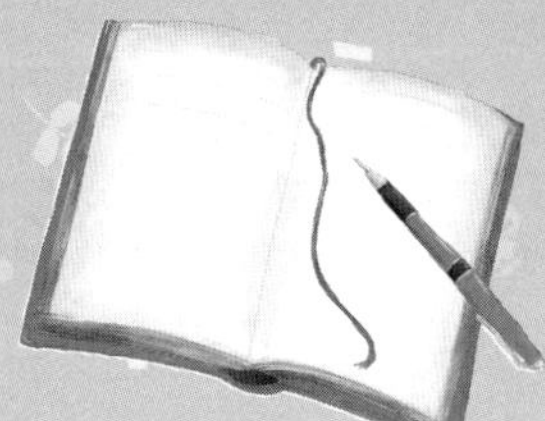

신앙 · 생활편 교과진행 구조

1. **제목**

   청소년의 현장성을 높이기 위해 그들의 생활과 문화 가까이에서 접할 수 있는 내용을 중심으로 제목을 정하였습니다.

2. **Story of Life**

   각 과의 주제를 쉽게 보여주는 실제적인 생활 이야기로 청소년의 관심을 불러일으킬 수 있는 이야기를 구성했습니다. 그리고 그들의 이야기를 통해 자신과 연관지어 생각할 수 있게 합니다.

3. **Talk Talk About Life**

   각 과의 주제와 관련된 몇 가지 질문으로 구성되며, 청소년 자신의 생활과 문화에 관해 서로 나누며 함께 참여하는 시간이 되도록 합니다.

4. **Standard of Life**

   각 과의 주제에 관련된 성경의 본문을 살핌으로써 청소년 자신이 가지는 생활과 문화의 바른 기준을 세우게 합니다.

5. **Change of Life**

   청소년의 생활과 문화를 바라보는 시각 그리고 삶의 모습을 새롭게 변화할 수 있도록 성경의 기준을 붙들게 합니다.

6. **Decision of Life**

   청소년에게 변화된 생활로의 결단을 촉구합니다.

TEEN TEEN POWER IN JESUS

청·소·년·핵·심·공·과

틴틴파워 인지저스 5권

구약편

1단원 약속의 땅	제1과 여호수아 | 제2과 갈렙 | 제3과 라합
2단원 성취의 과정	제4과 기드온 | 제5과 삼손 | 제6과 룻
3단원 준비된 나라	제7과 사무엘 | 제8과 사울 | 제9과 요나단
4단원 왕의 이야기	제10과 다윗 | 제11과 솔로몬 | 제12과 요시야

Introduce

단원주제	하나님을 의지한 사람
단원해설	하나님의 약속의 말씀을 붙잡고 그것을 위해 자신의 모든 것을 던진 사람들의 삶을 살펴보고 그들의 믿음이 어떤 믿음이었는지 이해합니다.
중심구절	"모세가 여호와께서 자기에게 명령하신 대로 하여 여호수아를 데려다가 제사장 엘르아살과 온 회중 앞에 세우고 그에게 안수하여 위탁하되 여호와께서 모세에게 명령하신 대로 하였더라"(민 27:22-23).
단원학습목표	하나님의 말씀을 끝까지 믿는 삶의 모습들을 이해합니다.
단원핵심정리	믿는 자의 삶

구약편

1 단원

약속의 땅

단원소개

애굽을 탈출한 이스라엘 백성은 하나님께서 약속하신 가나안 땅을 향해 나아가고 있었습니다. 그러나 대부분의 사람들은 하나님의 신실하신 약속을 믿지 못하고 계속해서 부정적인 말과 불평을 가지고 하나님을 원망했습니다. 그러나 그 가운데서 하나님을 향한 굳은 믿음과 신앙을 간직한 소수의 사람들이 있었습니다.

1과에서는 하나님과 모세의 종으로서의 삶을 충실하게 산 여호수아의 생애를 살펴보고, 2과에서는 모세와 여호수아에 이어 항상 이인자의 삶을 산 갈렙의 신앙의 특징을 살펴보며 이러한 삶의 자세가 하나님이 기뻐하시는 신앙인의 모습임을 이해합니다. 3과에서는 하나님을 소문으로만 믿고도 그 믿음을 행동으로 실천한 라합의 신앙을 살펴봅니다.

제1과 여호수아 충실한 시종자

구약편

학습목표 : 하나님과 모세의 종으로서의 삶을 충실하게 산 여호수아의 생애를 이해한다.

중심진리 : 하나님과 모세의 종 여호수아

본문말씀 : 민수기 27:22-23

Memory verse

"모세가 여호와께서 자기에게 명령하신 대로 하여 여호수아를 데려다가 제사장 엘르아살과 온 회중 앞에 세우고 그에게 안수하여 위탁하되 여호와께서 모세에게 명령하신 대로 하였더라"(민 27:22-23).

• Question About It

'여호수아'는 누구입니까?

① 여호수아는 에브라임 지파 눈의 아들(민 13:8)로 모세의 후계자가 됩니다(민 27:18-23).

② 가나안 땅을 정탐한 후 여호수아는 갈렙과 함께 긍정적인 보고를 했습니다(민 13:1-14:10).

③ 여호수아는 후손들에게 여호와만 섬길 것을 말하고 110세의 일기로 생을 마감하게 됩니다.

• View of Bible

여호수아는 모세의 뒤를 이어 이스라엘 백성을 이끈 위대한 지도자였습니다. 그는 모세가 죽고 난 후 하나님이 약속하신 땅으로 이스라엘 백성을 인도하는 일을 성공적으로 수행한 주인공이었습니다. 가나안 땅을 정복하는 과정에서 여러 가지 하나님의 기적과 놀라운 섭리를 경험했으며, 가나안 땅을 정복한 후 이스라엘의 각 지파에 따라 그 땅을 공평하게 분배하는 민주적인 지도자의 면모를 보여주었습니다.

• Learn of Bible

1. 모세의 충실한 시종자였던 여호수아

(1) 성경에 여호수아가 처음 등장하는 상황과 역할은 무엇입니까?(출 17:8-10)

"아말렉과의 전쟁에서 여호수아가 직접 나가서 싸움"

"그 때에 아말렉이 와서 이스라엘과 르비딤에서 싸우니라 모세가 여호수아에게 이르되 우리를 위하여 사람들을 택하여 나가서 아말렉과 싸우라 내일 내가 하나님의 지팡이를 손에 잡고 산 꼭대기에 서리라 여호수아가 모세의 말대로 행하여 아말렉과 싸우고…"(출 17:8-10).

당시 이스라엘 사람들은 애굽에서 400여 년 동안의 노예생활을 하나님의 절대적인 도움으로 마감하고 자유인이 된 지 한 달 정도 밖에 지나지 않은 상태였습니다. 오랜 세월 동안 주인이 시키는 대로만

하는 노예로 있었기 때문에 어떠한 일에 대해 결정을 내려야 하는 결단력이 없었고 위험한 일이 닥쳤을 때 능동적으로 대처할 수 있는 능력도 갖추지 못했습니다. 더군다나 아말렉 족속과 전쟁을 해야만 하는 상황에 놓이게 되었을 때 그들은 당황해서 어쩔 줄 모르는 상태였습니다.

그때 모세는 여호수아를 전쟁의 지도자로 삼고 그에게 아말렉과의 전쟁에서 선두에 설 것을 명령합니다. 그는 본래 장군 출신이 아닌 모세의 시종이었습니다(수 1:1). 그러나 모세의 측근에서 성실히 모세의 수종을 들었던 여호수아는 곧바로 순종하고 전쟁을 승리로 이끕니다.

(2) 가데스 바네아에서 열두 정탐꾼을 파견했을 때 믿음으로 순종한 사람은 누구입니까? (민 14:6-10)

"여호수아와 갈렙"

"그 땅을 정탐한 자 중 눈의 아들 여호수아와 여분네의 아들 갈렙이 자기들의 옷을 찢고"(민 14:6).

하나님께서는 이스라엘 백성에게 각 지파에서 한 명씩 뽑아 약속하신 가나안 땅을 정탐하게 하셨습니다. 그러나 그 땅을 둘러보고 온 사람들은 그 땅의 백성은 강하고 성읍은 견고하고 커서 우리의 힘으로는 도저히 정복할 수 없다고 부정적인 보고를 했습니다(민 13:25-29). 이 말을 들은 백성은 하나님과 모세를 원망하고 통곡했습니다. 그러나 그 땅을 정탐한 자 중 오직 여호수아와 갈렙만이 그 땅은 하나님께서 주신 땅이기에 여호와가 함께 하심으로 능히 그 땅을 취할 수 있다고 긍정적인 보고를 합니다. 후에 실제적으로 가나안 땅에 들어간 사람은 여호수아와 갈렙뿐이었습니다.

(3) 하나님을 의지하고 모세에게 충성했던 여호수아에게 하나님은 어떤 일을 맡기십니까? (민 27:22-23)

"모세의 뒤를 이어 백성의 지도자로 삼으심"

"모세가 여호와께서 자기에게 명령하신 대로 하여 여호수아를 데려다가 제사장 엘르아살과 온 회중 앞에 세우고 그에게 안수하여 위탁하되 여호와께서 모세에게 명령하신 대로 하였더라"(민 27:22-23).

여호수아는 처음부터 뛰어난 장군이 아니었습니다. 본래 그는 모세를 돕는 몸종에 불과했습니다. 모세의 명령에 순종하여 아말렉과의 전쟁에 임하고, 부정적인 보고를 하는 정탐꾼들 가운데 믿음을 보인 그를 하나님은 주목하고 계셨습니다. 그래서 그를 모세의 뒤를 잇는 이스라엘 백성의 지도자로 삼으셨습니다.

2. 하나님의 충실한 시종자였던 여호수아

(1) 가나안 땅에서 여호수아가 한 일은 무엇입니까?(수 11:23)

"가나안 땅을 정복하고 이스라엘 각 지파에게 나누어줌"

> "이와 같이 여호수아가 여호와께서 모세에게 말씀하신 대로 그 온 땅을 점령하여 이스라엘 지파의 구분에 따라 기업으로 주매 그 땅에 전쟁이 그쳤더라"(수 11:23).

모세의 후계자가 된 여호수아는 하나님의 명령에 순종하여 가나안 땅을 정복해 나갔습니다. 아이성 전투에서 단 한 번의 패배가 있었지만 그 외의 모든 전투에서는 승리를 거두게 됩니다. 승리의 비결은 오직 하나님께 대한 전적인 믿음과 순종 때문이었습니다. 긴 정복 전쟁이 끝난 후 여호수아는 정복한 땅을 각 지파별로 분배해 줍니다.

(2) 세겜에 모인 백성들에게 전한 여호수아의 마지막 설교 내용은 무엇입니까?(수 24:14)

"여호와만 섬기라"

> "그러므로 이제는 여호와를 경외하며 온전함과 진실함으로 그를 섬기라 너희의 조상들이 강 저쪽과 애굽에서 섬기던 신들을 치워 버리고 여호와만 섬기라"(수 24:14).

하나님께서 맡기신 사역을 성공적으로 수행한 여호수아는 죽음을 앞두고 모든 백성을 세겜으로 모이게 합니다. 그곳에서 여호수아는 백성들에게 다시 한 번 마지막으로 가나안의 우상 신들을 섬기지 말고 오직 하나님만 섬길 것을 명령합니다. 이 말을 들은 백성은 여호와를 버리고 다른 신들 섬기는 일을 결단코 하지 않겠다고 맹세합니다(수 24:16). 이렇게 마지막까지 여호수아는 믿음을 지킨 사람이었습니다.

• Application of Bible

민수기 14장 9절은 여호수아의 신앙고백과도 같습니다. 여기에서 가장 멋있는 말을 느낌대로 적어보세요.

① 여호와를 거역하지 말라.
② 가나안 땅 백성을 두려워하지 말라 그들은 우리의 먹이라.
③ 그들의 보호자는 그들을 떠났다.
④ 여호와는 우리와 함께 하신다.

여호수아는 하나님을 경외하고 그 말씀대로 순종해서 살려고 힘쓴 사람이었습니다. 하나님을 두려워 했지, 자신 앞에 있는 세상적인 적들에 대해서는 담대함으로 맞섰습니다. 항상 하나님이 나와 함께 하신다는 믿음이 있었기 때문에 가능한 일이었습니다.

우리가 두려워할 대상은 세상이 아닌 오직 하나님뿐입니다. 그리고 그 하나님은 은혜로우시며 자비로우시며 노하기를 더디 하시며 인애가 크시사 뜻을 돌이켜 재앙을 내리지 아니하시는 사랑의 하나님임을 기억합시다(욜 2:13).

• Tip of Bible

제2바이올린의 역할

어떤 사람이 유명한 지휘자인 레너드 번스타인에게 가장 연주하기 힘든 악기가 무엇인지 물었습니다. 번스타인은 서슴없이 "제2바이올린입니다. 제1바이올린 연주자들은 많이 있습니다. 그러나 제2바이올린이나 제2프렌치 호른, 제2플루트 같은 악기를 열정을 가지고 연주하려는 연주자는 찾기가 어렵습니다. 그것이 문제입니다. 제2연주자들이 없다면 하모니를 만들어낼 수 없습니다.

여호수아는 충성된 지도자이기 전에 충성된 수종자의 자리를 살아온 사람입니다. 그는 충성된 수종자였기에 신실한 계승자가 될 수 있었습니다.

열두 지파의 땅 분배

아셀
납달리
므낫세
스불론
잇사갈
므낫세
에브라임
갓
단
베냐민
루우벤
유다
시므온

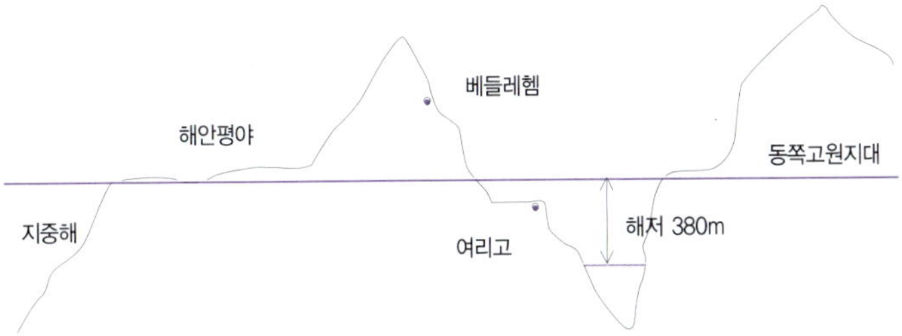
베들레헴
해안평야
동쪽고원지대
지중해
해저 380m
여리고

제 2과 갈렙 위대한 이인자

구약편

학습목표 : 모세와 여호수아에 이어 항상 이인자의 삶을 산 갈렙의 신앙의 특징을 살펴보고 이러한 삶의 자세가 하나님이 기뻐하시는 신앙인의 모습임을 이해한다.

중심진리 : 위대한 이인자인 갈렙

본문말씀 : 민수기 14:24

Memory verse

"그러나 내 종 갈렙은 그 마음이 그들과 달라서 나를 온전히 따랐은즉 그가 갔던 땅으로 내가 그를 인도하여 들이리니 그의 자손이 그 땅을 차지하리라"(민 14:24).

• Question About It

'갈렙' 은 누구입니까?

① 갈렙은 본래 그나스 사람 즉 에서의 후예지만(창 36:9–11; 민 32:12), 하나님께 대한 지속적인 헌신으로 나중에 하나님의 축복을 받아 유다 지파에 속하게 됩니다(민 13:6).

② 갈렙의 이름의 뜻은 '전심(All Heart)' 입니다. 그는 평생 온전히 하나님을 좇는 삶을 살았습니다.

③ 가나안 땅을 정탐한 후 여호수아와 함께 긍정적인 보고를 합니다(민 13:1–14:10).

• View of Bible

갈렙은 여호수아와 함께 가나안 땅을 정탐했던 인물로 여호수아와 함께 모세를 섬긴 사람입니다. 그런데 모세의 뒤를 이어 여호수아가 이스라엘의 지도자가 되자 갈렙은 모세를 섬겼던 것처럼 여호수아도 계속해서 섬깁니다. 40년 동안 모세를 섬겼던 갈렙이 40년이 지난 후에 다시 동료였던 여호수아를 섬기는 일은 쉬운 일이 아니었습니다. 한 번의 섬김은 쉽지만 계속해서 섬기는 것은 어렵습니다. 그래서 섬김이 값진 것입니다.

• Learn of Bible

1. 위대한 이인자였던 갈렙이 가지고 있었던 마음

갈렙이 하나님께 인정받을 수 있었던 것은 그의 마음 때문이었습니다.

"그러나 내 종 갈렙은 그 마음이 그들과 달라서 나를 온전히 따랐은즉 그가 갔던 땅으로 내가 그를 인도하여 들이리니 그의 자손이 그 땅을 차지하리라"(민 14:24).

하나님은 갈렙을 내 종이라고 말씀하시며, 그의 마음이 다른 사람들과 달랐고 하나님을 온전히 좇았다고 말씀합니다. 그렇다면 갈렙은 어떤 마음을 간직한 사람이었나요?

(1) 성실한 마음(수 14:7)

"내 나이 사십 세에 여호와의 종 모세가 가데스 바네아에서 나를 보내어 이 땅을 정탐하게 하였으므로 내가 성실한 마음으로 그에게 보고하였고"(수 14:7).

갈렙의 마음은 성실한 마음이었습니다. 하나님은 성실한 마음을 좋아하십니다. 성실한 마음은 변함없이 한결같은 마음입니다.

우리가 한결같이 성실하기는 어렵지만 그래도 소망을 품을 수 있는 것은 하나님의 성실하심 때문입니다. 낙심하고 절망하던 예레미야 선지자가 좌절 가운데 소망을 품게 되는데, 그 이유는 하나님의 성실하심이 크기 때문입니다.

"내 고초와 재난 곧 쑥과 담즙을 기억하소서 내 마음이 그것을 기억하고 내가 낙심이 되오나 이것을 내가 내 마음에 담아 두었더니 그것이 오히려 나의 소망이 되었사옴은 여호와의 인자와 긍휼이 무궁하시므로 우리가 진멸되지 아니함이니이다 이것들이 아침마다 새로우니 주의 성실하심이 크시도소이다" (애 3:19-23).

하나님은 성실한 마음을 찾으십니다. 하나님께서 다윗을 내 마음에 합한 사람이라고 부르신 것은 다윗의 마음이 성실한 마음이었기 때문입니다. 하나님이 그를 이스라엘의 목자로 삼으셨을 때 그는 마음의 성실함으로 이스라엘 백성을 인도했습니다.

"이에 그가 그들을 자기 마음의 완전함으로 기르고 그의 손의 능숙함으로 그들을 지도하였도다" (시 78:72).

(2) 하나님을 신뢰하는 마음(민 14:6-10)

"그 날에 여호와께서 말씀하신 이 산지를 지금 내게 주소서 당신도 그 날에 들으셨거니와 그 곳에는 아낙 사람이 있고 그 성읍들은 크고 견고할지라도 여호와께서 나와 함께 하시면 내가 여호와께서 말씀하신 대로 그들을 쫓아내리이다 하니"(수 14:12).

갈렙은 하나님의 약속의 말씀을 신뢰했습니다. 모세를 통해 주신 하나님의 약속을 일찍부터 붙잡았고, 85세가 될 때까지 놓지 않았습니다.

열 명의 정탐꾼은 하나님을 신뢰하지 않고 의심했습니다. 다시 애굽으로 돌아가기를 원했고 가나안 땅으로 전진하길 원치 않았습니다. 그러나 갈렙은 올라가서 가나안 땅을 취하자고 말했습니다. 그는 능히 이길 것이라고 확신했지만 열 명의 정탐꾼은 하나님을 신뢰하지 못했기에 하나님이 약속하신 땅을 원망하며 가나안 사람들을 두려워했습니다.

(3) 겸손한 마음(수 14:6)

"그 때에 유다 자손이 길갈에 있는 여호수아에게 나아오고 그니스 사람 여분네의 아들 갈렙이 여호수아에게 말하되 여호와께서 가데스 바네아에서 나와 당신에게 대하여 하나님의 사람 모세에게 이르신 일을 당신이 아시는 바라"(수 14:6).

하나님은 겸손한 마음을 좋아하시고, 겸손한 사람에게 은혜를 베푸십니다. 겸손한 마음은 자신의 위치를 알고 그 위치를 잘 지킬 줄 아는 마음입니다. 갈렙은 여호수아와 함께 40년 동안 모세 뒤에서 자기 위치를 지켰습니다. 또한 여호수아가 이스라엘의 지도자로 세움을 받았을 때도 여전히 이인자의 자리를 지켰습니다. 갈렙은 새로운 지도자가 된 여호수아에게 나아가 산지를 정복할 수 있도록 해달라고 청하고 있습니다. 시기하거나 질투하는 모습은 찾아보기 어렵습니다. 지도자로서의 권위와 위치를 인정하고 있는 갈렙은 겸손한 사람입니다.

갈렙은 일인자가 되는 것보다 가나안 땅을 정복하는 일에 더 관심이 있었습니다. 여호수아와 협력해서 가나안 땅을 정복하는 하나님의 뜻을 이루는데 더 관심이 있었던 것입니다.

2. 갈렙의 신앙의 특징

갈렙의 신앙의 특징은 하나님께 충성하기로(하나님을 온전히 좇기로) 결단하고 그것을 실천에 옮긴 것입니다. 갈렙은 하나님을 믿는다고 고백만 하지 않고 전심을 다해 하나님을 따랐습니다. 갈렙이 하나님께 충성했다는 구절들을 찾아보세요.

(1) 수 14:8 "나와 함께 올라갔던 내 형제들은 백성의 간담을 녹게 하였으나 나는 내 하나님 여호와께 충성하였으므로."

(2) 수 14:9 "그 날에 모세가 맹세하여 이르되 네가 내 하나님 여호와께 충성하였은즉 네 발로 밟는 땅은 영원히 너와 네 자손의 기업이 되리라 하였나이다."

(3) 수 14:14 "헤브론이 그니스 사람 여분네의 아들 갈렙의 기업이 되어 오늘까지 이르렀으니 이는 그가 이스라엘의 하나님 여호와를 온전히 좇았음(충성)이라."

(4) 민 14:24 "그러나 내 종 갈렙은 그 마음이 그들과 달라서 나를 온전히 따랐은즉(충성) 그가 갔던 땅으로 내가 그를 인도하여 들이리니 그의 자손이 그 땅을 차지하리라."

(5) 민 32:12 "그러나 그나스 사람 여분네의 아들 갈렙과 눈의 아들 여호수아는 여호와를 온전히 따랐느니라(충성) 하시고."

갈렙은 오직 하나님을 바라보며 온전히 좇았습니다. 모세나 여호수아를 보기보다 하나님의 얼굴을 보며 살았습니다. 그런 까닭에 모세를 섬길 수 있었고, 여호수아를 섬길 수 있었습니다.

결국 갈렙은 헤브론 땅을 기업으로 받는 축복을 얻게 됩니다. 하나님은 갈렙을 잊지 않으셨고 그가 평생 충성스럽게 섬긴 것을 보고 계셨습니다. 그리고 그를 기억하시고 여호수아를 통해 갈렙을 축복하셨습니다.

"여호수아가 여분네의 아들 갈렙을 위하여 축복하고 헤브론을 그에게 주어 기업을 삼게 하매 헤브론이 그나스 사람 여분네의 아들 갈렙의 기업이 되어 오늘까지 이르렀으니 이는 그가 이스라엘의 하나님 여호와를 온전히 좇았음이라"(수 14:13-14).

• Application of Bible

일인자의 삶과 이인자의 삶의 모습을 비교해보고 자신의 의견을 적어보세요.

일인자의 삶의 모습(모세, 여호수아)	이인자의 삶의 모습(갈렙)

사람들의 삶의 형태는 지도자와 섬기는 자로 나눌 수 있습니다. 물론 지도자의 삶은 때론 외롭고 힘들며 많은 책임감이 따르는 부담스러운 자리입니다. 그런데 지도자는 소수이고 섬기는 자는 다수라는 것입니다. 많은 사람들이 지도자, 주인공이 되려고 하지 섬기는 자나 조연, 무대 뒤의 스텝과 같은 삶을 살기를 원하지 않는다는 점입니다. 그러나 조연이 없는 주인공이 존재할 수 없듯이 섬기는 자가 없이 지도자

만 있을 수는 없습니다. 섬기는 사역 역시 그리스도인에게는 중요한 삶의 모습입니다.

한 가지 삶의 형태를 덧붙이면 지도자와 섬기는 자의 중간에서 이들을 조율하는 이인자의 삶이 있습니다. 바로 갈렙과 같은 삶의 모습입니다. 하나님은 갈렙과 같은 이인자의 삶도 소중히 여기십니다. 위대한 이인자가 되기 위해서는 하나님이 기뻐하시는 마음을 소유해야 하고, 하나님을 좇는 신앙이 있어야 합니다. 하나님의 말씀을 전적으로 신뢰하며 꿈을 키우고 준비할 줄 알아야 합니다. 그래서 위대한 이인자가 되는 것은 결코 쉬운 일이 아닙니다. 어떤 면에서 위대한 이인자가 된다는 것은 일인자의 자리에 서는 것보다 더 어려운 일입니다.

• Tip of Bible

이인자들의 모습

오늘의 모든 영적 지도자는 아마도 한때 두 번째 자리에서 기쁘고 충성스럽게 일을 함으로 그의 겸손함을 나타냈던 사람들일 것입니다. 중국의 선교사였던 로버트 모리슨(Robert Morrison)은 그의 지혜를 다하여 다음과 같이 기록하였습니다. "내가 생각하기로, 우리 선교회에서 가장 커다란 잘못은 아무도 둘째가 되려고 하지 않는다는 것이다. 그러나 나는 그들에게서 뛰어나게 탁월한 점들을 아무것도 찾아볼 수 없었다."

오스왈드 샌더스, 《영적 지도력》, 요단출판사, 2004년.

사실 이인자가 되는 것은 시간이 지나면 최고가 된다는 것을 의미한다. 최근의 한 조사에 따르면 《포춘》에서 선정한 500대 기업의 총수 중 86퍼센트가 이인자들이었다. 상위 계층으로 승진 가능한 부관들은 중역실로 가는 길이 업적과 충성 그리고 행운으로 포장되어 있다는 것을 안다. 현명한 부관들 역시 최상의 후보 보유력의 진가를 인정하고 있다.

데이비 히넌 & 워렌 베니스, 《위대한 이인자들》, 좋은책만들기, 2000년.

제 3과 라합 소문만으로 믿은 여인

구약편

학습목표 : 하나님을 소문으로만 믿고도 그 믿음을 행동으로 실천한 라합의 신앙을 이해한다.

중심진리 : 믿음의 행동을 보인 라합

본문말씀 : 여호수아 2:11

Memory verse

"우리가 듣자 곧 마음이 녹았고 너희로 말미암아 사람이 정신을 잃었나니 너희의 하나님 여호와는 위로는 하늘에서도 아래로는 땅에서도 하나님이시니라"(수 2:11).

• Question About It

'라합' 은 누구입니까?

① 라합은 아모리족속 여인으로 여리고성에서 술과 음식을 팔던 기생이었는데 여호수아가 보낸 정탐꾼 두 명을 숨겨주는 일을 했습니다(수 2:1).

② 라합은 여리고성이 함락되어 갈 때 붉은 줄을 성벽에 내려놓았고 이로 인해 죽음을 면하고 구원받게 됩니다(수 2:21, 6:25).

③ 라합은 예수님의 족보에 오르게 됩니다(마 1:5-6).

• View of Bible

라합은 출애굽한 이스라엘 백성 앞에 나타난 최초의 이방 여인이었습니다. 특히 그녀의 신분은 보잘 것 없는 기생이었습니다. 그러나 하나님은 이 이방 여인에게도 긍휼을 베풀어 주셔서 그녀가 하나님을 믿을 수 있는 마음을 주셨습니다. 그리고 하나님은 라합을 당신의 사역에 사용하셨습니다. 이렇게 하나님은 이스라엘만의 하나님이 아닌 모든 민족과 열방의 하나님이 되시고, 특히 낮은 신분과 힘없는 사람들의 하나님이 되심을 알 수 있습니다.

• Learn of Bible

1. 소문으로 하나님을 믿은 라합

(1) 라합은 하나님의 어떤 소문을 듣고 믿게 되었습니까?(수 2:10)

① "하나님이 홍해 물을 마르게 하신 일"

② "아모리 사람의 두 왕 시혼과 옥을 전멸시킨 일"

"이는 너희가 애굽에서 나올 때에 여호와께서 너희 앞에서 홍해 물을 마르게 하신 일과 너희가 요단 저쪽에 있는 아모리 사람의 두 왕 시혼과 옥에게 행한 일 곧 그들을 전멸시킨 일을 우리가 들었음이니라"(수 2:10).

(2) 라합이 하나님을 믿는 것을 행동으로 나타낸 일은 무엇입니까?(수 2:1, 8)

"이스라엘의 정탐꾼 두 명을 집으로 영접하고 숨겨준 일"

"눈의 아들 여호수아가 싯딤에서 두 사람을 정탐꾼으로 보내며 이르되 가서 그 땅과 여리고를 엿보라 하매 그들이 가서 라합이라 하는 기생의 집에 들어가 거기서 유숙하더니"(수 2:1), "또 그들이 눕기 전에 라합이 지붕에 올라가서 그들에게 이르러"(수 2:8).

라합은 여리고 성에서 기생 노릇을 하면서 아무런 희망도 없이 하루하루를 살아가고 있었습니다. 그러던 중 우연히 하나님에 대한 소문을 들었습니다. 오래전에 애굽에서 노예로 살던 수 많은 사람들이 애굽을 탈출했고 그 과정 가운데 홍해 물이 갈라졌으며, 광야에서 하나님의 도우심으로 살았고, 아모리 족속의 두 왕을 물리쳤고 곧 가나안 땅으로 쳐들어올 것이라는 소문이었습니다. 이러한 소문에 라합의 마음은 녹았고, 그들이 보낸 정탐꾼을 만나게 되자 정신을 잃을 정도로 충격을 받았습니다. 그리고 곧바로 여호와만이 이 세상의 유일한 하나님이심을 고백하게 됩니다.

라합은 하나님을 직접 만나본 적 없이 소문으로만 듣고 믿은 사람입니다. 이 믿음은 민족, 신분을 초월한 순수한 믿음이었습니다. 이렇게 믿음은 들음에서 납니다(롬 10:17). 예수님도 나를 보지 못하고 믿는 자들이 더 복되다고 말씀하셨습니다(요 20:29).

"그러므로 믿음은 들음에서 나며 들음은 그리스도의 말씀으로 말미암았느니라"(롬 10:17).
"예수께서 이르시되 너는 나를 본 고로 믿느냐 보지 못하고 믿는 자들은 복되도다 하시니라"(요 20:29).

2. 믿음을 행동으로 옮긴 라합

(1) 믿음의 증거로 라합이 한 행동은 무엇입니까?(수 2:15)

"정탐꾼들을 자신의 집에서 줄을 매달아 탈출시킨 일"

"라합이 그들을 창문에서 줄로 달아 내리니 그의 집이 성벽 위에 있으므로 그가 성벽 위에 거주하였음이라"(수 2:15).

(2) 이 행위를 신약성경에서는 어떻게 증거합니까?

① 히 11:31 "믿음으로 기생 라합은 정탐꾼을 평안히 영접하였으므로 순종하지 아니한 자와 함께 멸망하지 아니하였도다."

② 약 2:25 "또 이와 같이 기생 라합이 사자들을 접대하여 다른 길로 나가게 할 때에 행함으로 의롭다 하심을 받은 것이 아니냐."

이스라엘의 정탐꾼들을 숨겨주고 그들을 탈출시키는 일은 라합 자신의 목숨을 걸어야 하는 위험한 일이었습니다. 그러나 하나님을 믿게 된 라합에게겐 자신의 목숨보다 하나님의 일이 더 소중했습니다. 그래서 이런 위대한 일을 행하게 된 것입니다. 진실로 하나님을 만난 사람에게는 두려움이 사라집니다. 그녀는 자신의 믿음을 행동으로 옮긴 것입니다.

3. 예수님의 족보에 들어간 라합

(1) 구원받은 라합은 후에 누구와 결혼합니까?(마 1:5)

"살몬"

"살몬은 라합에게서 보아스를 낳고 보아스는 룻에게서 오벳을 낳고 오벳은 이새를 낳고"(마 1:5).

(2) 라합부터 다윗까지의 족보를 적어보세요.

"살몬, 라합 → 보아스, 룻 → 오벳 → 이새 → 다윗"

결국 라합은 다윗의 아버지인 이새의 증조모가 됩니다. 다윗과 예수 그리스도의 거룩한 족보에 들어가게 된 것입니다. 기생이었고 이방인이었지만 하나님을 믿었고, 그 사역에 동참한 라합을 하나님께서는 기억하셨고 축복해주신 것입니다.

• Application of Bible

우리는 어떤 선택을 해야 할까요?

라합은 저 멀리 광야에서 들려오는 이스라엘의 하나님 여호와에 대한 소문을 듣고 믿었습니다. 그녀는 들음에서 끝난 것이 아니라 믿음으로 반응했습니다. 두 정탐꾼을 구해주고 하나님과 함께 가기로 순간의 결정을 내렸습니다. 멸망 가운데서 믿음으로 생명을 얻은 것입니다. 그녀뿐만 아니라 가족 모두를 구원할 수 있었습니다.

이렇게 우리는 인생의 순간에서 중요한 결정을 내릴 때가 있습니다. 그 결정의 순간에 우리는 항상 하나님 편에 서 있어야 합니다. 하나님이 내편이 되어 달라는 기도보다는 내가 언제나 하나님 편에 서겠다는 결심이 있어야 합니다. 하나님 편에 설 때 우리는 승리할 수 있습니다.

• Tip of Bible

라합을 찾은 두 정탐꾼

두 정탐꾼은 왜 기생 라합의 집에 들어간 것일까요? 아마도 기생의 집은 많은 사람들이 모여 자유롭게 이야기를 나누는 곳이기 때문에 가나안 주민의 민심이나 정치, 군사적인 동태를 살피기에 적당한 곳이었고, 라합의 집이 성벽 위에 위치하고 있었으므로(수 2:15) 여리고 성을 정탐하기에 적당한 장소였을 것이기 때문입니다.

그러나 두 정탐꾼은 여리고 성에 들어간 지 얼마 되지 않아 발각되었기 때문에 여리고 성에 대한 자세한 정보를 얻지 못했습니다. 급히 탈출하여 이스라엘 진영으로 돌아가야만 했습니다. 그러나 이들은 그 옛날 부정적인 보고를 한 열 명의 정탐꾼과는 다른 사람들이었습니다. 정탐을 마치고 돌아온 그들은 "진실로 여호와께서 그 온 땅을 우리 손에 주셨으므로 그 땅의 모든 주민이 우리 앞에서 간담이 녹더이다"(수 2:24)라는 긍정적이고 담대한 보고를 하게 됩니다. 이 두 정탐꾼은 믿음의 사람이었습니다.

Introduce

단원주제	하나님께 쓰임 받은 사람
단원해설	하나님의 뜻을 성취하는 과정 중에 선택을 받아 사용된 사람들의 성공과 실패의 모습들을 이해합니다.
중심구절	"여호와께서 기드온에게 이르시되 너를 따르는 백성이 너무 많은즉 내가 그들의 손에 미디안 사람을 넘겨 주지 아니하리니 이는 이스라엘이 나를 거슬러 스스로 자랑하기를 내 손이 나를 구원하였다 할까 함이니라" (삿 7:2).
단원학습목표	비록 연약한 사람일지라도 그를 버리지 않고 끝까지 사용하시는 하나님의 모습을 이해합니다.
단원핵심정리	성공과 실패의 모습들

2 단원

구약편

성취의 과정

단원소개

이스라엘 백성은 하나님이 주신 땅에 정착해서도 계속된 불순종으로 하나님께 범죄하는 모습을 보여줍니다. 그래도 하나님은 이스라엘 백성을 사랑하셔서 그들을 향한 끊임없는 구원계획을 이루어 나가십니다.

4과에서는 자신들의 힘을 의지하지 않고 하나님만을 의지할 때 승리한 기드온의 모습을 살펴보고, 5과에서는 하나님이 주신 힘을 잘못 사용하여 타락한 삼손에게 다시 한 번 기회를 주시는 하나님을 이해합니다. 그리고 6과에서는 하나님께 충성하고 시어머니에게 효도함으로 큰 축복을 받은 룻의 삶을 살펴보겠습니다.

제 4과 기드온 하나님만 의지한 자

구약편

학습목표 : 자신들의 힘을 의지하지 않고 하나님만을 의지할 때 승리할 수 있음을 이해한다.
중심진리 : 하나님만을 의지한 기드온
본문말씀 : 사사기 7:2

Memory verse

"여호와께서 기드온에게 이르시되 너를 따르는 백성이 너무 많은즉 내가 그들의 손에 미디안 사람을 넘겨 주지 아니하리니 이는 이스라엘이 나를 거슬러 스스로 자랑하기를 내 손이 나를 구원하였다 할까 함이니라"(삿 7:2).

• Question About It

'기드온' 은 누구입니까?

① 기드온은 므낫세 지파로 여룹바알이라는 별명을 가졌습니다(삿 6:32).
② 기드온은 300명의 군사와 함께 미디안 족속을 물리치고 이스라엘을 구원했습니다(삿 7:6).

• View of Bible

여호수아의 인도로 가나안 땅을 정복하고 땅을 분배받은 이스라엘 열두 지파는 안타깝게도 하나님께 순종하는 삶의 모습을 보여주지 못했습니다. 하나님을 배반하고 계속해서 가나안의 우상 신들을 섬기며 불순종하는 삶을 살았습니다. 그 결과 다른 이방 민족들이 쳐들어와서 그들을 섬겨야 했으며 그들의 억압 속에서 고통스러운 삶을 살아야 했습니다.

그러나 이스라엘 백성이 하나님께 부르짖을 때 하나님께서는 한 명의 사사를 세우셔서 그들을 구원하셨습니다. 이 때 하나님이 세우신 사사가 기드온이었습니다.

기드온이 하나님만 의지했을 때 전쟁에서 승리하고 이스라엘을 구원할 수 있었습니다.

• Learn of Bible

1. 소명 받은 기드온

(1) 기드온 시대에 이스라엘 백성은 하나님을 배반하고 우상을 섬겼습니다. 그 결과 그들의 삶은 어떠했습니까?(삿 6:1-6)

① 삿 6:1 "7년 동안 이스라엘 백성을 미디안 손에 넘겨주심"

② 삿 6:2 "산으로 쫓겨나 웅덩이와 굴과 산성을 만들어 지냄"

③ 삿 6:4 "이스라엘 가운데 먹을 것이 없음"

"이스라엘 자손이 또 여호와의 목전에 악을 행하였으므로 여호와께서 칠 년 동안 그들을 미디안의 손에 넘겨 주시니"(삿 6:1).

> "미디안의 손이 이스라엘을 이긴지라 이스라엘 자손이 미디안으로 말미암아 산에서 웅덩이와 굴과 산성을 자기들을 위하여 만들었으며"(삿 6:2).
> "진을 치고 가사에 이르도록 토지 소산을 멸하여 이스라엘 가운데에 먹을 것을 남겨 두지 아니하며 양이나 소나 나귀도 남기지 아니하니"(삿 6:4).

(2) 여호와의 사자가 기드온을 찾아왔을 때 그는 어디에서 무엇을 하고 있었습니까?(삿 6:11)

"포도주 틀에서 밀을 타작하는 중"

> "여호와의 사자가 아비에셀 사람 요아스에게 속한 오브라에 이르러 상수리나무 아래에 앉으니라 마침 요아스의 아들 기드온이 미디안 사람에게 알리지 아니하려 하여 밀을 포도주 틀에서 타작하더니"(삿 6:11).

(3) 여호와의 사자가 기드온을 무엇이라고 불렀습니까?

"큰 용사여"

> "여호와의 사자가 기드온에게 나타나 이르되 큰 용사여 여호와께서 너와 함께 계시도다 하매"(삿 6:12).

당시 이스라엘 백성은 미디안 족속의 억압 속에서 고통스러운 생활을 하고 있었습니다. 자신의 삶의 터전에서 쫓겨나 산 속에서 굴을 파고 지냈으며 무엇보다도 먹을 것이 없어서 궁핍한 생활을 하고 있었습니다. 이 모두가 하나님께 불순종했기 때문입니다.

이때 여호와의 사자가 밀을 포도주 틀에서 타작하고 있던 기드온을 찾아오십니다. 이 밀을 포도주 틀에서 타작하는 모습은 추수한 밀을 빼앗기지 않기 위해 숨어서 타작을 하고 있는 모습임을 보여줍니다.

이때 기드온에게 여호와께서 "큰 용사여!" 하면서 나타나십니다. 소심하고 겁이 많은 기드온에게 큰 용사라고 부르신 것입니다. 기드온은 여호와의 소명에 부정적인 반응을 보입니다. 그러나 하나님은 주저하는 기드온에게 "내가 반드시 너와 함께 하리니"(삿 6:16)라는 약속을 주십니다. 하나님은 아주 약하고 보잘 것 없는 평범한 사람을 불러서 큰 용사로 삼아 자신의 일을 맡기셨습니다. 농부가 큰 용사로 변화되는 순간입니다. 하나님이 사용하시면 누구나 하나님의 큰일을 할 수 있습니다.

이후 기드온은 하나님께 표적을 구하고 몇 번의 확인을 받은 후 전쟁에 나가게 됩니다.

2. 기드온의 300 용사

(1) 최종적으로 기드온이 모은 군사의 수는 몇 명입니까?(삿 7:7)

"300명"

"여호와께서 기드온에게 이르시되 내가 이 물을 핥아 먹은 삼백 명으로 너희를 구원하며 미디안을 네 손에 넘겨 주리니 남은 백성은 각각 자기의 처소로 돌아갈 것이니라 하시니"(삿 7:7).

(2) 기드온의 300 용사가 준비한 무기는 무엇입니까?(삿 7:16)

"나팔, 빈 항아리, 횃불"

"삼백 명을 세 대로 나누어 각 손에 나팔과 빈 항아리를 들리고 항아리 안에는 횃불을 감추게 하고"(삿 7:16).

(3) 적은 군사와 보잘 것 없는 무기를 준비시킨 하나님의 의도는 무엇입니까?

"이스라엘 백성이 교만해지지 않고 오직 구원은 여호와로 인함이었음을 알게 하려고"

"여호와께서 기드온에게 이르시되 너를 따르는 백성이 너무 많은즉 내가 그들의 손에 미디안 사람을 넘겨 주지 아니하리니 이는 이스라엘이 나를 거슬러 스스로 자랑하기를 내 손이 나를 구원하였다 할까 함이니라"(삿 7:2).

기드온은 미디안 족속과의 전투를 위해 군사 3만 2천 명을 모집했습니다. 그런데 하나님은 지금 모인 사람들이 너무 많다는 것입니다. 그래서 싸우기 싫은 사람은 돌아가게 해서 만 명이 남았습니다(삿 7:3). 그러나 하나님은 이 사람들도 많으니 물가로 내려가서 혀로 물을 핥는 자들만 남게 하고 무릎을 꿇고 마시는 자는 모두 돌려보내라고 명령하셨습니다(삿 7:4-5). 이렇게 해서 300명만 남게 되었습니다. 그리고 이들의 무기는 나팔과 빈 항아리 그리고 횃불뿐이었습니다. 그러나 놀랍게도 하나님은 이러한 상태에서 이스라엘이 승리하게 하셨습니다. 하나님이 아주 적은 무리인 300명만 선택한 이유는 이스라엘이 하나님을 의지하지 않고 스스로의 힘으로 전쟁에서 승리했다는 생각에 빠져들지 않도록 하기 위함이었습니다(삿 7:2).

3. 전쟁 후 기드온의 모습

(1) 전쟁이 끝난 후 백성들이 기드온에게 요구한 것은 무엇입니까?(삿 8:22)

"이스라엘의 왕이 되어 줄 것을 요구함"

"그 때에 이스라엘 사람들이 기드온에게 이르되 당신이 우리를 미디안의 손에서 구원하셨으니 당신과 당신의 아들과 당신의 손자가 우리를 다스리소서 하는지라"(삿 8:22).

(2) 전쟁이 끝난 후 기드온의 영향력은 어느 정도였습니까?(삿 8:28)

"기드온이 사는 40년 동안 그 땅이 평온함"

"미디안이 이스라엘 자손 앞에 복종하여 다시는 그 머리를 들지 못하였으므로 기드온이 사는 사십 년 동안 그 땅이 평온하였더라"(삿 8:28).

전쟁이 끝나자 이스라엘 백성은 기드온을 왕으로 추대하려고 했습니다. 그러나 기드온은 이스라엘의 왕은 오직 여호와뿐임을 말하며 백성들의 제안을 거절합니다. 그는 또한 에브라임 사람들의 시비를 지혜롭게 처리하기도 했습니다(삿 8:1-3). 그래서 기드온이 살아 있는 40년 동안 이스라엘은 태평한 시대를 누릴 수 있었습니다(삿 8:28).

• Application of Bible

우리는 '작은 자' 일까요? 아니면 '큰 용사' 일까요?

스스로 아무것도 할 수 없는 작은 자로 생각하는 것은 잘못입니다.
물론 우리 개개인은 작은 자임이 분명하지만
하나님이 함께 하시면 큰 용사가 되기 때문입니다.
그러므로 하나님이 우리에게 무엇인가 사명을 주셨을 때
'나는 할 수 없다' 고 하면서 하나님의 말씀을 거절하는 것은
절대로 겸손이 아닙니다.
하나님은 이미 내 주위의 일을 결정해놓고
우리를 사용하시기 위해 부르신 것입니다.
하나님만 의지하고 나가면 두려울 것이 없습니다.
하나님이 우리의 대적을 물리쳐주시기 때문입니다.
이렇게 하나님이 함께 하시는 한
우리는 큰 용사임이 분명합니다.

• Tip of Bible

포도주 틀에서 밀을 타작하는 기드온의 모습

미디안 사람들은 농사를 지을 때는 가만히 있다가 추수할 때만 되면 쳐들어오는 굉장히 약은 족속이었습니다. 그래서 기드온은 추수한 밀을 빼앗기지 않기 위해 미디안 사람들 몰래 포도주 틀에서 타작하고 있었던 것입니다. 타작이란 알맹이와 껍질을 따로 떼어 놓는 작업으로 넓은 마당에서 하는 작업입니다. 반면에 포도주는 밀폐된 장소에서 하는 작업입니다. 그 이유는 포도주에 이물질이 들어가면 안 되기 때문입니다. 그런데 기드온은 지금 반대로 포도주를 짜는 장소에서 밀 타작을 하고 있었습니다. 그것도 두들기면서 타작하는 것이 아니라 한 알씩 조심스럽게 밀을 까고 있었던 것입니다. 혹시 누가 볼까봐 숨어서 몰래 낟알을 까고 있었습니다. 이러한 행동은 기드온이 소심하고 겁이 많은 사람임을 보여주는 장면입니다.

제 5과 삼손 마지막에 기회를 얻은 자

구약편

학습목표 : 하나님이 주신 힘을 잘못 사용하여 타락한 삼손에게 다시 한 번 기회를 주시는 하나님을 이해한다.

중심진리 : 잘못된 삶을 산 삼손

본문말씀 : 사사기 16:28

Memory verse

"삼손이 여호와께 부르짖어 이르되 주 여호와여 구하옵나니 나를 생각하옵소서 하나님이여 구하옵나니 이번만 나를 강하게 하사 나의 두 눈을 뺀 블레셋 사람에게 원수를 단번에 갚게 하옵소서 하고"(삿 16:28).

• Question About It

'삼손' 은 누구입니까?

① 삼손은 단지파 마노아의 아들로 '작은 태양' 이란 뜻을 가지고 있습니다(삿 13:2).

② 삼손은 태중에 있을 때 성별되어 '나실인' 으로 선택되었습니다(삿 13:5).

③ 삼손은 하나님이 주신 큰 힘을 사용해서 블레셋 사람들을 물리쳤습니다.

④ 그러나 삼손은 결국 타락한 삶을 살게 됩니다.

• View of Bible

여러분은 삼손이란 이름을 들을 때 어떤 생각이 가장 먼저 떠오릅니까? 우리가 주일학교 때부터 자주 들었던 삼손은 무엇보다 힘이 세고, 이스라엘 백성을 위해서 블레셋 사람들을 물리치고, 하나님의 사사로서 위대한 삶을 살았지만 마지막에 타락하여 불행하게 생을 마감한 불쌍한 사람이었다고 생각할 겁니다.

그러나 과연 그럴까요? 본 과를 공부하면서 삼손이 어떤 삶을 살았는지 살펴보세요.

• Learn of Bible

1. 나실인 삼손

(1) 삼손이 태어나는 과정을 찾아보세요.

① 삿 13:3 "하나님의 예언으로 태어남"

② 삿 13:5 "구별된 아이로 태어남"

③ 삿 13:7 "하나님께 바쳐진 아이로 태어남"

"여호와의 사자가 그 여인에게 나타나서 그에게 이르시되 보라 네가 본래 임신하지 못하므로 출산하지 못하였으나 이제 임신하여 아들을 낳으리니"(삿 13:3).
"보라 네가 임신하여 아들을 낳으리니 그의 머리 위에 삭도를 대지 말라 이 아이는 태에서 나옴으로부터 하나님께 바쳐진 나실인이 됨이라 그가 블레셋 사람의 손에서 이스라엘을 구원하기 시작하리라 하시니"(삿 13:5).

"그가 내게 이르기를 보라 네가 임신하여 아들을 낳으리니 이제 포도주와 독주를 마시지 말며 어떤 부정한 것도 먹지 말라 이 아이는 태에서부터 그가 죽는 날까지 하나님께 바쳐진 나실인이 됨이라 하더이다 하니라"(삿 13:7).

(2) 나실인의 세 가지 조건은 무엇입니까?(민 6:3-6)

① 민 6:3 "술을 멀리해야 함"

② 민 6:5 "머리털을 길게 자라게 하여야 함"

③ 민 6:6 "시체를 가까이 하지 말아야 함"

"포도주와 독주를 멀리하며 포도주로 된 초나 독주로 된 초를 마시지 말며 포도즙도 마시지 말며 생포도나 건포도도 먹지 말지니"(민 6:3).
"그 서원을 하고 구별하는 모든 날 동안은 삭도를 절대로 그의 머리에 대지 말 것이라 자기 몸을 구별하여 여호와께 드리는 날이 차기까지 그는 거룩한즉 그의 머리털을 길게 자라게 할 것이며"(민 6:5).
"자기의 몸을 구별하여 여호와께 드리는 모든 날 동안은 시체를 가까이 하지 말 것이요"(민 6:6).

삼손의 어머니는 아이를 낳을 수 없었던 몸이었습니다. 그러나 하나님께 간절히 기도했고 그 기도의 응답으로 태어난 사람이 삼손입니다. 이렇게 삼손은 이미 태어날 때부터 하나님께 바쳐진 사람으로 구별되었습니다. 즉 나실인으로 태어났는데, 나실인이란 '구별된 자'라는 뜻으로 하나님께 특별히 봉사하도록 구별된 자를 말합니다. 구별된 자이기에 삼손은 모든 모습에서 세상 사람과 달랐습니다.

술을 멀리하라는 것은 육신의 정욕에 빠지지 말라는 것이며, 머리털을 깎지 말라는 것은 멀리서도 나실인이란 것을 빨리 알아차릴 수 있도록 세상과 구별된 모습으로 살아야 한다는 것을 뜻합니다. 또한 시체를 만지지 말라는 것은 부정한 것을 가까이 하지 말아야 한다는 것입니다.

2. 타락한 삼손

(1) 삼손의 힘은 어느 정도였습니까?

① 삿 14:6 "맨손으로 사자를 죽임"

② 삿 14:19 "아스글론(블레셋) 사람 30명을 죽임"

③ 삿 15:15 "나귀 턱뼈로 천명을 죽임"

"여호와의 영이 삼손에게 강하게 임하니 그가 손에 아무것도 없이 그 사자를 염소 새끼를 찢는 것 같이 찢었으나 그는 자기가 행한 일을 부모에게 알리지 아니하였더라"(삿 14:6).
"여호와의 영이 삼손에게 갑자기 임하시매 삼손이 아스글론에 내려가서 그 곳 사람 삼십 명을 쳐죽이고 노략하여 수수께끼 푼 자들에게 옷을 주고 심히 노하여 그의 아버지의 집으로 올라갔고"(삿 14:19).
"삼손이 나귀의 새 턱뼈를 보고 손을 내밀어 집어들고 그것으로 천 명을 죽이고"(삿 15:15).

삼손은 다른 사람에겐 없는 하나님이 주신 초자연적인 힘이 있었습니다. 이렇게 하나님이 삼손에게 특별한 힘을 주신 이유는 오직 하나님의 일을 위해 주어진 것이며 블레셋 사람들을 물리치기 위해 주신 것입니다.

구별된 하나님의 사람에게는 힘이 있습니다. 이것은 하나님이 주신 능력입니다. 그리스도인은 세상 사람들이 가지지 못한 놀라운 능력을 소유하고 있고, 이것을 발휘할 때 우리는 기적과 같은 일을 할 수 있습니다. 믿는 자에게는 능치 못할 일이 없습니다(막 9:23).

(2) 삼손은 나실인으로서 지켜야 할 것을 어겼습니다. 그 내용을 찾아보세요.

① 삿 14:8-9 "죽은 시체를 가까이 함"
② 삿 14:10 "잔칫집에서 포도주를 마심"
③ 삿 16:19 "머리털을 깎음"

"얼마 후에 삼손이 그 여자를 맞이하려고 다시 가다가 돌이켜 그 사자의 주검을 본즉 사자의 몸에 벌 떼와 꿀이 있는지라 손으로 그 꿀을 떠서 걸어가며 먹고 그의 부모에게 이르러 그들에게 그것을 드려서 먹게 하였으나 그 꿀을 사자의 몸에서 떠왔다고는 알리지 아니하였더라"(삿 14:8-9).
"삼손의 아버지가 여자에게로 내려가매 삼손이 거기서 잔치를 베풀었으니 청년들은 이렇게 행하는 풍속이 있음이더라"(삿 14:10).
"들릴라가 삼손에게 자기 무릎을 베고 자게 하고 사람을 불러 그의 머리털 일곱 가닥을 밀고 괴롭게 하여 본즉 그의 힘이 없어졌더라"(삿 16:19).

삼손은 하나님이 주신 힘을 이스라엘 백성을 위해 사용하지 않고 자신의 개인적인 원수 갚는 일에만 사용했습니다. 30명을 죽인 일도 내기에서 진 옷을 구하기 위함이었고, 나귀의 새 턱뼈로 1000명을 죽인 것도 이스라엘 백성을 위해서가 아닌 자신을 잡으러 온 블레셋 사람들을 물리치기 위함이었습니다.

죽은 사자의 몸에서 나타난 꿀이나 나귀의 턱뼈는 부정함을 나타내는 죽은 시체이고, 계속되는 결혼잔치는 포도주를 마시는 장면을 떠오르게 합니다. 그리고는 결국 블레셋 여인인 들릴라에게 머리털이 깎이게 됩니다. 이로써 삼손은 나실인으로서 지켜야 할 모든 것을 어기게 된 것입니다.

(3) 나실인으로서의 규정을 어긴 삼손은 결국 어떻게 되었습니까?(삿 16:21)

"블레셋 사람들에게 잡혀가서 눈이 뽑히고 옥에 갇힘"

"블레셋 사람들이 그를 붙잡아 그의 눈을 빼고 끌고 가사에 내려가 놋 줄로 매고 그에게 옥에서 맷돌을 돌리게 하였더라"(삿 16:21).

삼손은 자신의 힘을 육신의 정욕을 위해서 사용하고 그것에 자기를 팔아버림으로 그의 능력을 상실하고 말았습니다. 구별된 그리스도인의 위치를 망각하고 세상과 섞이면 그리스도인은 능력을 상실합니다. 힘은 구별됨을 지킬 때 나타납니다. 거룩한 생활을 하지 못하고 세상과 같아지고 그것에 유혹당할 때 우리의 모습은 비참하게 됩니다.

3. 다시 한 번 기회를 주시는 하나님

(1) 삼손은 마지막에 하나님께 어떻게 기도했습니까?(삿 16:28)

"한번만 더 기회를 달라고 함"

"삼손이 여호와께 부르짖어 이르되 주 여호와여 구하옵나니 나를 생각하옵소서 하나님이여 구하옵나니 이번만 나를 강하게 하사 나의 두 눈을 뺀 블레셋 사람에게 원수를 단번에 갚게 하옵소서 하고"(삿 16:28).

(2) 삼손의 기도에 하나님은 어떻게 응답하셨습니까?(삿 16:30)

"많은 블레셋 사람을 죽임"

"삼손이 이르되 블레셋 사람과 함께 죽기를 원하노라 하고 힘을 다하여 몸을 굽히매 그 집이 곧 무너져 그 안에 있는 모든 방백들과 온 백성에게 덮이니 삼손이 죽을 때에 죽인 자가 살았을 때에 죽인 자보다 더욱 많았더라"(삿 16:30).

하나님은 회개할 때 다시 한 번 우리에게 기회를 주십니다. 삼손은 마지막에 큰일을 하고 죽습니다. 살았을 때보다도 죽을 때 더 큰일을 합니다. 회개할 때 놀라운 능력이 생깁니다.

삼손은 태어날 때부터 나실인으로 구별되어 세상적인 모든 것을 멀리하고 하나님과 이스라엘 백성을 위해 하나님이 주신 힘을 사용했어야 하는데 그의 전반적인 삶을 되돌아보면 그렇지 못한 삶이었습니다. 하나님이 주신 힘을 개인적인 원수들에게 사용했지 이스라엘 백성을 위해 사용한 적이 없습니다. 그래서 결국 블레셋 사람들에게 잡히는 몸이 됩니다.

그러나 마지막에 하나님께 회개하고 기도했을 때 하나님께서는 그의 기도를 들어주시고 삼손이 살아 있을 때 한 일보다 더 큰일을 하게 하셨습니다. 우리에게도 하나님이 주신 능력과 재능이 있다면 하나님을 위해서 사용해야 되겠습니다.

• Application of Bible

나실인과 '나' 와의 관계에 대해 이야기해 보세요.

우리 그리스도인도 현재의 나실인입니다. 그리스도 안에 있는 우리 모두는 구별된 사람들입니다. 세상과 구별된 모습으로 살도록 선택받은 특별한 존재입니다. 나실인인 우리는 하나님을 위해서 사는 사람들입니다. 다음의 질문들에 대답해보세요.

내가 세상과 다른 점은 무엇입니까?
세상 사람들과 혼합되어진 모습으로 살고 있지는 않습니까?
세상과 구별되고 다르게 보이는 것에 대해서 부끄러워하거나 두려워하지 않습니까?
나는 세상에서 얼마나 하나님의 능력을 나타내면서 살고 있습니까?
나는 얼마나 거룩한 생활을 하고 있습니까?
나에게 하나님의 능력을 상실하게 만드는 유혹들은 무엇입니까?

• Tip of Bible

나실인

'삼가다' 또는 '스스로를 헌납하다'라는 뜻의 히브리어 nazar에서 유래된 말로 '분리하다', '성별하다'라는 의미로 이스라엘 사람 중에서 종교적으로 구별된 사람을 가리키는 말입니다. 나실인은 특별한 서약을 통해 자신을 다른 사람과 구별하여 여호와께 바쳐진 삶을 사는 사람들입니다. 민수기 6장에 나실인의 법이 구체적으로 기록되어 있습니다.

나실인은 성경적으로 세 종류로 나눌 수 있습니다. 첫째로 하나님의 명령에 따라 나실인이 되는 경우(삿 13:5,7, 삼손; 렘 1:4-5, 예레미야), 둘째로 부모님의 서원으로 나실인이 되는 경우(삼상 1:11, 한나의 서원으로 나실인이 된 사무엘) 그리고 마지막으로 자발적으로 나실인이 되는 경우입니다(행 18:18, 바울).

이것은 삼손과 같은 경우만 나실인이 되는 것이 아니라, 오늘날 참된 신앙인이라면 하나님 앞에서 세상과 구분되어지는 믿음과 그에 따른 구분된 행동을 보여주어야 한다는 의미에서 그리스도인 모두가 나실인이 되는 것입니다.

제6과 룻 시어머니를 잘 섬긴 여인

구약편

학습목표 : 하나님께 충성하고 시어머니에게 효도함으로 큰 축복을 받은 룻의 삶을 이해한다.

중심진리 : 시어머니를 잘 섬긴 효부 룻

본문말씀 : 룻기 1:17

Memory verse

"어머니께서 죽으시는 곳에서 나도 죽어 거기 묻힐 것이라 만일 내가 죽는 일 외에 어머니를 떠나면 여호와께서 내게 벌을 내리시고 더 내리시기를 원하나이다 하는지라"(룻 1:17).

• Question About It

'룻' 은 누구입니까?

① 룻은 모압 여인으로 유다 지파 베들레헴 주민 나오미의 며느리입니다(룻 1:1–4).

② 룻은 남편의 죽음으로 과부가 되나 홀로된 시어머니의 신앙을 따라 모압을 떠납니다(룻 1:6).

③ 룻은 보아스와 결혼하게 됩니다(룻 4:13).

④ 룻은 이방 여인으로서 다윗의 조모로 그리스도의 족보에 들어가게 됩니다(룻 4:18–22).

• View of Bible

룻은 이방 여인임에도 불구하고 다윗과 예수 그리스도의 족보에 자신의 이름을 올린 위대한 여인입니다. 그리고 에스더와 함께 여인의 이름이 성경의 제목으로 기록된 책은 룻기가 유일합니다.

무엇보다도 룻기에서 살펴볼 수 있는 것은 그녀의 효심입니다. 자신의 친어머니도 아닌 남편의 어머니인 시어머니를 따라 자신의 가족과 고향을 버린 것은 하나님께 대한 믿음이 없이는 할 수 없는 위대한 결단이었습니다. 이렇게 나오미를 잘 섬긴 룻을 하나님은 기뻐하셨고 그에게 큰 축복을 내리셨습니다. 본 과에서는 룻의 믿음과 함께 그녀의 효심에 대해서 배워보겠습니다.

• Learn of Bible

1. 하나님을 사랑한 룻

(1) 흉년을 피해 모압 땅으로 이주한 나오미가 그 땅에서 잃은 것과 얻은 것을 찾아보세요 (룻 1:1–5).

① 잃은 것(룻 1:3, 5) "남편 엘리멜렉과 두 아들(말론, 기룐)"

② 얻은 것(룻 1:4) "며느리 오르바와 룻"

"나오미의 남편 엘리멜렉이 죽고… 말론과 기룐 두 사람이 다 죽고…"(룻 1:3, 5).
"그들은 모압 여자 중에서 그들의 아내를 맞이하였는데 하나의 이름은 오르바요 하나의 이름은 룻이더라 그들이 거기에 거주한 지 십 년쯤에"(룻 1:4).

(2) 나오미의 두 며느리 중 하나님을 따른 룻의 신앙관을 적어보세요(룻 1:16).

"어머니의 하나님이 나의 하나님이 되시리라"

"룻이 이르되 내게 어머니를 떠나며 어머니를 따르지 말고 돌아가라 강권하지 마옵소서 어머니께서 가시는 곳에 나도 가고 어머니께서 머무시는 곳에서 나도 머물겠나이다 어머니의 백성이 나의 백성이 되고 어머니의 하나님이 나의 하나님이 되시리니"(룻 1:16).

이스라엘 땅에 흉년이 들어 나오미의 가족들은 그 땅을 떠나 모압 지방에 머물게 됩니다. 그곳에서 오르바와 룻이라는 두 며느리를 맞이하지만 나오미의 남편과 두 아들은 죽게 됩니다. 이에 나오미는 이스라엘 땅으로 돌아올 결심을 하고 모압 여인인 며느리들에게 자신을 따라오지 말고 모압 땅에 남으라고 말했습니다.

그러자 오르바는 남았지만 룻은 끝까지 시어머니인 나오미를 따르겠다고 말하고 위대한 신앙고백을 합니다(룻 1:16). 룻은 비록 이방 여인이었지만 나오미에게서 그녀의 신앙심을 배웠습니다. 비록 나오미가 먹을 것이 없어 모압 땅으로 이주했지만, 자신의 믿음만큼은 굳게 지키고 있었음을 알 수 있습니다.

2. 시어머니를 사랑한 룻

(1) 룻은 시어머니인 나오미를 언제까지 따르겠다고 말합니까?(룻 1:17)

"죽을 때까지 함께 하겠다고 말함"

"어머니께서 죽으시는 곳에서 나도 죽어 거기 묻힐 것이라 만일 내가 죽는 일 외에 어머니를 떠나면 여호와께서 내게 벌을 내리시고 더 내리시기를 원하나이다 하는지라"(룻 1:17).

(2) 나오미를 돕던 룻에게 은혜를 베푼 이유는 무엇입니까?(룻 2:11)

① "시어머니인 나오미를 잘 섬긴 것"

② "부모와 고국을 떠나 이스라엘로 온 것"

"보아스가 그에게 대답하여 이르되 네 남편이 죽은 후로 네가 시어머니에게 행한 모든 것과 네 부모와 고국을 떠나 전에 알지 못하던 백성에게로 온 일이 내게 분명히 알려졌느니라"(룻 2:11).

(3) 나오미의 명령에 룻은 어떻게 반응했습니까?(룻 3:5)

"나오미의 명령에 순종함"

"룻이 시어머니에게 이르되 어머니의 말씀대로 내가 다 행하리이다 하니라"(룻 3:5).

며느리인 룻은 시어머니 나오미를 끝까지 따르고 모시겠다고 결심하고 이스라엘 땅으로 함께 돌아옵니다. 룻은 자기의 시어머니인 나오미를 언제나 '어머니'라고 부릅니다. 자신의 친어머니처럼 섬긴 것입니다. 그러나 이들에게 놓여진 현실은 만만치 않았습니다. 당시 이스라엘에서는 두 여자가 그것도 남편이 없는 과부가 할 수 있는 일은 아무것도 없었습니다. 이들은 보리 이삭을 주워다가 끼니를 해결해야 하는 상황이었습니다.

이때 나오미의 친족이었던 보아스가 그들에게 은혜를 베풀어서 자신의 땅에서 넉넉히 이삭을 주울 수 있도록 배려해줍니다. 그리고 나오미는 지혜를 발휘해서 룻에게 할 일을 명령하고 룻은 그녀의 말에 순종합니다.

3. 하나님의 축복을 받은 룻

(1) 결국 룻은 누구와 결혼하게 됩니까?(룻 4:13)

"보아스"

"이에 보아스가 룻을 맞이하여 아내로 삼고 그에게 들어갔더니 여호와께서 그에게 임신하게 하시므로 그가 아들을 낳은지라"(룻 4:13).

(2) 보아스와 룻이 낳은 아들의 이름은 무엇이며 다윗과는 어떤 사이가 됩니까?(룻 4:17)

"오벳, 다윗의 아버지인 이새의 아버지가 됨"

"그의 이웃 여인들이 그에게 이름을 지어 주되 나오미에게 아들이 태어났다 하여 그의 이름을 오벳이라 하였는데 그는 다윗의 아버지인 이새의 아버지였더라"(룻 4:17).

룻은 하나님을 믿었으며 외로운 시어머니인 나오미를 잘 섬겼습니다. 하나님께 충성하고 부모님께 효도한 것입니다. 그 결과 하나님이 그녀를 기억하셨고 구원의 손길을 베푸셨습니다. 그래서 룻은 라합과 살몬의 아들인 보아스와 결혼하게 되었고, 그녀의 이름은 예수님의 족보에 기록되었으며 이방 여인 중에 축복받은 여인이 된 것입니다.

• Application of Bible

'부모님 공경하기' 에 대해 이야기해 보세요.

하나님이 주신 십계명 중 다섯 번째 계명이 바로 '네 부모를 공경하라' 입니다. 히브리어의 어원을 살펴보면 '여호와를 경외하라' 의 '경외' 와 '네 부모를 공경하라' 의 '공경' 은 같은 단어에서 출발했습니다. 즉 여호와를 경외하는 마음으로 부모를 공경해야 한다는 뜻입니다.

이것은 아무리 높은 위치에 있는 사람이라도 자신이 머리 숙일 존재가 있다는 것 즉 왕이나 대통령도 자신의 부모 앞에서는 낮은 자세로 임해야 한다는 것을 가르쳐줍니다. 또한 자신의 생명의 근원을 찾아가다 보면, 즉 아버지의 아버지 또 아버지…. 이런 식으로 계속 가다보면 결국 하나님에게까지 다다르게 됨을 가르쳐주게 됩니다.

• Tip of Bible

기업 무를 자(룻 3:12)

기업 무를 자(고엘)은 '구속자(redeemer)'의 의미로 자기 형제나 친족이 어려움에 처했을 때 그것을 해결해주어야 한다는 의미에서 '보호자'라 할 수 있습니다. 성경에 이들의 의무로 크게 두 가지가 나타나는데 첫 번째는 형제가 가난하여 토지를 잃었을 때 그것을 보호해주어야 하는 것(레위기 25:25-28)이고 두 번째 의무는 형제가 가난하여 종이 되었을 때 이를 보호해주어야 하는 것(레위기 25:47-49)입니다.

나오미의 친족이었던 보아스는 이렇게 나오미의 기업 무를 자로서 남편을 잃은 룻의 새로운 남편이 되므로 기업 무를 자의 의무를 다한 것입니다.

Introduce

단원주제	준비된 사람들
단원해설	하나님의 나라를 준비하는 가운데 사용되어지는 사람들의 여러 가지 모습들을 이해합니다.
중심구절	"나는 너희를 위하여 기도하기를 쉬는 죄를 여호와 앞에 결단코 범하지 아니하고 선하고 의로운 길을 너희에게 가르칠 것인즉"(삼상 12:23).
단원학습목표	하나님 나라는 희생과 결단 없이는 이루어질 수 없는 것임을 이해합니다.
단원핵심정리	준비하는 사람들

구약편

준비된 나라

단원소개

다윗왕국이 세워지기까지 많은 사람들의 희생과 헌신이 있었지만, 그에 못지않게 질투와 시기심도 있었습니다. 준비된 나라는 다른 사람들의 희생과 노력 없이는 결코 이룰 수 없는 것입니다.

7과에서는 영적인 지도자로서 갖추어야 할 기도하는 삶과 깨끗한 삶을 산 사무엘의 인생을 살펴보고, 8과에서는 하나님께 택함을 받은 지도자였지만 거듭된 불순종으로 하나님께 버림받은 사울의 인생을 이해합니다. 그리고 9과에서는 다윗이 하나님의 선택받은 사람임을 알고, 자신의 모든 것을 희생하고 그를 도운 요나단의 우정을 살펴보겠습니다.

제7과 사무엘 위대한 지도자

구약편

학습목표 : 영적인 지도자로서 갖추어야 할 기도하는 삶과 깨끗한 삶을 산 사무엘의 인생을 이해한다.

중심진리 : 기도하는 지도자 사무엘

본문말씀 : 사무엘상 12:23

Memory verse

"나는 너희를 위하여 기도하기를 쉬는 죄를 여호와 앞에 결단코 범하지 아니하고 선하고 의로운 길을 너희에게 가르칠 것인즉"(삼상 12:23).

• Question About It

'사무엘' 은 누구입니까?

① 사무엘은 레위지파 엘가나의 아내 한나가 기도하여 낳은 아들입니다(삼상 1:1, 20).

② 사무엘은 사사이며 제사장이고 예언자였습니다.

③ 사무엘은 나실인으로 서원되어 하나님께 바쳐진 사람이었습니다.

④ 사무엘은 사울과 다윗을 왕으로 세우고 기름 부은 역할을 했습니다.

• View of Bible

이스라엘 역사에서 사사 시대와 왕정시대를 이어주는 중요한 인물이 바로 사무엘입니다. 그는 마지막 사사였고 엘리 제사장 밑에서 교육받은 제사장이었으며, 하나님의 말씀을 전하는 예언자이기도 했습니다. 이스라엘에 왕이 세워지기 전에 백성을 다스린 위대한 지도자였습니다. 무엇보다도 사무엘은 기도하는 사람이었고, 한편으로는 깨끗한 삶을 산 지도자였습니다. 본 과에서는 그의 삶을 통해 지도자가 갖추어야 할 기도의 중요성과 도덕적인 인품에 대해 배워보겠습니다.

• Learn of Bible

1. 기도의 사람 사무엘

(1) 사무엘은 그의 어머니 한나가 어떻게 해서 낳은 자식입니까?(삼상 1:10-11)

"어머니 한나의 기도로 태어난 사무엘"

"한나가 마음이 괴로워서 여호와께 기도하고 통곡하며 서원하여 이르되 만군의 여호와여 만일 주의 여종의 고통을 돌보시고 나를 기억하사 주의 여종을 잊지 아니하시고 주의 여종에게 아들을 주시면 내가 그의 평생에 그를 여호와께 드리고 삭도를 그의 머리에 대지 아니하겠나이다"(삼상 1:10-11).

사무엘은 어머니 한나가 하나님께 서원 기도를 올려 그 응답으로 낳은 아들이었습니다. 인간의 힘으로는 도저히 아이를 낳을 수 없는 불가능한 상황에서 하나님의 응답으로 낳은 아들입니다. 이렇게 사무엘의 어머니 한나는 기도의 사람이었습니다.

(2) 사무엘의 기도하는 모습을 찾아보세요.

① 삼상 7:5 "이스라엘을 위하여 기도"

② 삼상 12:23 "이스라엘을 위하여 기도하기를 쉬는 죄를 범하지 않음"

③ 삼상 15:11 "밤새도록 하나님께 부르짖음"

"사무엘이 이르되 온 이스라엘은 미스바로 모이라 내가 너희를 위하여 여호와께 기도하리라 하매"(삼상 7:5).
"나는 너희를 위하여 기도하기를 쉬는 죄를 여호와 앞에 결단코 범하지 아니하고 선하고 의로운 길을 너희에게 가르칠 것인즉"(삼상 12:23).
"…사무엘이 근심하여 온 밤을 여호와께 부르짖으니라"(삼상 15:11).

어머니인 한나의 간절한 기도로 낳은 사무엘도 역시 기도의 사람이었습니다. 기도의 어머니로부터 물려받은 삶의 모습은 그대로 아들 사무엘에게 나타납니다. 사무엘은 언제나 하나님의 음성을 듣는 일에 민감하고 강하게 반응했습니다(삼상 3:10). 또한 그는 중보기도에 능한 사람이었습니다. 이스라엘 백성과 다른 사람들을 위해 기도하는 일을 쉬지 않았다고 담대하게 말할 수 있는 사람이었습니다.

(3) 사무엘이 기도할 때 어떤 기적이 일어났습니까?(삼상 7:10)

"전쟁에서 승리함"

"사무엘이 번제를 드릴 때에 블레셋 사람이 이스라엘과 싸우려고 가까이 오매 그 날에 여호와께서 블레셋 사람에게 큰 우레를 발하여 그들을 어지럽게 하시니 그들이 이스라엘 앞에 패한지라"(삼상 7:10).

사무엘은 기도로 싸움에서 승리한 사람입니다. 그는 모든 일을 할 때 언제나 자기 스스로 결정하지 않고 하나님께 기도함으로 처리했습니다. 특히 미스바에서 백성을 위해 기도할 때 쳐들어오는 블레셋 군대를 기도의 힘으로 물리친 것을 볼 수 있습니다. 이는 전쟁의 승리가 인간의 힘이나 칼에 있지 아니하고 기도에 있음을 가르쳐준 사람입니다. 우리가 기도할 때 하나님이 움직이시고 하나님이 나를 대신하여 싸우시는 것을 경험할 수 있습니다.

2. 지도자 사무엘

(1) 사무엘은 어떤 지도자였습니까?(삼상 12:3-4)

"깨끗한 지도자"

"내가 여기 있나니 여호와 앞과 그의 기름 부음을 받은 자 앞에서 내게 대하여 증언하라 내가 누구의 소를 빼앗았느냐 누구의 나귀를 빼앗았느냐 누구를 속였느냐 누구를 압제하였느냐 내 눈을 흐리게 하는 뇌물을 누구의 손에서 받았느냐 그리하였으면 내가 그것을 너희에게 갚으리라 하니 그들이 이르되 당신이 우리를 속이지 아니하였고 압제하지 아니하였고 누구의 손에서든지 아무것도 빼앗은 것이 없나이다 하니라"(삼상 12:3-4).

사무엘은 하나님의 사역에 임하면서 항상 사적인 욕심 없이 일한 사람입니다. 자신을 위하여 영향력을 행사하지 않았고 물질이나 돈에 있어서도 깨끗한 생활과 마음 자세를 유지했습니다. 그는 제사장, 선지자, 재판관 역할을 했고 왕을 갈아 치울 수 있을 정도의 막강한 위치에 있었음에도 불구하고 이스라엘 백성을 위해서 한평생을 헌신한 지도자였습니다.

우리에게도 하나님이 큰일을 맡겨주시고 또한 우리를 위대한 지도자로 세워주신다면 그 일을 통해 내 물질의 풍요를 추구하는 삶을 살아서는 안 되겠습니다. 오히려 하나님께서 다른 사람들을 섬길 수 있는 기회를 주신 것에 감사하고, 섬기는 일 하나하나에 보람을 느끼고 살아가는 사람이 되도록 합시다.

(2) 사무엘이 사는 날 동안 이스라엘은 어떤 상태였나요?(삼상 7:13-14)

"이스라엘에 전쟁이 그치고 평화가 찾아옴"

"이에 블레셋 사람들이 굴복하여 다시는 이스라엘 지역 안에 들어오지 못하였으며 여호와의 손이 사무엘이 사는 날 동안에 블레셋 사람을 막으시매 블레셋 사람들이 이스라엘에게서 빼앗았던 성읍이 에그론부터 가드까지 이스라엘에게 회복되니 이스라엘이 그 사방 지역을 블레셋 사람들의 손에서 도로 찾았고 또 이스라엘과 아모리 사람 사이에 평화가 있었더라"(삼상 7:13-14).

사무엘은 온 이스라엘을 잘 다스렸고(삼상 7:15-17) 자기의 사명에 충실한 사람이었습니다. 범죄한 이스라엘 백성 앞에, 권력을 가진 왕 앞에 분명하고 단호하게 하나님의 말씀을 선포한 사명자였습니다.

사무엘이 살아 있는 동안에는 이방 나라들이 이스라엘을 넘보지 못했습니다. 특히 사사 시대 때부터 이스라엘을 끊임없이 괴롭혀온 블레셋의 침입을 하나님이 막아주셨습니다. 오랜만에 나라에 평화가 찾아온 것입니다. 이것은 한 사람의 위대한 지도자로 인해 가능한 일이었습니다.

• Application of Bible

당신은 하나님과의 약속의 중요성을 깨닫고 모두 지켰습니까?

한나와 사무엘은 기도하는 사람이었고 하나님과의 약속의 중요성을 깨닫고 그 약속을 지킨 사람들이었습니다. 그 결과 하나님이 그들의 삶에 큰 축복을 내리십니다. 한나가 하나님과의 약속을 지키기 위해 그녀의 아들 사무엘을 하나님께 드렸을 때 하나님은 약속을 지킨 한나에게 축복하셔서 그녀의 아들을 이스라엘의 위대한 지도자로 만드셨습니다.

하나님과의 약속은 내게 손해나 희생이 아니라 더 큰 복이라는 사실을 기억해야 합니다.

• Tip of Bible

사무엘의 어머니 한나

자식이 없어 슬퍼하던 한나는 자식을 주시면 하나님께 드리겠다고 서원합니다. 하나님은 그녀의 기도에 응답하셨고, 한나는 하나님과의 약속을 지키기 위해 기도로 얻은 아들 사무엘이 젖을 뗀 후에 그를 하나님께 바칩니다.

어린 아이를 떼어 놓는 일이 어머니로서 쉬운 일이 아니었지만, 하나님과의 약속을 지키기 위해 기꺼이 아들을 하나님께 드린 것입니다. 하나님은 이러한 한나의 믿음을 보시고 그녀에게 큰 축복으로 사무엘 이외에 세 아들과 두 딸을 주십니다.

이렇게 하나님께 바쳐진 사무엘은 이후 가장 영향력 있는 영적 지도자로 성장하여 이스라엘을 다스립니다. 사무엘이 위대해질 수 있었던 것은 그의 어머니 한나의 기도 때문이었고, 하나님의 힘으로 키운 하나님의 아들이었기 때문입니다.

제 8과 사울 하나님께 쓰임 받지 못한 자

구약편

학습목표 : 하나님께 택함을 받은 지도자였지만 거듭된 불순종으로 하나님께 버림 받은 사울의 인생을 이해한다.

중심진리 : 불순종한 지도자 사울

본문말씀 : 사무엘상 15:22

Memory verse

"사무엘이 이르되 여호와께서 번제와 다른 제사를 그의 목소리를 청종하는 것을 좋아하심 같이 좋아하시겠나이까 순종이 제사보다 낫고 듣는 것이 숫양의 기름보다 나으니"(삼상 15:22).

• Question About It

'사울' 은 누구입니까?

① 사울은 베냐민지파 기스의 아들로 키가 크고 용모가 준수했습니다(삼상 9:1-2).

② 사울은 이스라엘의 초대 왕이 되었습니다.

③ 사울은 블레셋과의 마지막 전투에서 패하여 그의 세 아들과 함께 전사하게 됩니다(삼상 31장).

• View of Bible

사울은 베냐민 지파 기스의 아들로 이스라엘 최초의 왕이 된 사람입니다. 이스라엘 백성이 왕을 세워 달라고 하나님께 요구하던 어느 날, 사울은 아버지가 잃어버린 나귀를 찾아 길을 나섰다가 사무엘을 만나 기름 부음을 받고 왕이 되었습니다. 그는 기브아에 수도를 정하고 주변 국가들을 정복하고 왕국의 기초를 쌓게 됩니다. 그러나 하나님의 말씀에 불순종하는 행위를 거듭하다가 마지막에는 버림받고 비참한 종말을 맞이하게 됩니다.

• Learn of Bible

1. 겸손한 사울

(1) 사울은 어떤 사람이었습니까?(삼상 9:3-10)

① "부모님께 순종하는 사람"
② "자신의 일에 최선을 다하는 사람"
③ "넓은 마음을 지닌 사람"

사울은 아버지가 암나귀를 잃어버리고 그것을 찾아오라고 말하자 그 명령에 즉시 순종한 인물이었습니다. 부모님의 마음에 있는 근심을 덜어 드리고자 머뭇거리지 않고 바로 반응을 보인 것입니다. 그리고 그 암나귀를 찾고자 여러 지방을 '두루 다녔다'는 말이 세 번 반복해서 나오는 것으로 보아 자신이 맡은 일에 최선을 다하는 사람이었음을 알 수 있습니다.

그러나 사울은 나귀를 찾지 못하자 집으로 돌아가려고 했습니다. 그 이유도 아버지가 걱정하실까봐 염려되었기 때문입니다(삼상 9:5). 그때 같이 암나귀를 찾아다니던 종(사환)이 하나님의 사람에게 찾아가 물어보자고 했을 때, 사울은 아랫사람인 그 사환의 말에 귀 기울이고 그의 말대로 했습니다.

이러한 행동들로 보아 사울은 왕이 되기에 충분한 인격과 마음을 갖춘 사람임을 알 수 있습니다.

(2) 이스라엘의 초대 왕으로 택함을 받은 사울은 어떻게 반응했습니까?(삼상 9:21)

"겸손히 반응함"

"사울이 대답하여 이르되 나는 이스라엘 지파의 가장 작은 지파 베냐민 사람이 아니니이까 또 나의 가족은 베냐민 지파 모든 가족 중에 가장 미약하지 아니하니이까 당신이 어찌하여 내게 이같이 말씀하시나이까 하니"(삼상 9:21).

(3) 사울이 왕으로 기름 부음을 받자 하나님은 그에게 어떤 일을 행하셨습니까?(삼상 10:6)

"여호와의 영이 임함"

"네게는 여호와의 영이 크게 임하리니 너도 그들과 함께 예언을 하고 변하여 새 사람이 되리라"(삼상 10:6).

사울은 라마에서 기름 부음 받았고(삼상 8:4, 9:1-10:1), 미스바에서 왕으로 세움을 받았습니다(삼상 10:17-24). 그리고 길갈에서 왕으로 취임했습니다(삼상 11:15). 이 모든 일은 사무엘의 지도 아래 이루어졌고 하나님의 신이 함께하셨기 때문입니다.

2. 하나님께 쓰임 받지 못한 사울

사울이 처음 하나님의 부름을 받고 왕이 되었을 때는 겸손한 마음과 하나님께 순종하는 마음을 유지했지만, 얼마 지나지 않아 하나님으로부터 버림받게 되었습니다. 그 이유가 무엇인지 찾아보세요.

(1) 아말렉과의 전쟁에서 사울은 하나님께 어떤 죄를 저지르게 됩니까?(삼상 15:22-23)

"불순종"

"사무엘이 이르되 여호와께서 번제와 다른 제사를 그의 목소리를 청종하는 것을 좋아하심 같이 좋아하시겠나이까 순종이 제사보다 낫고 듣는 것이 숫양의 기름보다 나으니 이는 거역하는 것은 점치는 죄와 같고 완고한 것은 사신 우상에게 절하는 죄와 같음이라 왕이 여호와의 말씀을 버렸으므로 여호와께서도 왕을 버려 왕이 되지 못하게 하셨나이다 하니"(삼상 15:22-23).

사울이 아말렉 족속과 전쟁을 할 때 하나님께서는 그들의 모든 소유를 남기지 말고 진멸하라고 명령하셨습니다(삼상 15:3). 그러나 사울은 전쟁에서 승리를 거두고 많은 전리품을 얻게 되자 마음에 욕심을 품고 소나 양 중 좋은 것들을 취하게 됩니다. 그러나 자신의 궁으로 돌아오던 길에 사무엘을 만나게 되자 이것들은 하나님께 제사 드리기 위해서 남겨둔 것이라고 변명합니다. 이 모든 것을 알아차린 사무엘은 순종이 제사보다 낫고 듣는 것이 숫양의 기름보다 낫다고 말하면서 사울을 책망합니다. 사무엘은 하나님께서 사용하시는 사람은 하나님의 말씀에 철저히 순종하는 사람임을 사울에게 가르친 것입니다.

(2) 골리앗을 물리친 다윗을 사울은 어떤 감정으로 대합니까?(삼상 18:6-9)

"다윗을 질투하고 자신은 열등의식에 빠짐"

"여인들이 뛰놀며 노래하여 이르되 사울이 죽인 자는 천천이요 다윗은 만만이로다 한지라 사울이 그 말에 불쾌하여 심히 노하여 이르되 다윗에게는 만만을 돌리고 내게는 천천만 돌리니 그가 더 얻을 것이 나라 말고 무엇이냐 하고"(삼상 18:7-8).

하나님께서 사울을 왕으로 계속 사용할 수 없었던 또 다른 이유는 그가 자신에 대한 건강한 자아상을 지니지 못하고 열등의식에 허덕이면서 자기보다 뛰어나다고 생각하는 다윗에 대해 심한 질투심과 적대감을 가지고 있었기 때문입니다. 심지어 다윗을 보면 죽이려는 마음을 품게 되었고, 실제로 창을 던져 다윗을 죽이려고 시도하게 되었습니다(삼상 18:10-11). 안타깝게도 사울은 그 이후의 여러 사건들 가운데서 자신이 왕으로서 가진 권위와 모든 인력을 다 동원해 다윗을 죽이려는 일에 전념하게 됩니다. 그는 다윗을 죽일 궁리만 하다가 자신의 인생을 망치는 결과를 초래한 것입니다.

사울의 마지막 모습은 너무나도 비참했습니다. 이스라엘은 길보아 산에서 블레셋과 전쟁을 벌이게 되었으나, 하나님께서는 사울과 이스라엘의 편에 서지 않으셨습니다. 사울의 아들들이 죽었고 사울 자신도 적의 화살을 맞은 후 스스로 자살하고 말았습니다(삼상 31장).

• Application of Bible

하나님께 순종하는 것에 대해서 이야기해 보세요.

사울왕은 여호와 하나님의 목소리를 청종하지 않았고(삼상 15:19), 하나님께 묻지 않고 행동하는 죄를 저질렀습니다. 겸손했던 사울이 계속된 불순종으로 하나님께서 주신 능력을 상실하게 되었습니다. 왕이라는 위치는 모든 사람 위에 군림하는 자리입니다. 하지만 이스라엘의 왕은 그 위에 하나님이 있고, 하나님의 명령을 들어야 하는 자리입니다. 하나님께 대한 불순종은 사울을 패망자로 만들었습니다. 하나님께 모든 일을 의지하지 못했던 사울은 결국 교만한 왕으로 남게 되었습니다.

우리가 결단할 것은 여호와 하나님의 말씀을 인생의 지혜로 생각하고, 말씀이 임할 때 청종하고 그 말씀에 따르려는 순종의 신앙이 있어야 합니다.

• Tip of Bible

이스라엘에 있어서 왕의 역할

이스라엘의 왕은 다른 나라의 왕과 다르다는 것을 성경은 말해주고 있습니다. 신명기 17장 14절에서 20절을 보면, 이스라엘 왕의 역할이 자세하게 나와 있습니다.

① 이스라엘 사람 중에서 세워야 하며
② 말을 많이 두지 말고
③ 아내를 많이 두지 말고
④ 은금을 많이 두지 말고
⑤ 하나님의 말씀을 평생 곁에 두고 읽어 배우며
⑥ 율법의 모든 말과 규례를 지켜 행할 것

왕이라는 직분은 절대 권력으로서 자기 마음대로 권력과 여자와 재물을 가질 수 있는 위치였습니다. 그러나 이스라엘의 왕은 이러한 것들을 취하지 말고 오직 하나님의 말씀에 순종해서 그 말씀대로 백성을 다스릴 것을 하나님이 명령하고 있습니다. 이는 이스라엘에 있어서 왕보다 높은 존재가 하나님이며 왕도 그 하나님께 순종해야하는 자리임을 가리키는 말씀입니다.

제9과 요나단 친구를 사랑한 자

구약편

학습목표 : 다윗이 하나님의 선택을 받은 사람임을 알고 자신의 모든 것을 희생하고 그를 도운 요나단의 우정을 이해한다.

중심진리 : 참된 우정을 쌓은 요나단과 다윗

본문말씀 : 사무엘상 18:1

Memory verse

"다윗이 사울에게 말하기를 마치매 요나단의 마음이 다윗의 마음과 하나가 되어 요나단이 그를 자기 생명 같이 사랑하니라"(삼상 18:1).

• Question About It

'요나단' 은 누구입니까?

① 요나단은 사울의 첫 번째 아들로 그의 뒤를 이어 이스라엘의 왕이 될 사람이었습니다.

② 요나단은 다윗과 깊은 우정을 쌓게 됩니다.

③ 요나단은 다윗을 위해 자신의 모든 것을 희생하고 그에게 헌신합니다.

• View of Bible

역사의 큰 무대에서 활동했던 인물 뒤에는 늘 좋은 친구가 있었습니다. 성경에 좋은 친구와의 아름다운 우정을 보여준 사람들이 있는데 대표적으로 요나단과 다윗이 그들입니다. 훌륭한 왕으로 하나님께 인정받은 다윗의 배후에는 요나단이 있었습니다. 그를 위해 자신의 모든 것을 희생하고 헌신한 요나단은 다윗의 진정한 친구였습니다. 이들의 아름다운 우정은 요나단의 성실한 섬김의 열매였습니다.

• Learn of Bible

성경에 나타난 요나단과 다윗의 서로에 대한 모습을 통해 그들이 어떤 관계였기에 그렇게 아름다운 우정을 간직하게 되었는지 찾아보세요.

1. 서로를 아껴주고 사랑해주는 관계

(1) 삼상 18:1 "다윗이 사울에게 말하기를 마치매 요나단의 마음이 다윗의 마음과 하나가 되어 요나단이 그를 자기 생명 같이 사랑하니라."
(2) 삼상 18:3 "요나단은 다윗을 자기 생명 같이 사랑하여 더불어 언약을 맺었으며."
(3) 삼하 1:26 "내 형 요나단이여 내가 그대를 애통함은 그대는 내게 심히 아름다움이라 그대가 나를 사랑함이 기이하여 여인의 사랑보다 더하였도다."

요나단은 다윗을 아끼고 사랑했으며 존경했습니다. 다윗을 향한 이러한 마음이 쌓여서 우정을 만들 수 있었습니다. 존경한다는 말은 가능성을 믿어준다는 의미입니다. 요나단은 다윗의 인물됨을 알았고, 그의 능력을 인정해주었습니다. 그래서 자신에게 있는 소중한 것들을 다윗에게 내어주었고(삼상 18:4), 다윗을 죽이려는 아버지 사울에게 다윗을 변호하기까지 했습니다(삼상 19:5). 이러한 요나단의 사랑을 깨달은 다윗은 그가 여인의 사랑보다 더 크게 자신을 사랑했었다고 고백합니다. 요나단의 사랑이 얼마나 깊고 컸으면 그 사랑이 여인의 사랑보다 더하다고 고백했을까요?

이렇게 요나단이 자기 생명을 아끼지 않고 헌신한 것은 하나님이 그를 사용해서 이스라엘 백성에게 큰 구원을 이루실 것을 알았기 때문입니다.

2. 서로를 믿어주고 신뢰하는 관계

(1) 삼상 20:15-16 "여호와께서 너 다윗의 대적들을 지면에서 다 끊어 버리신 때에도 너는 네 인자함을 내 집에서 영원히 끊어 버리지 말라 하고 이에 요나단이 다윗의 집과 언약하기를 여호와께서는 다윗의 대적들을 치실지어다 하니라."

(2) 삼상 23:18 "두 사람이 여호와 앞에서 언약하고 다윗은 수풀에 머물고 요나단은 자기 집으로 돌아가니라."

요나단과 다윗은 언약을 맺습니다. 이 언약은 서로의 신뢰를 약속하는 언약입니다. 그리고 요나단은 다윗에게 끝까지 자기 집을 돌보아줄 것을, 신의를 저버리지 말 것을 거듭 언약합니다.

우정은 신뢰를 기초로 형성됩니다. 친구끼리는 약속을 지켜야 합니다. 서로 믿지 못하면 우정은 성립될 수 없습니다. 이들은 끝까지 서로에 대한 약속을 지키게 됩니다. 다윗은 요나단의 아버지 사울을 죽이지 않았고, 사울이 죽고 난 후 요나단의 아들 므비보셋을 돌보아줍니다.

3. 어려울 때 서로 도와주는 관계

(1) 삼상 23:17 "곧 요나단이 그에게 이르기를 두려워하지 말라 내 아버지 사울의 손이 네게 미치지 못할 것이요 너는 이스라엘 왕이 되고 나는 네 다음이 될 것을 내 아버지 사울도 안다 하니라."

(2) 삼하 9:7 "다윗이 그에게 이르되 무서워하지 말라 내가 반드시 네 아버지 요나단으로 말미암아 네게 은총을 베풀리라 내가 네 할아버지 사울의 모든 밭을 다 네게 도로 주겠고 또 너는 항상 내 상에서 떡을 먹을지니라 하니."

요나단의 아름다운 우정은 친구 다윗이 어려움 가운데 있을 때 도움의 손길을 주는 데서 절정에 이릅니다. 요나단은 아버지 사울이 다윗을 죽이려는 계획을 세울 때마다 그 사실을 다윗에게 알려줍니다. 또한 가장 고통스러운 순간에 그를 찾아와서 격려했습니다.

요나단의 도움은 실질적인 도움이었습니다. 친구가 어려울 때 찾아가주었고, 하나님을 힘있게 의지하도록 도와주었습니다. 또한 다윗을 향한 하나님의 뜻을 거듭 확인해주며, 자신은 이인자로 남기를 기뻐한다는 사실을 말해주었습니다.

다윗도 마지막으로 살아남은 요나단의 아들, 곧 다리를 저는 장애를 가지고 있고 아무도 의지할 것이 없는 므비보셋에게 은총을 베풀고 그의 일생을 돌보아주는 사랑을 베풀게 됩니다.

우리가 인생의 고난을 당하면 많은 친구들이 떠나갈 것입니다. 그러나 끝까지 믿을 수 있는 소수의 진정한 친구는 분명 우리를 찾아와 격려해줄 것입니다. 역경을 만났을 때, 진정한 친구만이 마음의 위로와 정신적인 용기 그리고 물질의 도움을 베풉니다. 곤경에 처했을 때, 급히 달려오는 이가 진정한 친구입니다.

4. 우리의 진정한 친구인 예수님

(1) 요 15:15 "이제부터는 너희를 종이라 하지 아니하리니 종은 주인이 하는 것을 알지 못함이라 너희를 친구라 하였노니 내가 내 아버지께 들은 것을 다 너희에게 알게 하였음이라."

(2) 요 15:13 "사람이 친구를 위하여 자기 목숨을 버리면 이보다 더 큰 사랑이 없나니."

우리는 좋은 친구를 만나길 소원합니다. 그런데 그런 친구를 만나는 것이 쉬운 일이 아닙니다. 그렇다고 낙심하지 마십시오. 여기 요나단보다 더 좋은 친구를 소개하겠습니다. 그 친구는 바로 예수님이십니다. 예수님은 우리의 친구가 되길 원하십니다. 그리고 그분은 친구인 우리를 위해 십자가에 못 박히시고 죽음까지 감당하셨습니다. 자기 목숨까지도 버린 진정한 친구는 오직 예수님밖에 없습니다.

우리가 예수님을 선택한 것이 아니라 예수님이 우리를 선택해주셨습니다. 그 예수님은 우리가 어려울 때마다 찾아오셔서 도와주십니다. 세상에서 친구가 없다고 낙심하지 말고 예수님과 좋은 친구가 되시기 바랍니다.

• Application of Bible

친구와의 진정한 우정에 대해서 이야기해 보세요.

"철이 철을 날카롭게 하는 것 같이 사람이 그의 친구의 얼굴을 빛나게 하느니라"(잠 27:17).
"속지 말라 악한 동무들은 선한 행실을 더럽히나니"(고전 15:33).

속담에 "어떤 사람인지를 알려면 친구를 보라"는 말이 있습니다. 좋은 친구를 선택하면 우리의 인생은 빛나게 됩니다. 반대로 나쁜 친구를 선택하면 우리의 인생이 비참해집니다. 좋은 친구를 잘 선택하는 길은 자신이 먼저 좋은 친구가 되는 것입니다.

당시 요나단이 다윗과 친구가 되는 것은 쉬운 일이 아니었습니다. 요나단은 왕자였고 다윗은 무명의 목동이었습니다. 그러나 요나단은 신분을 초월해서 다윗 안에 있는 엄청난 가능성을 보았습니다. 자신이 훌륭한 사람이라고 생각하는 사람에게는 교만한 마음이 자리 잡고 있기 때문에 친구가 생기지 않습니다. 평등한 관계에서 우정을 맺기 위해서는 한 사람이 자신을 낮추거나 한 사람이 상대방을 높이는 마음이 있어야 합니다.

• Tip of Bible

찬송가 394장

이 세상의 친구들 나를 버려도 나를 사랑하는 이 예수뿐일세
검은 구름 덮이고 광풍 일어도 예수 나의 힘 되니 겁낼 것 없네
괴로운 일 당해도 낙심말아라 영원하신 주 능력 나를 붙드네
예수 내 친구 날 버리잖네 온 천지는 변해도 날 버리지 않네

관포지교

춘추 시대의 관중과 포숙아라는 친구가 있었습니다. 둘은 같이 장사를 했고, 이익을 나눌 때에 관중은 포숙아보다 더 많은 몫을 차지했지만, 포숙아는 그를 욕심쟁이라고 나무라지 않았습니다. 관중이 자기보다 가난하다는 것을 잘 알고 있었기 때문입니다. 또 관중이 직장에서 자주 쫓겨났지만 무능한 놈이라고 나무라지 않았습니다. 사람의 일에는 행운과 불운이 있다는 사실을 알았기 때문입니다. 전쟁을 할 때마다 관중은 도망쳤지만 비겁한 놈이라고 비웃지 않았습니다. 그에게는 늙으신 어머니가 계신 것을 알고 있었기 때문입니다. 후에 관중은 천하를 움직이는 대정치가가 되었습니다. 그때 그는 이렇게 말했습니다.
"나를 낳아 주신 분은 나의 부모지만 나를 알아준 사람은 포숙아이다"

안병욱, 《한 우물을 파라》, 자유문학사, 1995년.

Introduce

단원주제	왕의 이야기
단원해설	이스라엘의 왕으로서 어떻게 하나님을 섬기고 백성을 다스려야 선한 왕이 되는지를 이해합니다.
중심구절	"이에 왕이 제사하러 기브온으로 가니 거기는 산당이 큼이라 솔로몬이 그 제단에 일천 번제를 드렸더니"(왕상 3:4).
단원학습목표	이스라엘의 왕은 하나님을 섬겨야 함을 이해합니다.
단원핵심정리	선한 왕과 악한 왕

4 단원

구약편

왕의 이야기

단원소개

이스라엘의 왕은 주변의 다른 나라 왕들과는 다르게 섬기고 경배해야 할 대상이 있습니다. 바로 하나님입니다. 자기 마음대로 백성을 다스리는 것이 아니라 하나님의 말씀대로 왕의 역할을 해야 했습니다. 그래서 정치적으로 위대한 업적을 세운 왕이 훌륭한 왕이 아니라, 하나님께 순종한 왕이 선한 왕이라고 성경은 말하고 있습니다.

10과에서는 다윗이 성경의 위대한 인물로 하나님께 크게 쓰임 받을 수 있었던 원동력이 무엇이었는지 그의 생애를 통해 살펴보고, 11과에서는 하나님과 함께 했던 솔로몬의 영광이 세상적인 것을 추구하고 타락했을 때 하나님께 버림받고 나라가 분열되어 백성에게 고통을 안겨주었음을 이해합니다. 그리고 12과에서는 하나님을 향한 뜨거운 열정과 사랑으로 백성을 하나님께 인도하려 했던 요시야 왕의 인생을 살펴보겠습니다.

제10과 다윗 하나님께 쓰임 받은 자

구약편

학습목표 : 다윗이 성경의 위대한 인물로 하나님께 크게 쓰임 받을 수 있었던 원동력이 무엇이었는지 그의 생애를 통해 이해한다.

중심진리 : 하나님께 크게 쓰임 받은 다윗

본문말씀 : 사무엘하 7:1-2

Memory verse

"여호와께서 주위의 모든 원수를 무찌르사 왕으로 궁에 평안히 살게 하신 때에 왕이 선지자 나단에게 이르되 볼지어다 나는 백향목 궁에 살거늘 하나님의 궤는 휘장 가운데에 있도다"(삼하 7:1-2).

• Question About It

'다윗' 은 누구입니까?

① 사무엘로부터 사울왕에 이어 왕의 후보자로 기름 부음을 받고 이스라엘의 왕이 되었습니다(삼상 16:1, 13).

② 하나님을 의지해서 전쟁에 나가 블레셋의 대장 골리앗을 죽이고 승리했습니다(삼상 17장).

③ 다윗의 명성이 높아감에 따라 사울왕의 질투로 도망 다니게 되었습니다.

④ 사울이 죽고 그 뒤를 이어 이스라엘과 유다의 왕이 되었습니다(삼하 5:3).

• View of Bible

구약성경에서 하나님께 쓰임 받은 사람들을 생각해볼 때 다윗 왕을 빼놓을 수 없습니다. 그는 이스라엘과 유다로 나누어진 나라를 통일왕국으로 만든 왕이고, 그동안 끊임없이 이스라엘을 괴롭혀 왔던 블레셋 족속을 완전히 점령하여 이스라엘 역사에서 가장 넓은 영토를 차지할 수 있었던 시대를 이끌었던 강력한 왕이었습니다. 다윗이 이렇게 하나님께 크게 쓰임 받은 이유가 무엇인지 찾아보세요.

• Learn of Bible

1. 하나님 마음에 맞는 다윗

(1) 삼상 16:7 "여호와께서 사무엘에게 이르시되 그의 용모와 키를 보지 말라 내가 이미 그를 버렸노라 내가 보는 것은 사람과 같지 아니하니 사람은 외모를 보거니와 나 여호와는 중심을 보느니라 하시더라."

(2) 행 13:22 "폐하시고 다윗을 왕으로 세우시고 증언하여 이르시되 내가 이새의 아들 다윗을 만나니 내 마음에 맞는 사람이라 내 뜻을 다 이루리라 하시더니."

다윗이 왕으로 선택받는 과정은 보통 사람들의 생각을 뛰어넘는 것이었습니다. 사무엘까지도 외적인 모습이 뛰어난 장남 엘리압이 왕으로 합당하다고 여겼습니다. 이때까지만 해도 다윗은 부모에게까지 관심을 받지 못하고, 왕을 선택하는 자리에 끼지도 못하고 소외당했습니다.

그러나 하나님은 사람들이 소외시킨 다윗을 선택하셨습니다. 다윗에게 '내 마음에 맞는 사람'이라고 말씀하며, 자신을 '중심을 보시는 하나님'이라고 소개하고 있습니다. 하나님은 사람의 외모보다 그 사람의 마음의 중심을 보십니다. 하나님의 일을 이루는 것은 인간의 외적인 행위가 아닌 하나님을 향한 믿음이기 때문입니다.

2. 하나님을 신뢰한 다윗

삼상 17:45 "다윗이 블레셋 사람에게 이르되 너는 칼과 창과 단창으로 내게 나아오거니와 나는 만군의 여호와의 이름 곧 네가 모욕하는 이스라엘 군대의 하나님의 이름으로 네게 나아가노라."

다윗은 하나님을 믿는 믿음만을 가지고 나가서, 인간의 힘을 의지한 골리앗을 물리쳤습니다. 다윗이 골리앗 앞에서 두려워하지 않고 강하고 담대할 수 있었던 것은 하나님이 나와 함께해주신다는 믿음이 있었기에 가능한 일이었습니다. 이 이야기는 우리가 우리 앞에 놓인 강대한 원수 골리앗을 이길 수 있는 방법은 오로지 하나님만 의지하는 길 밖에 없음을 잘 보여주고 있습니다.

3. 하나님 일에 헌신한 다윗

(1) **삼하 7:1-2** "여호와께서 주위의 모든 원수를 무찌르사 왕으로 궁에 평안히 살게 하신 때에 왕이 선지자 나단에게 이르되 볼지어다 나는 백향목 궁에 살거늘 하나님의 궤는 휘장 가운데에 있도다."

다윗은 사울 왕에게 쫓겨 다니면서 죽음의 고비를 여러 번 넘겼으며 왕이 된 후에도 많은 전쟁을 치렀습니다. 이 모든 일에 하나님의 도움으로 승리를 얻어 이제 쉴 수 있는 기회가 왔습니다. 그러나 다윗은 하나님께서 그의 삶에 평안을 주신 때에 자신의 평안한 삶에 만족하지 않고 하나님을 위해 자신이 할 수 있는 일이 무엇인지 고심한 사람이었습니다.

그의 고민은 자신은 왕궁에서 평안히 지내는데, 하나님의 법궤는 휘장(텐트) 안에 있다는 것이었습니다. 하나님이 평안히 거하실 수 있는 집이 없다는 사실이었습니다. 이에 다윗은 주저하지 않고 하나님의 성전을 짓기 위한 준비에 들어갑니다.

(2) **대상 29:3** "성전을 위하여 준비한 이 모든 것 외에도 내 마음이 내 하나님의 성전을 사모하므로 내가 사유한 금, 은으로 내 하나님의 성전을 위하여 드렸노니."

다윗은 하나님의 성전을 짓겠다고 결단한 것을 입술의 고백으로만 그치지 않고 곧 실행에 옮기기 위해 치밀한 계획을 세웠습니다. 자신에게 있는 모든 힘과 영향력을 다 동원해서 그 일이 성사되도록 준비했습니다. 특히 다윗은 자신이 먼저 가지고 있던 많은 물질들을 하나님의 성전을 짓는 일에 즐거운 마음으로 내어놓았습니다(대상 29:2-5). 이것을 본 모든 족장들과 이스라엘의 모든 사람들이 다 즐거이 하나님께 드리게 되었고 다윗의 아들 솔로몬은 이들이 준비한 것을 토대로 하나님의 성전을 완성할 수 있었습니다.

• Application of Bible

우리가 가지고 있는 것들 중에서 하나님께 드릴 것이 무엇이 있는지 이야기해 보세요.

우리가 하나님께 무엇을 드린다고 할 때 꼭 물질적인 것만을 의미하는 것은 아닙니다. 우리 주위의 어려운 사람들을 돕는 기부도 꼭 돈으로 기부하는 것이 아닌 우리의 능력을 기부하는 '재능 기부'가 있듯이, 마찬가지로 하나님께 무엇인가 드린다고 할 때 그것은 재능이나, 시간 그리고 무엇보다 중요한 우리의 마음을 드리는 것입니다. 그렇다면 내가 가지고 있는 재능엔 무엇이 있는지 서로 말해보세요.

• Tip of Bible

시편 23편

시편 23편은 다윗의 시로 시편 중에서도 가장 잘 알려진 다윗의 신앙 고백입니다. 이 시에서 다윗은 여호와가 나의 목자가 되셔서 피곤하고 지친 내 몸을 쉬게 해주시고, 모든 일에 부족함이 없도록 공급해 주시며 원수의 대적에서 보호해주신다고 말하고 있습니다. 그리고 마지막엔 여호와의 집에 영원히 거할 것이라는 소망의 고백을 담고 있습니다. 다윗의 이러한 고백들은 그가 힘들고 어려운 역경 속에서도 하나님을 향한 믿음을 지키며 얼마나 치열하게 살았는가를 잘 보여주는 시라고 볼 수 있습니다.

여호와는 나의 목자시니 내게 부족함이 없으리로다
그가 나를 푸른 풀밭에 누이시며 쉴 만한 물 가로 인도하시는도다
내 영혼을 소생시키시고 자기 이름을 위하여 의의 길로 인도하시는도다
내가 사망의 음침한 골짜기로 다닐지라도 해를 두려워하지 않을 것은
주께서 나와 함께 하심이라
주의 지팡이와 막대기가 나를 안위하시나이다
주께서 내 원수의 목전에서 내게 상을 차려 주시고
기름을 내 머리에 부으셨으니 내 잔이 넘치나이다
내 평생에 선하심과 인자하심이 반드시 나를 따르리니
내가 여호와의 집에 영원히 살리로다

제11과 솔로몬 처음과 끝이 달랐던 지도자

구약편

학습목표 : 하나님과 함께 했던 솔로몬의 영광이 세상적인 것을 추구하고 타락했을 때 하나님께 버림 받고 나라가 분열되어 백성들에게 고통을 안겨 주었음을 이해한다.

중심진리 : 솔로몬의 흥함과 쇠함

본문말씀 : 열왕기상 3:4

Memory verse

"이에 왕이 제사하러 기브온으로 가니 거기는 산당이 큼이라 솔로몬이 그 제단에 일천 번제를 드렸더니"(왕상 3:4).

• Question About It

'솔로몬' 은 누구입니까?

① 솔로몬은 다윗 왕의 아들로 우리야의 아내였던 밧세바의 소생입니다(왕상 1:11).

② 다윗의 뒤를 이어 이스라엘의 왕으로 약 40년간 다스렸습니다.

③ 솔로몬은 지혜의 왕으로 하나님의 성전을 건축했습니다(왕상 6:38).

④ 솔로몬은 후에 범죄하여 하나님을 떠난 사람이었습니다(왕상 11장).

⑤ 솔로몬은 잠언, 전도서, 아가서 등을 저술한 것으로 보아 마지막에는 회개하고 하나님께 돌아온 것으로 보입니다.

• View of Bible

솔로몬은 처음에는 하나님을 의지하고 백성을 사랑하는 지도자였습니다. 그런데 세월이 지나면서 하나님의 말씀대로 살지 않고 불순종하며 자신의 부귀영화를 추구하는 지도자로 변했습니다. 본 과를 통해 우리가 하나님 앞에 쓰임 받는 사람이 되기 위해 가져야 할 것과 버려야 할 것이 무엇인지 살펴보겠습니다.

• Learn of Bible

1. 우리가 가져야 할 것

(1) 왕상 3:4 "최선을 다해 간절히 기도함"

"이에 왕이 제사하러 기브온으로 가니 거기는 산당이 큼이라 솔로몬이 그 제단에 일천 번제를 드렸더니"(왕상 3:4).

솔로몬은 하나님께서 왕으로서의 위대한 사역을 맡겨주셨을 때, 그 역할을 잘 감당하기 위해서는 무엇보다 먼저 하나님께 도움을 간구해야 한다는 사실을 잘 알고 있었습니다. 그래서 그가 드릴 수 있는 최선의 방법으로 일천 번제를 하나님께 드린 것입니다. 이는 그가 왕으로서의 사역을 시작하면서 하나님께서 주시는 은혜와 능력을 얼마나 사모하고 있었는가를 잘 보여주는 대목입니다.

그러므로 우리도 하나님께서 우리에게 어떤 사역을 맡겨주셨을 때 먼저 예배를 통해 하나님의 은혜와 능력을 사모하는 자세를 가져야 합니다.

(2) 왕상 3:9 "기도의 우선순위로 자신이 아닌 백성을 위해 지혜를 구함"

> "누가 주의 이 많은 백성을 재판할 수 있사오리이까 듣는 마음을 종에게 주사 주의 백성을 재판하여 선악을 분별하게 하옵소서"(왕상 3:9).

솔로몬은 하나님 앞에 기도할 때 먼저 무엇을 기도해야 하는지를 잘 알고 있었던 사람이었습니다. 일천 번제를 받고 기뻐하신 하나님께서 그에게 기도의 응답으로 무엇을 주기를 원하는지 물었을 때, 솔로몬은 개인적인 것을 위해 기도하지 않고 한 나라의 왕으로서 기도했습니다. 자신의 부귀나 장수를 구한 것이 아니라 백성을 잘 다스릴 수 있는 지혜를 달라고 기도한 것입니다. 솔로몬은 기도의 우선순위를 잘 알고 있었던 사람이었습니다.

지혜는 선악을 분별하는 것입니다. 선악을 분별하는 것은 오직 하나님의 말씀을 통해서만 가능합니다. 솔로몬은 이것을 구한 것입니다.

2. 우리가 버려야 할 것

(1) 왕상 11:1 "이방 여인을 사랑함"

> "솔로몬 왕이 바로의 딸 외에 이방의 많은 여인을 사랑하였으니 곧 모압과 암몬과 에돔과 시돈과 헷 여인이라"(왕상 11:1).

(2) 왕상 11:5 "하나님을 버리고 우상 숭배함"

> "이는 시돈 사람의 여신 아스다롯을 따르고 암몬 사람의 가증한 밀곰을 따름이라"(왕상 11:5).

여호와를 사랑하는 자로서 사역을 시작했던 솔로몬은 이방의 많은 여인을 사랑한 자로 인생을 마치고 있습니다. 솔로몬은 이방 나라의 공주들과 정략결혼을 함으로 주변 나라와 평화로운 관계를 유지하려는 정치적 의도가 있었으나, 결과적으로는 하나님의 말씀을 거역한 것입니다(신 17:16-17). 후궁 700명과 첩 300명을 두고 육체적인 향락에 빠져 왕으로서의 신분을 망각한 것입니다.

그리고 그들이 자기 나라에서 가지고 온 우상들을 숭배하는 일에 동참하여 그들을 위해 제사 드리는 어리석음도 범하게 되었습니다.

3. 솔로몬의 죄악의 결과로 인해 내려진 징벌

왕상 11:11 "여호와께서 솔로몬에게 말씀하시되 네게 이러한 일이 있었고 또 네가 내 언약과 내가 네게 명령한 법도를 지키지 아니하였으니 내가 반드시 이 나라를 네게서 빼앗아 네 신하에게 주리라."

솔로몬은 뛰어난 능력을 가지고 큰 업적을 남겼음에도 불구하고 세상적으로 영적으로 타락하여 하나님을 떠나고, 그로 인해 나라가 갈라지는 비참한 결과를 낳게 되었습니다. 하나님보다 물질을 더 의지했고, 하나님보다 여자를 더 사랑하면서 우상숭배에 빠지게 되었습니다.

솔로몬은 잠시 성공을 거두었지만 그 성공을 끝까지 가져가지 못했습니다. 진정한 성공은 얼마나 하나님을 끝까지 의지하느냐입니다. 솔로몬의 잘못으로 그의 강대한 왕국은 분열되었고, 영광스러운 성전도 파괴되며 백성들이 이방의 포로로 잡혀가는 불행을 가져왔습니다. 처음의 마음을 끝까지 유지하는 것이 결코 쉽지 않음을 말해줍니다.

• Application of Bible

하나님을 처음 만났을 때의 나의 모습과 지금의 나의 모습을 비교해볼 때 달라진 점을 이야기해 보세요.

우리는 하나님을 처음 만났을 때를 기억합니다. 마치 첫사랑에 빠진 사람처럼 열병을 앓고 주님을 위해 모든 것을 희생하고 헌신할 수 있었던 순간이었습니다. 매일 교회에 가고 싶고 목사님의 설교를 듣고 싶었으며, 성경을 읽으면서 또는 같이 믿는 사람들과의 대화를 통해서 들뜨고 행복한 감정을 느낄 수 있었습니다.

그러나 요즘 나의 신앙은 어떤 상태인가요? 그때처럼 감격과 감동을 가지고 있습니까? 지금은 식을 대로 식어서 굳은 마음으로 습관적으로 신앙생활을 하고 있는 것은 아닌지요.

영적 침체에 빠져 있다면 빨리 일어나야 합니다. 예수님을 처음 만났을 때의 첫사랑의 감정을 다시 느껴야 합니다.

• Tip of Bible

타락한 자에서 성자가 된 어거스틴

젊은 시절에 타락과 방탕의 생활을 즐겼던 어거스틴은 그의 어머니 모니카의 간절한 기도로 32세에 회심하여 예수 그리스도를 영접하게 됩니다. 이때 회심한 경험을 적은 책이 바로 그 유명한 《참회록》입니다. 하루는 어거스틴이 지은 죄에 대해서 깊이 뉘우치며 울고 있을 때, 이웃집에서 "들고 읽으라, 들고 읽으라"는 소리가 반복적으로 들려서 성경을 폈는데 그의 눈에 들어온 성경 구절이 바로 로마서 13장 13-14절 말씀이었습니다.

"낮에와 같이 단정히 행하고 방탕하거나 술 취하지 말며 음란하거나 호색하지 말며 다투거나 시기하지 말고 오직 주 예수 그리스도로 옷 입고 정욕을 위하여 육신의 일을 도모하지 말라."

그는 이 말씀으로 죄의 해방을 경험하고 새롭게 거듭나서 기독교 역사상 가장 영향력 있는 인물 중 한 사람이 되었습니다. 그의 신학과 학문은 후대에 큰 영향력을 끼쳤고 루터와 칼빈이 그의 사상을 근거로 종교개혁을 추진하게 되었습니다. 결국 그에게 성자라는 칭호가 붙여져 지금까지 성 어거스틴으로서 많은 사람들에게 커다란 감동을 주고 있습니다. 방탕하여 쓸모없는 사람이 될 뻔한 사람이 그리스도로 옷 입고 새롭게 거듭남으로 한 시대를 움직이는 위대한 성자가 되었습니다.

제12과 요시야 용기 있는 자

구약편

학습목표 : 하나님을 향한 뜨거운 열정과 사랑으로 백성을 하나님께 인도하려 했던 요시야 왕의 인생을 이해한다.

중심진리 : 종교개혁을 단행한 요시야

본문말씀 : 열왕기하 23:25

Memory verse

"요시야와 같이 마음을 다하며 뜻을 다하며 힘을 다하여 모세의 모든 율법을 따라 여호와께로 돌이킨 왕은 요시야 전에도 없었고 후에도 그와 같은 자가 없었더라" (왕하 23:25).

• Question About It

'요시야'는 누구입니까?

① 요시야는 남왕국 유다의 왕으로 8세에 왕위에 올라 31년간 통치했습니다(왕하 22:1).

② 요시야는 당시 우상숭배에 빠져 있던 유다를 종교개혁을 통해 하나님을 섬기도록 했습니다.

③ 요시야는 하나님을 잘 섬긴 선한 왕이었습니다.

• View of Bible

요시야가 왕위에 올랐을 때 그의 나이는 불과 8세였습니다. 주변의 강대국이었던 앗수르가 쇠퇴하고 바벨론이 신흥세력으로 부상하고 있는 혼란한 시기였습니다. 요시야의 아버지인 아몬은 우상을 섬기며 백성의 마음을 혼란스럽게 하고 폭정을 일삼은 왕이었습니다. 그러나 요시야는 그런 부왕과는 달리 하나님에 대한 믿음과 백성을 향한 사랑을 간직한 선한 왕이었습니다. 본 과에서는 하나님께 인정받은 요시야 왕의 신앙에 대해 살펴보겠습니다.

• Learn of Bible

1. 하나님을 사랑한 요시야

(1) 왕이 된 요시야가 처음으로 내린 명령은 무엇입니까?(왕하 22:3-5)

"성전 수리를 명함"

"요시야 왕 열여덟째 해에 왕이 므술람의 손자 아살리야의 아들 서기관 사반을 여호와의 성전에 보내며 이르되 너는 대제사장 힐기야에게 올라가서 백성이 여호와의 성전에 드린 은 곧 문 지킨 자가 수납한 은을 계산하여 여호와의 성전을 맡은 감독자의 손에 넘겨 그들이 여호와의 성전에 있는 작업자에게 주어 성전에 부숴진 것을 수리하게 하되"(왕하 22:3-5).

8세에 왕이 된 요시야는 너무 어려서 자신이 결정할 수 일이 아무것도 없었습니다. 그러나 그가 왕이 된 지 18년이 되자 왕으로서의 위엄과 권위를 찾게 되었고, 그런 그가 처음 내린 명령이 대제사장에게 하나님의 성전을 수리하도록 명한 것입니다. 이것은 요시야의 신앙이 투철했음을 보여주는 장면입니다.

(2) 성전을 수리할 때 발견된 것은 무엇입니까?(왕하 22:8)

"하나님의 율법책"

"대제사장 힐기야가 서기관 사반에게 이르되 내가 여호와의 성전에서 율법책을 발견하였노라 하고 힐기야가 그 책을 사반에게 주니 사반이 읽으니라"(왕하 22:8).

성전을 수리하다가 하나님의 율법책을 발견하게 됩니다. 아마도 이것은 모세의 신명기 말씀이라고 생각됩니다. 이 말씀에는 성품을 다하고 뜻을 다하고 마음을 다해서 하나님을 사랑하라고 되어 있고(신 10:12), 우상을 섬기지 말고 하나님만 섬길 것을 명령하는 말씀(신 4:15-31)들이 적혀 있었습니다.

(3) 율법책을 발견했다는 소식을 들은 요시야는 어떤 반응을 나타냅니까?(왕하 22:11)

"자신의 옷을 찢음"

"왕이 율법책의 말을 듣자 곧 그의 옷을 찢으니라"(왕하 22:11).

고대 이스라엘에서 옷을 찢는 행위는 극한 슬픔을 당하거나 회개할 때 취하는 행동입니다. 요시야는 성전을 수리하는 도중 하나님의 율법책을 발견했다는 소식을 듣자 곧 회개하는 마음으로 자신의 옷을 찢은 것입니다. 이것은 율법책을 발견하고 심지어 그것을 읽은 대제사장 힐기야나 서기관 사반이 아무런 행동을 보이지 않은 것과 대조되는 반응입니다. 이는 요시야가 그 누구보다도 하나님을 사랑했음을 보여주는 대목입니다.

2. 종교개혁을 단행하는 요시야

(1) 종교개혁을 단행하기에 앞서 요시야가 취한 행동은 무엇입니까?(왕하 23:1-3)

"모든 백성을 모으고 율법책을 읽어주고 하나님과 언약을 다시 세움"

> "왕이 보내 유다와 예루살렘의 모든 장로를 자기에게로 모으고 … 모든 백성이 노소를 막론하고 다 왕과 함께 한지라 왕이 여호와의 성전 안에서 발견한 언약책의 모든 말씀을 읽어 무리의 귀에 들리고 왕이 단 위에 서서 여호와 앞에서 언약을 세우되 마음을 다하고 뜻을 다하여 여호와께 순종하고 그의 계명과 법도와 율례를 지켜 이 책에 기록된 이 언약의 말씀을 이루게 하리라 하매 백성이 다 그 언약을 따르기로 하니라"(왕하 23:1-3).

요시야 왕은 무엇보다도 먼저 모든 백성이 회개하고 하나님과 언약을 다시 세울 것을 소망했습니다. 그래서 백성을 모두 모아서 발견된 하나님의 율법책을 들려주었습니다. 이 말씀을 들은 백성은 회개했고 곧 하나님을 다시 섬길 것을 다짐했습니다. 한 왕의 신앙과 믿음이 백성을 구원한 것입니다.

(2) 종교개혁의 조치로 요시야 왕이 취한 행동은 무엇입니까?(왕하 23:4-20)

"모든 우상을 부수고 산당을 폐함"

> "…바알과 아세라와 하늘의 일월 성신을 위하여 만든 모든 그릇들을 여호와의 성전에서 내다가 예루살렘 바깥 기드론 밭에서 불사르고…"(왕하 23:4).
> "전에 이스라엘 여러 왕이 사마리아 각 성읍에 지어서 여호와를 격노하게 한 산당을 요시야가 다 제거하되…"(왕하 23:19).

가나안 정착 시기부터 완전하게 뿌리 뽑지 못한 우상숭배 사상이 계속 백성들의 생활을 파고들어서 결국 북이스라엘이 멸망(BC 722년) 당하게 되는 원인을 제공했으며 남은 남왕국 유다도 곧 북왕국 이스라엘의 전철을 밟는 시기였습니다. 그러나 이때 참 신앙인인 요시야 왕이 나타나서 우상을 제거하는 종교개혁을 단행하게 된 것입니다.

(3) 이러한 요시야 왕을 성경은 어떻게 기록하고 있습니까?(왕하 23:25)

"가장 위대한 왕으로 언급"

> "요시야와 같이 마음을 다하며 뜻을 다하며 힘을 다하여 모세의 모든 율법을 따라 여호와께로 돌이킨 왕은 요시야 전에도 없었고 후에도 그와 같은 자가 없었더라"(왕하 23:25).

하나님을 잘 섬긴 왕은 요시야 전에도 없었고 후에도 없었다는 말씀은 어떤 의미에서 이스라엘의 가장 위대한 왕 다윗보다도 요시야가 더 훌륭한 왕이라는 것을 언급하는 구절입니다. 이 정도로 요시야 왕의 개혁은 하나님 보시기에 큰 칭찬을 받을 만한 행동이었습니다. 이것은 망해가는 유다왕국에 한 줄기 빛을 발산하는 희망의 등불이었습니다.

그러나 얼마 뒤에 요시야 왕은 애굽과의 전투에서 전사하고 그와 함께 종교개혁은 중단되어 요시야 왕이 죽은 뒤(BC 609년) 약 20년 만에 남왕국 유다는 바벨론에게 멸망하게 됩니다(BC 586년).

• Application of Bible

나의 신앙습관 가운데 개혁해야 할 것이 있는지 이야기해 보세요.

사람들에겐 각기 습관이라는 것이 존재합니다. 좋은 습관도 있지만 나쁜 습관들이 대부분입니다. 그래서 고치려고 노력하는 것이겠지요. 마찬가지로 신앙에도 나쁜 습관들이 있습니다. 특히 나에게 있는 것이 무엇인지 이야기해 보세요.

- 식사하기 전에 식사기도를 자주 잊어버려요.
- 주일 예배시간에 늦어요.
- 설교시간에 다른 생각을 해요.
- 시험기간 중에 교회에 빠져요.
- 성경공부 시간에 집중이 안 돼요.

• Tip of Bible

유다 왕들		이스라엘 왕들	
르호보암	931-913	여로보암	931-910
아비야	913-911	나답	910-909
아사	911-870	바아사	909-886
여호사밧	873-848	엘라	886-885
여호람	848-841	시므리	885
아하시야	841	오므리	885-874
아달랴	841-835	아합	874-853
요아스	835-796	아하시야	853-852
아마샤	796-767	요람	852-841
웃시야	767-740	예후	841-814
요담	750-731	여호아하스	814-798
아하스	735-715	여호아스	798-782
히스기야	729-686	여로보암2세	793-753
므낫세	696-642	스가랴	753
아몬	642-640	살룸	752
요시아	640-609	므나헴	752-742
여호아하스	609	브가히야	742-740
여호야김	609-598	베가	752-732
여호야긴	598-597	호세아	732-722
시드기야	597-586		

EDUCATION

TEEN TEEN POWER IN JESUS

청·소·년·핵·심·공·과

틴틴파워 인지저스 5권

신약편

1단원 약속의 사람들	제1과 마리아 | 제2과 요셉 | 제3과 침례(세례) 요한
2단원 그들만의 세상	제4과 바리새인 | 제5과 사두개인 | 제6과 율법교사
3단원 이적의 중심에서	제7과 사마리아인 나병환자 | 제8과 막달라 마리아 | 제9과 삭개오
4단원 반대편에서	제10과 헤롯 안디바 | 제11과 대제사장 가야바 | 제12과 본디오 빌라도

Introduce

단원주제	약속의 사람들
단원해설	예수님 탄생과 사역을 준비했던 사람들-예수님의 육신의 부모인 마리아와 요셉, 예수님의 길을 예비했던 침례(세례) 요한-의 모습을 통해 참된 믿음의 사람들이 가졌던 바른 믿음의 태도를 배웁니다.
중심구절	"보라 처녀가 잉태하여 아들을 낳을 것이요 그의 이름은 임마누엘이라 하리라 하셨으니 이를 번역한즉 하나님이 우리와 함께 계시다 함이라" (마 1:23).
단원학습목표	약속의 사람들이 가졌던 바른 믿음의 태도를 배웁시다.
단원핵심정리	약속의 사람들이 가졌던 바른 믿음

신약편

1 단원

약속의 사람들

단원소개

1단원에서는 인류 구원의 거대한 역사 속에서 하나님의 일하심에 순종한 예수의 부모인 마리아와 요셉, 그리고 침례(세례) 요한에 대해서 공부합니다. 하나님께서는 오랜 시간 선지자들을 통해 메시아에 대한 약속과 소망을 주셨습니다. 메시아이신 예수님이 이 땅에 오시는 과정은 완전하신 하나님의 계획이 이루어지는 시간이며, 하나님의 전적인 주도로 이루어진 기적이고 역사였습니다. 그러나 이것은 자신을 희생하며 생명의 위협을 무릅쓴 약속의 사람들이 있었기에 가능했습니다.

1과에서는 처녀인 마리아가 예수님의 육신의 어머니가 되는 과정에서 보여준 용감한 믿음을 살펴봅니다. 2과에서는 성령으로 잉태된 약혼녀 마리아를 받아들이는 과정에서 보여지는 요셉의 인품과 하나님께 대한 순종을 살펴볼 것입니다. 3과에서는 침례(세례) 요한이 어떻게 자신을 낮추고 예수님을 높이며 하나님께서 주신 사명에 충성했는지를 공부합니다.

제1과 마리아 용감한 믿음의 어머니

신약편

학습목표 : 예수의 어머니가 될 것이라는 예언을 들은 처녀 마리아의 하나님에 대한 용감한 믿음을 본받는다.

중심진리 : 목숨을 내놓은 마리아의 용감한 믿음

본문말씀 : 누가복음 1:26-38

Memory verse

"마리아가 이르되 주의 여종이오니 말씀대로 내게 이루어지이다"(눅 1:38).

• Question About It

예수의 어머니, '마리아'는 누구입니까?

① 마리아는 '사랑받는, 높여진, 바다의 별'이라는 뜻입니다.

② 요셉의 아내이며 예수님뿐만 아니라 야고보, 요셉, 유다, 시몬과 그 누이들의 어머니입니다(막 6:3-4).

③ 예수께서 부활, 승천하신 후 마리아는 제자들과 120여명의 성도들과 함께 기도하는 가운데 오순절 성령강림을 경험하며 믿음의 삶을 살았습니다(행 1:12-2:4).

• View of Bible

누가복음 1장에서 제사장 사가랴와 엘리사벳 부부는 나이가 많고, 엘리사벳이 아이를 가지지 못해 자녀가 없는 사람으로 소개됩니다. 사가랴가 성소에 들어가 제사장의 직무를 하고 있을 때 천사 가브리엘이 나타나 네 아내가 아들을 낳을 것이고 이름을 요한이라고 하라고 예언합니다. 누가복음 1장에서는 두 아기의 탄생 예언이 연속해서 나옵니다. 천사 가브리엘은 먼저 제사장 사가랴에게 갔고 그 다음 처녀 마리아에게 갔습니다. 그러나 두 사람의 반응은 달랐습니다. 나이도 많고 지위도 높았던 제사장 사가랴는 천사의 예언을 믿음으로 받아들이지 않아 벙어리가 되었고, 나이 어린 처녀 마리아는 자신에게 닥쳐올 위험을 무릅쓰고 천사의 예언을 받아들이는 믿음을 보여줍니다.

• Learn of Bible

1. 천사 가브리엘의 예언

(1) 누가 천사 가브리엘을 보냈나요?(눅 1:26)

"하나님"

"여섯째 달에 천사 가브리엘이 하나님의 보내심을 받아 갈릴리 나사렛이란 동네에 가서"(눅 1:26).

어떤 일을 할 때, 그 일을 하도록 누가 보냈는지는 매우 중요합니다. 왜냐하면 일의 권위가 보낸 사람에게서 나오기 때문입니다. 성경본문은 천사 가브리엘을 보낸 이가 누구인지를 분명히 하고 있습니다. 이것은 이 예언이 얼마나 중요한 일인지 그리고 얼마나 높은 권위가 있는 일인지를 분명히 하는 것입니다. 천사 가브리엘이 하는 일의 권위는 바로 하나님입니다.

(2) 천사가 찾아간 사람은 어느 동네에 사는 어떤 사람이라고 소개하나요?(눅 1:26-27)

"갈릴리 나사렛 동네, 다윗의 자손 요셉과 약혼한 처녀"

"여섯째 달에 천사 가브리엘이 하나님의 보내심을 받아 갈릴리 나사렛이란 동네에 가서 다윗의 자손 요셉이라 하는 사람과 약혼한 처녀에게 이르니 그 처녀의 이름은 마리아라"(눅 1:26-27).

장소는 복음서 연구에서 중요한 열쇠입니다. 우리는 여기서 마리아의 신분과 처지를 알 수 있습니다. 마리아는 갈릴리 나사렛 동네에 살고 있었습니다. 나사렛은 역사 속 로마의 반역자들이 많이 나왔던 곳으로 사람들은 이곳 사람을 무시했습니다. 그렇게 소외된 장소에 사는 평범한 처녀인 마리아에게 천사는 찾아갔습니다. 그리고 그녀는 다윗의 자손 요셉과 약혼한 처녀였습니다. 당시 여성은 당당한 사람으로 인정받을 수 없었고 더구나 그녀는 약혼으로 인해 자유로울 수 없는 상황이었습니다. 이렇게 누가복음은 낮은 자리에 오신 예수님을 강조하고 있습니다. 낮고 천한 동네 갈릴리 나사렛에 사는 힘이 없고 약혼까지한 처녀 마리아의 뱃속에서 아기 예수님이 탄생하게 되는 것입니다.

(3) 천사는 마리아에게 어떤 말을 전해주나요? 1장 30절부터 33절까지의 천사의 말을 요약해서 자신의 말로 적어보세요.

"천사가 이르되 마리아여 무서워하지 말라 네가 하나님께 은혜를 입었느니라 보라 네가 잉태하여 아들을 낳으리니 그 이름을 예수라 하라 그가 큰 자가 되고 지극히 높으신 이의 아들이라 일컬어질 것이요 주 하나님께서 그 조상 다윗의 왕위를 그에게 주시리니 영원히 야곱의 집을 왕으로 다스리실 것이며 그 나라가 무궁하리라"(눅 1:30-33).

Tip

문제에 정답은 없습니다. 학생들이 자신이 이해한대로 자신의 표현으로 적어보도록 격려해주세요.

하나님께서는 수 세기 전에 다윗에게 그의 왕국이 영원할 것을 약속하셨습니다(삼하 7:16). 이 약속은 다윗의 직계후손인 예수님의 오심으로 성취되었습니다. 예수님은 다윗의 계보에서 태어나셨기 때문에 야곱의 집(하나님의 백성을 의미)을 다스릴 왕이 되실 수 있는 것입니다. '예수'는 여호수아라는 히브리 이름의 헬라어 형태로 '야훼께서 구원하시다'라는 의미입니다. 여호수아가 이스라엘을 약속의 땅으로 인도했듯이 태어날 아기 예수도 당신의 백성을 영원한 생명으로 인도하실 것입니다. 인류 구원의 장엄한 하나님의 역사가 한 여자 마리아로부터 시작된 것입니다.

2. 마리아의 반응

(1) 천사 가브리엘의 말을 들은 마리아의 첫 번째 반응은 무엇인가요? 천사의 말을 처음 들었을 때 마리아는 어떤 심정이었을지 상상해보세요(눅 1:34).

"나는 남자를 알지 못하니 어찌 이 일이 있으리이까 너무 두렵고 당황스럽고 놀랐을 것이다"

"마리아가 천사에게 말하되 나는 남자를 알지 못하니 어찌 이 일이 있으리이까"(눅 1:34).

Tip 자신의 언어로 자유롭게 표현하도록 유도해주십시오. 자신의 느낌을 써볼 때 더 오래 기억에 남습니다. 어떤 기억이든 감정과 결합될 때 더 오래 남습니다.

결혼하기로 약속한 남자가 있는 처녀 마리아에게 임신을 하고 아들을 낳으리라는 말은 너무나 당황스럽고 놀라운 말입니다. 게다가 남자를 알지 못한다는 마리아의 말은 자연적인 방법에서의 임신 가능성이 없음을 알려줍니다.

(2) 당시 처녀가 임신을 하면 돌로 쳐 죽이는 무서운 율법이 있었습니다. 마리아는 이러한 율법을 알고 있었을 것입니다. 천사의 요구는 자신의 생명조차 위태로워질 수 있는 위험한 것이었습니다. 그런데 천사는 처녀인 마리아에게 하나님의 능력에 의해 아기를 가질 것이고 그 아기는 하나님의 아들이라고 분명히 전합니다. 천사의 말을 들은 마리아의 두 번째 반응은 무엇인가요? 마리아는 어떤 마음으로 말했을까요?(눅 1:38)

"주의 여종이오니 말씀대로 내게 이루어지이다", "두렵고 무섭지만 자신의 생명을 돌보지 않는 하나님에 대한 분명하고 용감한 믿음으로 말했을 것입니다"

"마리아가 이르되 주의 여종이오니 말씀대로 내게 이루어지이다 하매 천사가 떠나가니라"(눅 1:38).

하나님의 능력으로 아기를 임신할 것이라는 천사의 말에 마리아는 주저하지 않고 말씀대로 내게 이루어질 것이라고 고백합니다. 천사 앞에 선 힘없는 처녀 마리아에게는 하나님의 능력에 대한 확실한 믿음과 신뢰가 있었습니다. 그리고 하나님께서 하시는 일이라면 그것이 두려운 일이지만 순종하겠다는 믿음이 있었습니다. 이러한 고백 이후에 마리아는 곧 예언대로 아기를 가졌습니다. 믿음의 고백은 자신의 임신을 받아들이는 용감한 행동과 함께 했습니다. 돌에 맞아 죽을지도 모르는 위험한 상황까지도 각오해야 하는 일이었습니다. 평범한 처녀 마리아는 천사를 통해 전해진 하나님의 말씀 앞에서 자신의 목숨을 아끼지 않는 용기있는 믿음을 가졌고 이 믿음을 실천했습니다.

• Application of Bible

여러분의 가정이나 학교, 친구관계 속에서 마리아와 같은 용감한 믿음이 필요한 부분은 어떤 것이 있을까요? 각자 자신에게 적용해보고 서로 말해보세요.

Tip

정답이 없는 문제입니다. 중요한 것은 얼마만큼 성경의 교훈을 자신의 삶의 문제와 연결할 수 있는가 하는 것입니다. 작은 부분이라도 자신의 생활과 신앙이 대면할 수 있도록 도와주세요.

식사기도, 주일예배 성수, 정직한 십일조, 부모님 혹은 친구 전도 등 그 예는 많을 것입니다. 그 중 청소년들이 스스로 적용한 한 가지를 붙잡고 실천할 수 있도록 격려해주세요. 불신 가정 청소년들의 경우 부모님과 신앙의 마찰을 겪을 수 있으며, 주일예배가 학원이나 학교 보충수업보다 덜 중요시 여겨지는 환경에 처한 청소년들도 있을 것입니다. 친구관계 속에서 예수를 믿는다는 것을 당당히 밝히고 신앙인으로서 삶의 표준에 맞게 사는 것은 이 시대 청소년들이 실천해야 할 삶의 모습이지만 이것 또한 쉽지 않은 일입니다. 여러 상황에 처한 청소년들이 이번 과를 통해 믿음을 마음속으로만 가지고 있는 것이 아니라 그것을 당당히 실천할 수 있는 용기를 얻길 소망합니다.

• Tip of Bible

용감한 믿음의 여인, 어머니 마리아

결혼하지 않은 처녀가 아이를 가졌다는 것은 과거나 지금이나 자랑할 수 없는 부끄러운 일입니다. 신명기 법전에 의하면 처녀가 임신을 하면 돌로 쳐 죽이는 율법이 있습니다. 천사의 예언은 돌로 쳐 죽임당할 것을 각오해야 하는 것이었습니다. 임신했을 때는 죽음을 각오해야 했고, 출산할 때는 베들레헴에 방이 없어 마굿간에서 아기를 낳아야 했습니다. 아기를 죽이려는 헤롯군대의 칼날을 피해 밤에 애굽으로 도망가야 했고 헤롯이 죽은 후에야 고향으로 돌아올 수 있었습니다. 예수의 어머니로서의 삶은 그리 쉬운 일이 아니었습니다.

예수님의 공생애 기간 내내 마리아는 아들에 대한 염려와 기도로 세월을 보냈을 것이고 예수께서 십자가의 형틀에서 죽어가는 순간에도 어머니로서 가슴 찢으며 함께 했을 것입니다. 이후 마리아는 요한을 따라 에베소로 갔다는 전설이 있습니다. 성경에 등장하는 마지막 모습은 오순절 성령강림 사건 당시 전심으로 기도하는 모습입니다. 예수의 어머니로 시작해 예수를 믿고 따르는 성도의 삶을 산 어머니, 마리아. 임신하는 순간부터 아들을 위해 자신의 목숨을 내놓은 용감한 믿음의 어머니인 마리아의 믿음과 삶을 우리는 잊지 않고 기억해야 할 것입니다.

제 2과 요셉 사람을 배려하고 하나님께 순종한 사람 신약편

학습목표 : 요셉과 같이 사람을 배려하고 하나님께 순종하는 것이 나에게도 기쁨이 되는 것을 깨닫고 이를 실천하는 사람이 된다.

중심진리 : 사람을 배려하고 하나님께 순종하는 믿음을 가진 의로운 사람 요셉

본문말씀 : 마태복음 1:18-25

Memory verse

"요셉이 잠에서 깨어 일어나 주의 사자의 분부대로 행하여 그의 아내를 데려왔으나 아들을 낳기까지 동침하지 아니하더니 낳으매 이름을 예수라 하니라(마 1:24-25).

• Question About It

예수의 아버지, '요셉'은 누구입니까?

① 요셉은 '여호와께서 더하실 것이다, 여호와의 돕는 자'란 뜻입니다.

② 다윗의 혈통으로 야곱의 아들이며 마리아의 남편입니다(마 1:16).

③ 갈릴리 나사렛에 거주했고(눅 2:4), 직업은 목수였습니다.

• View of Bible

어느 날, 믿음의 가문에서 자란 요셉에게 고민이 생겼습니다. 어제까지 요셉은 마리아와 약혼을 한 후 함께 살 집과 터전을 마련하느라 바쁜 나날을 보내고 있었습니다. 그런데 마리아가 임신했다는 이야기를 듣게 된 것입니다. 마리아가 천사 가브리엘의 이야기와 더불어 이 아기는 성령에 의해 잉태된 하나님의 아들이라고 말했지만 모든 것이 도무지 믿기 어려웠습니다. 어떤 설명이든 요셉에게 마리아의 임신은 불쾌한 상황이었습니다. 만약 요셉이 이 일을 문제 삼아 마리아에게 화를 내거나 사람들에게 마리아의 임신 소식을 알려 돌에 맞아 죽게 된다고 해도 사람들은 요셉을 나무라지 않을 것입니다. 그러나 요셉은 그렇게 하지 않았습니다. 이러저러한 생각 끝에 마리아의 임신을 소문내지 않고 조용히 파혼해야겠다고 생각했습니다. 요셉은 고민에 잠겨 잠이 듭니다.

마태복음 1장은 예수님의 족보가 소개되고 곧이어 예수님의 잉태와 관련되어 아버지 요셉의 이야기가 나옵니다. 족보를 통해 요셉은 아브라함과 다윗의 자손이며 마리아의 남편으로 마리아를 통해 그리스도라 칭하는 예수가 태어난다고 소개합니다.

• Learn of Bible

1. 꿈에 나타난 주의 사자는 요셉에게 마리아의 임신과 아기에 대해 설명해줍니다. 성경을 따라 읽으며 빈칸을 채워주세요.

" 다윗의 자손 요셉아 네 아내 마리아 데려오기를 무서워하지 말라 그에게 잉태된 자는 성령으로 된 것이라 아들을 낳으리니 이름을 예수라 하라 이는 그가 자기 백성을 그들의 죄에서 구원할 자이심이라 하니라 이 모든 일이 된 것은 주께서 선지자로 하신 말씀을 이루려 하심이니 이르시되 보라 처녀가 잉태하여 아들을 낳을 것이요 그의 이름은 임마누엘이라 하리라 하셨으니 이를 번역한즉 하나님이 우리와 함께 계시다 함이라"(마 1:20-23).

당시 유대 사회에서는 사내아이를 낳으면 8일째 날 할례의식을 하면서 이름을 지어주는 것이 관행이었습니다. 유대인들은 이름이 그 사람의 성격과 삶 전체에 관련된다고 믿었기 때문에 갓 태어난 아기의 이름을 짓는데 세심하게 신경을 썼습니다. '예수' 라는 이름은 히브리어로 '예수아' 이며, '여호와는 구원이시다' 라는 뜻의 히브리어 이름 '여호수아' 의 축약형입니다. '임마누엘' 은(사 7:14, 8:10) 오랫동안 이스라엘이 기다렸던 메시아에 대한 열망이 담겨 있는 이름입니다. '하나님이 우리와 함께 계시다'는 표현은 궁극적으로 의롭고 공정하며 평화로운 나라를 가져다줄 이사야 7장 14절에 약속된 다윗의 자손이 태어나는 것을 뜻합니다. 천사는 '예수'를 통해 약속된 구원이 실현될 것이라고 밝히고, '임마누엘'을 통해 하나님이 우리와 함께 계신다는 하나님의 임재를 분명히 합니다.

2. 잠에서 깬 요셉은 어떻게 하나요?(마 1:24-25)

"주의 사자의 명령대로 그의 아내를 데려오고 아들을 낳으며 이름을 예수라고 합니다"

"요셉이 잠에서 깨어 일어나 주의 사자의 분부대로 행하여 그의 아내를 데려왔으나 아들을 낳기까지 동침하지 아니하더니 낳으매 이름을 예수라 하니라"(마 1:24-25).

천사의 말을 통해 마리아에게서 들은 임신에 대한 이야기들이 사실로 드러났습니다. 이 모든 일은 하나님의 역사로 일어난 것임이 분명해졌습니다. 요셉은 마리아와 결혼해 정식으로 데려오기를 결정합니다. 아내를 데려왔다는 말은 혼인의 두 번째 단계로 정식 혼례를 올리고 마리아를 자기 집으로 데려와 함께 살기 시작했다는 뜻입니다. 이제 마리아는 요셉의 아내가 되었습니다. 요셉은 아들을 낳을 때까지 마리아와 동침하지 않았고 이를 통해 예수 그리스도는 완전한 동정녀의 몸에서 태어나게 됩니다. 천사의 명령대로 '예수'라고 이름 지어줌으로 예수님은 정식으로 요셉의 아들로서 다윗의 계보에 오릅니다.

3. 이후에도 주의 사자는 요셉의 꿈에 나타나 두 번의 명령을 더 합니다. 그때마다 요셉은 어떻게 했나요?(마 2:13-14, 19-21)

"일어나 즉시 아기와 어머니를 데리고 명령대로 갑니다"

"그들이 떠난 후에 주의 사자가 요셉에게 현몽하여 이르되 헤롯이 아기를 찾아 죽이려 하니 일어나 아기와 그의 어머니를 데리고 애굽으로 피하여 내가 네게 이르기까지 거기 있으라 하시니 요셉이 일어나서 밤에 아기와 그의 어머니를 데리고 애굽으로 떠나가"(마 2:13-14).
"헤롯이 죽은 후에 주의 사자가 애굽에서 요셉에게 현몽하여 이르되 일어나 아기와 그의 어머니를 데리고 이스라엘 땅으로 가라 아기의 목숨을 찾던 자들이 죽었느니라 하시니 요셉이 일어나 아기와 그의 어머니를 데리고 이스라엘 땅으로 들어가니라"(마 2:19-21).

요셉은 그의 평생에 주의 사자로부터 3번의 명령을 듣습니다. 임신한 약혼녀 마리아를 데려올 때와 헤롯이 아기 예수님을 죽이기 위해 베들레헴 일대의 사내아이들을 두 살 아래로 다 죽였을 때, 그리고 아기 예수님을 죽이려 했던 헤롯이 죽은 이후에 이스라엘 땅으로 다시 가라고 할 때입니다. 요셉은 그때마다 머뭇거리지 않고 즉시 그 말씀에 순종했습니다. 주의 사자 뒤에 계신 하나님을 향한 요셉의 분명한 순종과 믿음을 볼 수 있는 부분입니다.

4. 성경은 요셉을 '의로운 사람'이라고 소개하고 있습니다(마 1:19). 왜 그런 것 같은지 오늘 공부한 내용을 바탕으로 여러분의 생각을 적어보세요.

"아버지가 누구인지 모르는 아기를 임신한 약혼녀를 배려하는 마음과 하나님의 말씀 앞에 조건 없이 즉시 순종하는 모습에서 그는 의로운 사람이라고 생각됩니다"

Tip

문제에 정답은 없습니다. 청소년들이 자신의 생각을 스스로 정리할 수 있도록 시간을 주십시오. 그리고 학생들이 자신의 의견을 발표하면 선생님께서 성경을 바탕으로 설명해 주세요.

요셉은 두 가지 이유로 의로운 사람입니다. 첫째, 사람을 대함에 있어 의로운 사람입니다. 남의 것을 탐하는 것은 율법에 합당한 행동이 아니었습니다. 그는 처음 마리아의 임신 소식을 들었을 때, 그 아기가 자신의 아기가 아닌 것을 알았습니다. 그리고 동시에 마리아와 아기의 입장을 배려했습니다. 가장 좋은 방법은 소문내지 않고 파혼을 하는 것이라고 요셉은 생각했습니다. 이것은 당시 가부장적인 사회에서 남성이 약혼한 여성에게 하기 힘든 큰 배려입니다. 둘째, 하나님 앞에 의로운 사람입니다. 그는 주의 사자가 나타나 자신에게 명령할 때 항상 순종했습니다. 왜냐하면 그것은 하나님께서 주신 명령이기 때문입니다. 하나님의 말씀 앞에 자신의 의견을 내세우지 않고 곧바로 순종하는 의로운 모습을 요셉은 보여주었습니다.

• Application of Bible

1. 요셉과 같이 다른 사람을 먼저 배려한 경험이 있다면 이야기해 보세요.

2. 요셉과 같이 하나님의 말씀(설교말씀, 성경읽기, 기도, Q.T.에서 깨달은 사실)에 곧바로 순종한 경험이 있다면 나누어 보세요.

- 다른 사람을 배려하거나 하나님의 말씀에 순종한 후에 여러분의 마음은 어떠했나요?

Tip

시간이 허락한다면 둘 다를 아니면 한 가지만 나누어도 좋습니다. 청소년들의 경험을 이야기해보고 이런 경험 이후 어떤 감정인지 나누어 보도록 하세요.

모든 사람에게는 자랑스러운 순간과 부끄러운 순간이 있습니다. 그것은 청소년들에게도 마찬가지일 것입니다. 요셉의 의로운 행동과 같이 다른 사람을 먼저 배려했거나 말씀에 순종한 경험이 있는 청소년들이 있을 것입니다. 이러한 것들을 나눌 수 있도록 격려해 주세요. 그리고 이렇게 행동했을 때 청소년들의 마음이 어떠했는지도 꼭 발표하도록 해주세요. 당시의 자랑스럽고 흐뭇했던 기억의 회상을 통해 긍정적 행동이 강화될 것입니다. 추가로 선생님의 경험을 간증해주시면 좋습니다.

• Tip of Bible

마리아와 요셉 시대 '약혼'

마리아와 요셉 시대 '약혼'은 오늘날의 '약혼'과는 다른 의미입니다. 당시의 유대사회에서 '약혼'은 증인들 앞에서 행해지는 정식결혼 전 의식으로서 남자에게 여자에 대한 법적인 권리를 부여했습니다. 그러므로 '약혼'은 구속력 있는 법적 계약이며 증인들 앞에서 공식적인 이혼 절차를 밟아야지만 파기될 수 있었습니다. 만약 정혼한 여자가 간음을 하면 그것은 이혼사유에 해당될 뿐만 아니라 간음죄로 다스려졌습니다. 약혼한 후에도 결혼할 때까지 친정에 머물러 있어야 하지만 '남편'과 '아내'라는 말은 두 사람 사이에 적용될 수 있었고, 약혼 기간 중 배우자가 사망한다면 '홀아비'나 '과부'로 불렸습니다. 신약시대 '약혼'은 양가 부모님의 주선으로 이루어졌고 1년 후 정식결혼이 이루어졌습니다.

약혼을 통한 법적인 남편으로서 요셉의 위치와 마리아의 입장을 생각한다면 요셉과 마리아는 참으로 어려운 믿음의 결정을 했다는 것을 발견할 수 있습니다.

제 3과 침례(세례) 요한 자신을 낮추고 예수님을 높인 사람 신약편

학습목표 : 침례(세례) 요한과 같이 자신을 낮추고 예수님을 높이는 사람이 되기를 결심한다.

중심진리 : 주의 길을 곧게 하는 사명을 감당하기 위해 자신을 낮추고 예수님을 높인 침례(세례) 요한

본문말씀 : 요한복음 1:19-34

Memory verse

"이르되 나는 선지자 이사야의 말과 같이 주의 길을 곧게 하라고 광야에서 외치는 자의 소리로라 하니라"(요 1:23).

• Question About It

'침례(세례) 요한' 은 누구입니까?

① 요한은 '여호와는 은혜로우시다' 라는 뜻입니다.

② 아버지는 아비야 계열의 제사장인 사가랴이고 어머니는 아론 가문의 엘리사벳으로 주의 계명과 규례대로 흠 없이 행했던 의롭고 경건한 부모님 밑에서 성장합니다(눅 1:5-6).

③ 구약의 마지막 선지자(마 11:13)이며 마지막 나실인(눅 1:15-16)입니다.

• View of Bible

누가복음 1장에서 침례(세례) 요한은 천사 가브리엘의 예언을 따라 오랜 세월 아이를 낳지 못했던 어머니에게서 기적같이 태어났습니다. 천사에 의해 '요한'이라 이름 지어졌고 나실인으로 살 것과 엘리야의 심령과 능력으로 주를 위하여 세운 백성을 준비할 것이라고 예언되었습니다. 그는 약대털을 입고 허리에 가죽띠를 띠고 메뚜기와 석청을 먹었으며 광야에서 회개의 침례(세례)를 전파했는데 온 유대 지방과 예루살렘 사람들이 나아가 자기 죄를 자복하고 요단강에서 그에게 침례(세례)를 받았습니다. 그러나 침례(세례) 요한에게 열광하는 사람들에게 자신은 결코 그리스도가 아니라고 말하였고 평생 하나님께서 주신 사명인 주의 길을 예비하는 선지자로 살았습니다. 침례(세례) 요한은 갈릴리와 베뢰아의 분봉왕이었던 헤롯 안디바가 동생의 아내였던 헤로디아와 결혼하는 것을 책망한 일로 감옥에 갇혔다가 억울하게 죽임을 당했습니다.

• Learn of Bible

1. 첫째 날, 침례(세례)를 베풀던 곳 요단 강 건너편 베다니(요 1:19-28)

침례(세례) 요한은 그의 가르침에 열광하는 사람들에 의해 큰 인기를 얻었고 많은 사람들은 침례(세례) 요한에게 침례(세례)를 받기 위해 몰려들었습니다. 어떤 사람들은 그를 '메시아'라고 하고 또 어떤 이들은 '엘리야'나 '선지자'라고 했습니다. 침례(세례) 요한에 대한 소문은 예루살렘에 있는 높은 사람들의 귀에까지 들어갔습니다. 드디어 예루살렘에서 제사장들과 레위인들로 구성된 조사단을 침례(세례) 요한에게 파견했습니다. 조사단의 서기가 되어 이들의 대화를 기록해보세요.

조 사 단 : 너는 누구냐?

침례(세례) 요한 : 나는 그리스도가 아니다(요 1:20).

조 사 단 : 그러면 누구냐 네가 엘리야냐?

침례(세례) 요한 : 아니다(요 1:21).

조 사 단 : 네가 그 선지자냐?

침례(세례) 요한 : 아니다(요 1:21).

조 사 단 : 너는 누구냐? 우리를 보낸 이들에게 네가 누구인지 답을 가져가야 한다. 너는 너를 무엇이라 하느냐?

침례(세례) 요한 : 나는 선지자 이사야의 말과 같이 주의 길을 곧게 하라고 광야에서 외치는 자의 소리다(요 1:23).

조 사 단 : 네가 그리스도도 아니요 엘리야도 아니요 그 선지자도 아닌데 어째서 침례(세례)를 베푸느냐?

침례(세례) 요한 : 나는 물로 침례(세례)를 베풀거니와 너희 가운데 너희가 알지 못하는 한 사람이 섰으니 곧 내 뒤에 오시는 그이라 나는 그의 신발 끈을 풀기도 감당하지 못하겠노라(요 1:26-27).

본문에서 침례(세례) 요한은 자신이 그리스도(메시아)가 아니라는 것을 분명히 합니다. 그는 자신의 정체에 대한 사람들의 어떠한 추측도 부인하고 있습니다. 오히려 자신은 '주의 길을 곧게 하라고 광야에서 외치는 자의 소리'라고 말합니다. 자신을 어떤 존재가 아니라 한낱 소리라고 낮게 평가합니다. 조사단은 물러가지 않고 계속 집요하게 묻습니다. 그렇다면 왜 침례(세례)를 베푸냐고 추궁하는 그들에게 자신의 침례(세례)는 숨겨진 메시아의 출현을 위한 준비적 성격을 가졌음을 내비칩니다. 요한은 이미 메시아가 이스라엘 가운데 계시며, 자신은 그의 신발끈을 풀기에도 감당하지 못한다는 표현을 합니다. 여기서 우리는 이스라엘 백성에게 추앙받던 침례(세례) 요한이 주위의 시선에 아랑곳하지 않고 자신을 철저히 낮추며 메시아를 높이고 있음을 볼 수 있습니다. 그리고 요한이 얼마나 자신의 사명에 충실한 사람인지도 잘 알 수 있습니다.

2. 둘째 날, 요단강(요 1:29-34)

드디어 침례(세례) 요한은 자기에게 나아오시는 예수님을 뵙게 됩니다. 요한은 예수님이 자신이 기다렸던 그분임을 한눈에 알아봅니다. 곧바로 오랫동안 기다렸던 메시아에 대한 분명한 고백을 합니다. 이제 성경을 읽고, 우리가 침례(세례) 요한이 되어 예수님에 대해 고백한 내용을 기록해보세요.

"보라 세상 죄를 지고 가는 하나님의 어린 양이로다"(요 1:29).

"내가 보매 성령이 비둘기 같이 하늘로부터 내려와서 그의 위에 머물렀더라"(요 1:32).

"나도 그를 알지 못하였으나 나를 보내어 물로 침례(세례)를 베풀라 하신 그이가 나에게 말씀하시되 성령이 내려와서 누구 위에든지 머무는 것을 보거든 그가 곧 성령으로 침례(세례)를 베푸는 이인 줄 알라 하셨기에 내가 보고 그가 하나님의 아들이심을 증언하였노라 하니라"(요 1:33-34).

예수님은 요한의 고백을 통해 하나님의 어린 양, 성령으로 침례(세례)를 베푸는 이, 하나님의 아들로 소개됩니다. ① 예수님은 하나님의 양 떼를 인도하며 양 떼를 적에게서 구원하고 하나님의 나라에서 다스리는 어린 양으로 예수님을 묘사합니다. 하나님의 어린 양은 악인들의 심판과 의인들의 구원을 가져오실 것이며 더불어 유월절의 어린 양으로서 죽기까지 복종하시는 분으로 드러납니다. ② 구약의 선지자들에게 예언된대로(사 11:1-2, 42:1) 성령이 메시아의 위에 머무르고 물로 침례(세례)를 베풀라 하신 그이(성부 하나님)께서 목소리로 등장하며 예수님은 성령의 사람일뿐만 아니라 성령으로 침례(세례)를 베푸는 자라고 선언합니다. ③ 그리고 드디어 침례(세례) 요한은 이 모든 증거를 통한 확신에 힘입어 예수님을 '하나님의 아들'로 증언합니다.

3. 침례(세례) 요한이 되어보기

만약 내가 침례(세례) 요한이라면 사람들로부터 존경과 사랑을 받을 때, 요한처럼 담담히 예수님만을 높일 수 있을지 생각해 보세요.

"자신에게 주어진 모든 인기를 무시하는 일은 어려웠을 것입니다. 나를 높이고 싶은 생각이 들어 조금이라도 나를 드러내려고 했을 것입니다"

침례(세례) 요한과 같이 사람들의 인기와 관심 속에서 자신을 낮추고 예수님을 높이는 것은 결코 쉬운 일이 아닙니다. 사람들의 열광에 우쭐할 수 있음에도 요한은 '주의 길을 곧게 하기 위해 광야에서 외치는 자의 소리'라는 자신의 사명을 정확히 알고 있었습니다. 둘째 날 예수께서 자신에게 침례(세례)를 받기 위해 나아오실 때 역시 요한은 하나님의 말씀을 분명히 기억하고 예수님이 하나님의 아들이심을 고백하며 예수님을 올바로 소개하는 자신의 사명에 충실합니다.

• Application of Bible

침례(세례) 요한과 같이 나를 낮추고 예수님을 높이는 방법에는 어떤 것들이 있는지 생각해 보세요. 그리고 구체적으로 가정과 학교와 교회에서 할 수 있는 일들을 생각해보고, 이 중에서 자신 있게 할 수 있는 한 가지를 정해보세요.

예) 시험을 잘 치거나 성적이 올랐을 때 지혜를 주신 하나님께 영광을 돌린다. 찬양팀, 성가대, 교회임원 등의 일을 할 때 예수님을 높이는 섬김의 모습인지 되돌아보고 모범이 될 수 있도록 노력한다.

Tip

성경공부를 통해 그리스도인으로서 합당한 생각의 변화, 감정의 변화, 그리고 행동의 변화를 실천할 수 있도록 격려해 주세요. 성경공부의 목적 중 하나는 청소년들이 성경을 공부함으로 지식으로 알고 이해하는 것을 넘어 행동의 변화를 일으키는 것입니다. 성경공부 시간에 결심한 작은 실천이 습관이 되고 그것이 청소년들의 인격이 될 수 있도록 지도하고 격려해 주세요.

Tip

선생님께서 주중에 한 번 정도 트위터, 페이스북, 혹은 휴대폰 문자나 통화를 통해 자신이 정한 일을 잘 하고 있는지 확인해 주세요. 트위터나 페이스북 등에 자신의 결심을 공포하고 이를 실천하도록 하는 것도 좋은 방법입니다. 그리고 다음 주일 공과 공부시간에 자신의 실천을 꼭 발표하도록 해주세요.

• Tip of Bible

'나실인' 이란?(민 6:1-21)

'바친다, 헌신한다' 라는 뜻을 가진 단어에서 파생된 말로 '구별된 자' 라는 의미입니다. 특별한 서약을 통해 세상과 단절하고 스스로를 구별하여 하나님께 자신을 봉헌한 자를 말하는데 평생 혹은 일정한 기간을 정해 나실인의 서원을 할 수 있었습니다. 민수기 6장에는 나실인에 대해 자세히 나와 있는데 남자나 여자가 특별한 서원, 곧 나실인의 서원을 하고 자기 몸을 구별하여 여호와께 드리면 포도나무에서 나는 모든 소산물은 먹을 수 없었고 서원한 기간동안 머리에 삭도를 대지 않고 여호와께 구별한 날이 차기까지 머리털을 길게 자라게 했고 시체를 가까이해서는 안 되었습니다.

우리가 알고 있는 사사 삼손과 선지자 사무엘, 침례(세례) 요한 등이 평생 나실인으로 하나님께 자신을 드린 사람들인데 삼손과 사무엘은 그들의 어머니가 나실인으로 서원했고, 침례(세례) 요한은 천사 가브리엘의 예언에 의해 나실인이 되었습니다.

Introduce

단원주제	예수님의 사역을 훼방했던 유대교 무리들
단원해설	예수께서 공생애 사역을 하시는 동안 예수님을 시기하고 훼방했던 유대교 무리들-바리새인, 사두개인, 율법교사-을 통해 우리의 신앙을 점검해 봅니다.
중심구절	"내가 너희에게 이르노니 너희 의가 서기관과 바리새인보다 더 낫지 못하면 결코 천국에 들어가지 못하리라"(마 5:20).
단원학습목표	유대교 무리들의 잘못된 신앙을 통해 우리의 신앙을 점검해봅니다.
단원핵심정리	유대교 무리들의 잘못된 신앙

신약편

2 단원

그들만의 세상

단원소개

예수님은 하나님 나라를 선포하시면서 공생애 사역을 시작하십니다. 말씀을 선포하시고 병든자를 치유하시는 과정에서 사람들은 그 말씀과 능력에 열광했고 수많은 사람들이 예수님을 쫓았습니다. 기존 유대교의 지도자이며 사회지도층이었던 사람들은 이런 모습에 시기를 느꼈고 예수님의 가르침과 행동에 분노를 키워갔습니다. 이들은 가만있지 않고 예수님을 염탐하고 쫓아다니며 예수님의 사역을 훼방합니다.

2단원에서는 예수님의 사역을 훼방했던 유대교 무리들에 대해서 배울 것입니다. 4과에서는 율법에 얽매여 진리이신 예수님을 죽이려는 바리새인들을 살펴보고, 5과에서는 현실의 이익에 눈이 먼 사두개인을 공부하며 6과에서는 성경과 율법에 능통하지만 행함이 없는 사회지도층인 율법교사의 모습을 살펴볼 것입니다.

제 4과 바리새인 자신만이 옳다고 생각한 사람들

신약편

학습목표 : 생각의 중심에 내가 아니라 하나님이 계셔야 함을 깨닫는다.

중심진리 : 율법주의에 빠져 하나님의 구원활동을 배척하는 바리새인

본문말씀 : 마가복음 3:1-6

Memory verse

"바리새인들이 나가서 곧 헤롯당과 함께 어떻게 하여 예수를 죽일까 의논하니라" (막 3:6).

• Question About It

'바리새인' 은 누구입니까?

① 이름의 뜻은 '분리주의자' 입니다.

② 에세네파, 사두개파와 함께 유대 3대 분파 중의 하나이며 회당조직을 통해 신약시대 가장 큰 세력을 가지고 영향력을 발휘했던 사람들입니다.

③ 율법을 엄격하게 지켰던 사람들로서 일반 유대인들의 존경을 받았으나, 율법과 전통을 너무 중시한 나머지 예수님께 '외식하는 바리새인' 이라는 책망을 들었습니다.

④ 니고데모와 사도 바울도 바리새인이었습니다.

• View of Bible

예수님은 갈릴리에서 하나님 복음을 전파하며 "때가 찼고 하나님 나라가 가까이 왔으니 회개하고 복음을 믿으라"고 선포하셨습니다. 이후 제자들을 부르셨고 하나님의 구원활동을 하셨습니다. 마가복음에 등장하는 첫 번째 사역은 안식일에 가버나움 회당에서 귀신들린 사람을 쫓아내신 것인데 이로 인해 예수님에 대한 소문이 온 갈릴리에 퍼졌고 예수님의 인기는 날로 더해 갔습니다.

이러한 예수님의 사역을 질투하는 무리들이 생겼는데 바로 바리새인들이었습니다. 그들은 당시 이스라엘의 종교세력으로서 자신들만이 유일한 '성경의 해석자'로 여겼습니다. 그런데 예수님의 등장으로 과거 자신들에게 쏟아지던 백성의 존경이 예수님께 돌아가자 예수님에 대한 미움을 가지게 되었습니다. 뿐만 아니라 자신들이 생명과 같이 소중하게 여기는 율법과 전통을 무시하는 예수님의 태도에 견딜 수 없는 분노를 키워갔습니다. 그래서 그들은 예수님을 몰래 미행하며 그에게 불법적인 행위가 있는가를 조사했습니다.

• Learn of Bible

1. 오늘은 안식일입니다. 예수님이 회당에 들어가셨을 때 한쪽 손 마른 사람이 있었습니다. 그런데 예수님을 엿보는 사람도 있었습니다. 3장 2절에 '주시하고 있거늘'은 원어의 의미상 '사람들이…엿보거늘'의 뜻입니다. 엿보던 그들은 누구이며, 왜 예수님을 엿보고 있었을까요?(막 3:1,2,6)

"바리새인들, 예수님이 안식일에 사람을 치료했다고 고발하려고"

"예수께서 다시 회당에 들어가시니 한쪽 손 마른 사람이 거기 있는지라 사람들이 예수를 고발하려 하여 안식일에 그 사람을 고치시는가 주시하고 있거늘"(막 3:1-2).
"바리새인들이 나가서 곧 헤롯당과 함께 어떻게 하여 예수를 죽일까 의논하니라"(막 3:6).

예수님을 엿보는 사람들은 6절로 미루어 보아 바리새인들입니다. 이들은 악의적인 의도를 가지고 예수님을 숨어서 엿보고 있었습니다. 예수님이 안식일에 어떤 일을 하시면 안식일 율법을 위반했다는 올가미를 씌워 예수님을 기소하려는 것입니다.

2. 바리새인들이 엿보고 있는 것을 아시고도 예수님은 손 마른 사람을 한 가운데 세우십니다. 그리고 4절에서 두 가지를 질문하십니다. 이 중 첫 번째가 "안식일에 선을 행하는 것과 악을 행하는 것, 어느 것이 옳으냐"였습니다. 예수님의 생각과 바리새인의 생각이 어떠할지 보기에서 골라 기호를 적어주세요.

	선을 행하는것	악을 행하는것
예수님	㉡	㉢
바리새인	㉠	㉣

보기

㉠ 어떤 상황에도 안식일의 율법을 지키는 것 ㉡ 손 마른 사람 치료를 통한 하나님의 구원선포

㉢ 하나님의 일보다 율법을 더 중요시하는 것 ㉣ 무조건 안식일의 율법을 지키지 않는 것

3. 예수님은 두 번째 질문으로 "안식일에 생명을 구하는 것과 죽이는 것, 어느 것이 옳으냐"고 물으십니다. 만약 당신이 이 상황을 보고 있던 사람이라면 당신은 어떻게 대답하겠습니까?

"안식일에 생명을 구하는 것이 옳습니다"

예수님을 고발하고자했던 바리새인조차 예수님의 이 질문에서 말문이 막혔습니다. 예수님은 선을 행하는 것 그리고 생명을 구하는 것을 통해 그들의 무조건적인 안식일 율법준수가 얼마나 잘못된 생각인지를 보여주십니다. 그들은 유대 율법에 정통했던 사람들이었기 때문에 '기존의 일반법은 안식일 규례가 생명을 구하는 경우에 철회될 수 있으며, 오히려 철회되어야만 한다'는 것을 알았습니다. 그러므로 바리새인들이 전통적으로 지켰던 율법을 보아도 안식일에 선을 행하고 생명을 구하는 예수님의 행동은 전혀 문제가 없는 것입니다. 그래서 그들은 예수님의 이 질문 앞에 잠잠할 수밖에 없었습니다(막 3:4).

4. 예수님은 바리새인들의 완악한 마음을 아시고, 숨어서 엿보던 그들을 탄식하고 노하심으로 둘러보셨습니다. 그리고는 "네 손을 내밀라"고 말씀하셨습니다. 손 마른 사람의 손은 예수님의 능력으로 회복되었습니다. 이 모습을 지켜보던 회당 안에 있던 사람들은 치료의 기적을 보며 환호하고 하나님을 찬양했을 것입니다. 그러나 처음부터 모든 상황을 숨어서 엿보던 바리새인들은 무엇을 합니까?(막 3:6)

"나가서 곧 헤롯당과 함께 어떻게 하면 예수를 죽일까 의논합니다"

"바리새인들이 나가서 곧 헤롯당과 함께 어떻게 하여 예수를 죽일까 의논하니라"(막 3:6).

예수님은 손 마른 사람을 고치시기 직전에 "안식일은 사람을 위하여 있는 것이요 사람이 안식일을 위하여 있는 것이 아니니 이러므로 인자는 안식일에도 주인이니라"(막 2:27-28)고 선포하셨습니다. 예수님의 구원사역은 하나님과 율법 앞에 정당한 일이었습니다. 율법 앞에서도 당당한 예수님의 모습에 자신들만이 '율법의 해석자'라고 여겼던 바리새인들은 시기와 미움을 느꼈을 것입니다. 많은 사람들은 예수님의 능력을 보며 감탄하고 놀라워했지만 바리새인들은 자신들의 생각에 묶여 예수님을 미워하고 정죄했습니다. 그럼에도 예수님은 안식일의 주인으로서의 권세를 보여주셨습니다. 율법과 전통에 눈이 먼 바리새인들은 이것이 예수님을 통한 하나님의 구원활동임을 끝까지 깨닫지 못하고 정치세력인 헤롯당과 결탁해 예수님을 죽이기 위해 의논합니다.

• Application of Bible

1. 바리새인들이 예수님을 통해 보여주시는 하나님의 구원활동을 바로 보지 못하는 이유가 무엇일까요?

"자신들 혹은 자신들이 생각하는 율법과 전통만이 옳다고 생각했기 때문입니다"

2. 바리새인과 같이 되지 않기 위해 우리 생각의 중심에 무엇이 있어야 할까요? 그리고 그렇게 생각하기 위한 방법에는 어떤 것이 있을까요?

"우리 생각의 중심에 하나님이 계셔야 합니다. 그러기 위해 나의 생각만이 옳다고 생각하는 이기심을 버리고 하나님 중심으로 생각하기 위해 노력해야 합니다"

• Tip of Bible

'예수라면 어떻게 할 것인가?'

위와 같은 질문을 매일 던지며 1년간 예수님의 발자취를 그대로 따르는 사람들이 있다면 세상은 어떻게 변할까요? 위의 질문은 책의 제목입니다. 책의 주인공인 맥스웰 목사님은 가난 때문에 아내와 하나밖에 없는 자식마저 잃고 일자리도 없이 좌절과 슬픔에 잠긴 인쇄공을 만나게 됩니다. 이를 통해 목사님은 그리스도인이 현실생활에서 믿음과 사랑으로 산다는 것이 무엇인지 깊이 고민하게 됩니다. 그 후 그 인쇄공마저 죽게 되는 비극적인 상황을 보면서 '예수님이라면 어떻게 하실까?' 란 질문을 던지면서 살기로 각오합니다. 그리고 교인들에게 같은 질문으로 도전을 줍니다. 이 말씀을 듣고 감동받은 교인 수십명이 앞으로 1년간 그렇게 살기로 작정합니다. 그리고 그 후 이 사람들의 삶이 구체적으로 변화되는 이야기입니다. 예수님을 믿는 것은 명사(Noun)인 동시에 동사(Verb)입니다. 마음으로 믿고 사랑하는 동시에 매일 삶 속에서 실천되어져야 하는 행동입니다. 우리의 매일 삶 속에서 '예수님이라면 어떻게 하실까요?' 가 질문되어지고 이것에 대한 응답으로의 삶을 산다면, 분명 우리의 내일은 달라질 것입니다.

안식일의 노동금지

유대교에서 안식일은 한 주의 일곱째 날이며 이 날은 모든 일을 멈추고 종교 전례를 지키는 날이었습니다. 안식일의 노동금지는 십계명과 구약의 여러 본문에서 찾아볼 수 있습니다(출 20:8-11; 신 5:12-15; 출 31:12-17, 35:2). 율법에서 안식일을 범하는 것은 사형에 해당하는 중대범죄였습니다(민 15:32-36). 안식일은 거룩한 날이며 이스라엘의 시간 중 여호와 하나님께 성별된 부분으로 추수의 십일조를 하듯 하나님께 따로 떼어두어야 했습니다. 유대인들은 안식일이 되면 기도와 성경낭독과 설교를 듣기 위해 회당에 모였습니다. 이날에는 불을 피워도 안 되고 짐을 날라도 안 되며 여행도 일반적으로 금지되었습니다. 물론 씨를 뿌리거나 추수하는 일도 안 되었습니다. 그런데 이러한 노동금지 규례가 다른 계명이나 삶의 현장에서 일어나는 현실과 충돌할 때 문제가 야기되었습니다. 이에 인간의 생명이 위험에 처한 경우에는 이 규례가 무시될 수 있다는 원칙이 세워졌습니다.

제 5 과 사두개인 현실의 이익에 눈 먼 사람들 신약편

학습목표 : 성경과 하나님의 능력을 알기 위해 매일 하나님을 만나는 방법을 찾아본다.

중심진리 : 현실주의에 빠져 성경과 하나님의 능력을 몰랐던 사두개인

본문말씀 : 마가복음 12:18-27

Memory verse

"예수께서 이르시되 너희가 성경도 하나님의 능력도 알지 못하므로 오해함이 아니냐" (막 12:24).

• Question About It

'사두개인'은 누구입니까?

① 명칭은 다윗, 솔로몬시대 제사장이었던 사독에게서 유래되었다고 봅니다(왕상 1:38).

② 부유한 귀족지배계층으로 제사장과 예루살렘 권력가들로 이루어진 집단이었고 산헤드린의 많은 자리를 차지하고 있었습니다.

③ 구전 율법은 받아들이지 않고 모세오경만을 인정하였습니다.

④ 내세와 부활, 영적세계, 천사의 존재를 믿지 않고 지극히 현세적이었습니다.

• View of Bible

예수님의 또 다른 대적자들이었던 사두개인들은 부활도 내세도 영적세계도 천사의 존재조차 믿지 않았습니다. 그들에게 중요한 것은 '현재의 풍요로운 삶'이었고 이 땅에서의 부와 풍요와 권력을 쫓아 살았습니다. 자신들의 국가가 로마의 지배를 받는 상황에서도 이들은 이스라엘 민족의 독립에는 관심이 없었습니다. 오히려 로마의 높은 사람들과 친해져 자신들이 높은 자리를 차지하는 것에 관심이 있었습니다. 이들은 예루살렘의 권력가로서 행세하면서 가난하고 억압받는 자기 민족 위에 군림했습니다. 이런 사두개인들에게 예수님이 선포하신 '하나님의 나라'에 대한 가르침은 거슬리는 것이었습니다. 자신들은 이미 '로마의 나라'가 되어버린 예루살렘에서 풍요롭고 만족한 삶을 누리고 있었기 때문입니다. 이유는 달랐지만 그들 역시 바리새인과 같이 호시탐탐 예수님을 없애고 싶어했습니다. 그러던 어느 날, 사두개인들은 나쁜 의도를 가지고 예수님을 찾아가 함정이 있는 질문을 던집니다.

• Learn of Bible

Tip

아래 문제에 답을 쓴 후, 문제 1, 2를 연극처럼 읽어보면 좋을 것 같습니다. 학생들 중 두 사람이 사두개인과 예수님이 되어주세요. 문제 3은 나머지 학생들이 당시 주변에서 예수님의 말씀을 듣던 유대인이 되어 사두개인과 예수님의 대화와 연결해서 한마디씩 자신의 생각을 말해도 좋습니다. 말씀을 좀 더 실감나게 느낄 수 있습니다.

1. 사두개인들의 질문(막 12:19-23)

사두개인들은 부활, 내세, 영적 존재를 믿지 않았습니다. 단지 예수님을 웃음거리로 만들기 위해 함정이 있는 질문을 합니다.

"선생님, 모세가 우리에게 써 주기를 어떤 사람의 형이 자식이 없어 아내를 두고 죽으면 그 동생이 그 아내와 결혼해서 아이를 낳아 형을 위하여 형의 상속자를 세우라고 하였습니다.
칠 형제가 있는데 맏이가 아내를 취하였다가 상속자가 없이 죽고 둘째도 그 여자와 결혼했지만 상속자가 없이 죽고 셋째도 그렇게 하여 일곱이 다 상속자가 없었고 최후에 여자도 죽었습니다. 일곱 사람이 다 그녀와 결혼했는데 부활 때 곧 그들이 살아날 때에 그 중에 누구의 아내가 됩니다까?"

2. 예수님의 대답(막 12:24-27)

"너희가 성경도 하나님의 능력도 알지 못하므로 오해함이 아니냐. 사람이 죽은 자 가운데서 살아날 때에는 장가도 아니 가고 시집도 아니 가고 하늘에 있는 천사들과 같으니라. 죽은 자가 살아난다는 것을 말할진대 너희가 모세의 책 중 가시나무 떨기에 관한 글에 하나님께서 모세에게 이르시되 나는 아브라함의 하나님이요 이삭의 하나님이요 야곱의 하나님이로라 하신 말씀을 읽어보지 못하였느냐 하나님은 죽은 자의 하나님이 아니요 산 자의 하나님이시라 너희가 크게 오해하였도다."

사두개인들은 모세오경만을 성경으로 인정하던 사람들입니다. 예수님을 웃음거리로 만들려던 그들의 악의 가득한 질문에 대해 예수님은 그들이 믿는 모세오경을 근거로 말씀하십니다. 모세오경에서 하나님은 스스로를 '아브라함의 하나님, 이삭의 하나님, 야곱의 하나님'으로 규정하셨습니다. 이들은 하나님 앞에서 믿음을 보인 족장으로 하나님의 백성입니다. 그리고 하나님은 산 자의 하나님이십니다. 죽은 자의 부활이 없다면 하나님은 '아브라함의 하나님, 이삭의 하나님, 야곱의 하나님'이라고 당신 스스로를 규정할 수 없습니다. 왜냐하면 그들은 이미 죽어서 볼 수 없기 때문입니다. 이것은 논리상 그들이 다시 살아날 것임을 암시하는 것입니다. 하나님은 족장들의 하나님이시고 또한 산 자들의 하나님이십니다. 그렇다면 족장들은 현재는 죽어 있지만 언젠가는 틀림없이 하나님의 능력에 의해 다시 살아날 것입니다. 이것은 오직 부활을 통해 일어날 수 있습니다.

예수님의 가르침은 사두개인의 악한 의도를 가진 질문에 단순히 효과적으로 응수하는데 그치지 않고 이 속에서 중요한 진리를 말씀하십니다. 예수님은 부활과 하나님에 대한 그들의 불신앙에 맞서 하나님의 본성과 존재를 근거로 대답하신 것입니다. 분명 하나님은 산 자의 하나님이십니다. 하나님의 백성 모두가 죽어 사라질 것이라면, 하나님은 산 자의 하나님이 되실 수 없는 것입니다. 살아계신 하나님은 살아 있는 백성을 다스리실 것입니다. 그러므로 부활은 하나님과 그분의 능력을 믿고 체험하는 사람들에게 경험될 것입니다.

3. 사람들의 반응

여러분이 사두개인들의 악한 의도를 가진 질문과 예수님의 현명한 대답을 옆에서 들은 청중이라고 생각해 보세요. 누가 웃음거리가 되었을까요? 듣고 있던 사람들이 어떻게 말했을지 상상해서 써보세요.

예) "사두개인들은 정말 믿음이 없나봐. 쯧쯧", "아니, 저렇게 현명한 분이야말로 하나님의 아들이시지!", "예수님의 말씀이 맞네 그려" 등.

> **Tip** 청소년들이 자유롭게 답을 써보도록 격려해 주세요. 청중이 되어 대사를 만들어보는 과정을 통해 청소년들은 자신의 느낌을 표현함으로 본 과에 대한 기억 속에 자신만의 의미를 새겨넣을 수 있습니다.

• Application of Bible

1. 사두개인들은 성경도 하나님의 능력도 알지 못한다는 책망을 들었습니다. 그렇다면 우리는 성경과 하나님의 능력을 알고 있습니까? 알고 있다면 어떤 방법을 통해 알게 되었는지 아래 보기에서 자신이 체험한 방법에 솔직하게 체크해 보세요.

㉠ 주일예배 참석　㉡ 매일 성경읽기　㉢ 매일 찬양하기　㉣ 매일 감사하기
㉤ 매일 기도하기　㉥ 항상 기뻐하기　㉦ 어려울 때 하나님 의지하기　㉧ 교회 봉사하기

이 밖에도 성경과 하나님의 능력을 알기 위한 방법은 더 있을 수 있습니다. 어떤 사람은 사회 봉사와 나눔을 통해, 또 어떤 사람은 교회의 사역(성가대, 임원 등)을 통해 느끼기도 합니다. 그리고 사람마다 성경과 하나님의 능력을 알게 되는 방법은 조금씩 다를 수도 있습니다. 중요한 것은 우리가 분명하게 '매일 성경과 하나님의 능력을 알아가고 있다'는 것을 느끼는 것입니다.

2. '성경과 하나님의 능력을 알아감'에 있어 자신에게 부족한 부분은 어떤 것이 있었는지 생각해 보세요.

'성경과 하나님의 능력을 알아가는 일'은 결코 지식만으로 될 수 없습니다. 반드시 체험이 필요합니다. 혹 어떤 청소년들은 공부에 쫓겨 주일예배만으로 겨우 신앙을 유지하고 있을 수도 있습니다. 이 시

간을 통해 청소년들에게 '성경과 하나님의 능력을 알아감'의 길을 크게 확장시켜 주십시오. 한 길이 아니라 많은 길이 있음을, 더 다양하게 하나님을 만날 수 있는 여러 길이 있음을 짚어주시고 실천하도록 격려해 주십시오.

• Tip of Bible

매일 밤마다 모이는 이상한 가족, 소진이네 이야기

충남 광천에는 매일 밤마다 모이는 이상한 가족이 있습니다. 바로 소진이네 가족입니다. 이제 고1인 소진이와 초등학생인 두 남동생은 밤이면 까만 책을 손에 들고 한 방에 모입니다. 그 책은 바로 성경책입니다. 밤이면 성경을 들고 앉아 읽기 시작합니다. 매일 정한 분량의 성경을 다 읽고 나면 가족들은 그제야 이불이 깔린 각자의 방으로 흩어집니다. 그리고 이불 위에서 무릎을 꿇고 기도를 합니다. 기도가 끝나면 잠을 잡니다. 이것은 소진이네의 매일 밤 풍경입니다. 소진이네의 아침도 기도로 시작합니다. 소진이네는 누구라도 일어나면 이불 위에서 잠자기 직전의 모습 그대로 무릎을 꿇고 기도를 합니다. 하루 일과가 지나고 밤이 되면 또다시 가족이 모여 성경을 읽습니다. 성경을 다 읽고 나면 이불 위에서 기도하고 잠이 듭니다. 이것은 소진이 가족이 매일 살아계신 하나님을 만나는 방법입니다.

우리 모두는 매일 살아계신 하나님을 만나야 합니다. 여러분은 어떤 방법으로 하나님을 매일 만나고 있습니까?

죽은 형제에 대한 의무(신 25:5-10)

고대사회의 여성에게는 두 개의 집이 있었는데 하나는 자신이 태어나 자란 친정집이었고 두 번째는 자녀를 낳아주어야 하는 남편의 집이었습니다. 그런데 자녀가 없이 과부가 된 여성은 고대사회에서 발붙일 곳이 없었습니다. 왜냐하면 자녀가 없는 과부는 상속권이 없었기 때문에 그녀는 평생 살 집도 재산도 없이 혼자 가난하고 불운한 삶을 살아야 했습니다. 이 문제를 해결하기 위해 유대인들은 과부가 된 여성을 죽은 남편의 가까운 형제와 결혼하게 했습니다. 이 속에서 태어난 아이는 죽은 남편의 자녀로 인정되고 재산의 상속자가 되었습니다. 이렇게 하면 가문이 끊기지 않으며 재산도 남아 있게 되고 무엇보다 여자는 남은 인생을 남편과 가장 가까운 친척(새로운 남편)과 살게 되므로 자녀는 물론이고 남편을 다시 얻게 되는 것입니다. 이것은 지금과 같은 국가적 사회복지와 여성의 사회적 자유가 없던 시대에 소외계층인 과부를 위한 고대사회의 해법이라고 할 수 있습니다.

제6과 율법교사 성경을 알고도 실천하지 않은 사람들

신약편

학습목표 : 성경을 아는 만큼 실천하는 것이 참된 믿음임을 안다.

중심진리 : 성경에 대한 지식은 많으나 실천이 없는 율법교사

본문말씀 : 누가복음 10:25-37

Memory verse

"예수께서 이르시되 네 대답이 옳도다 이를 행하라 그러면 살리라 하시니"(눅 10:28).

• Question About It

'율법교사'는 누구인가?

① 율법, 특히 모세율법을 전문적으로 가르치는 율법의 해석자입니다.

② 서기관이라고도 불렀으며 이들은 주로 바리새파에 속해 있었습니다.

③ 유대사회에서는 바리새인, 사두개인들과 같은 사회지도층이었습니다.

• View of Bible

유대인들의 율법에 대한 순종은 하나님의 은혜에 감사드리는 것이었고 하나님을 영화롭게 하는 수단이었으며 하나님과 맺은 언약의 약속들이 실현되기 위해 필수적인 것이었습니다. 그러므로 유대인들에게 율법을 지키는 것은 하나님과의 언약을 지키는 일로 받아들여졌습니다. 당연히 성경과 율법을 연구하는 사람들은 백성의 존경과 사랑을 받았습니다. 이스라엘이 나라를 잃고 이방인의 땅에서 포로생활을 할 때부터 유대인들은 율법교사들의 가르침과 자문을 듣고 살아왔습니다. 그랬기 때문에 백성에게 율법교사들은 중요한 존재였습니다.

안타깝게도 율법교사들 중에는 예수님의 가르침에 반대하는 사람들이 많았습니다. 이들이 예수님을 인정하지 않은 이유는 예수님이 하나님을 대변하여 말하고 행동하셨기 때문입니다. 이들이 볼 때 이러한 가르침은 너무나 위험한 것이었고 사회 하층민들과 자주 교제하는 모습 역시 거슬리는 것이었습니다.

• Learn of Bible

1. 율법교사의 첫 번째 질문

율법교사가 일어나 예수님을 시험하려고 질문을 합니다. "선생님 내가 무엇을 하여야 영생을 얻으리이까?"(눅 10:25) 이 질문에 예수님은 대답 대신 질문을 하십니다. "율법에 무엇이라고 기록되었으며 네가 어떻게 읽느냐?"

율법학자는 어떻게 대답했는지 아래의 빈칸을 채워주세요.

> "네 마음을 다하며 목숨을 다하며 힘을 다하며 뜻을 다하여 주 너의 하나님을 사랑하고 또한 네 이웃을 네 자신 같이 사랑하라 하였나이다"(눅 10:27).

예수님은 율법교사에게 "네 대답이 옳도다 이를 행하라 그러면 살리라"(눅 10:28)고 말씀하십니다.

율법교사의 입을 빌어 표현하는 이 내용은 예수님 자신의 삶을 가장 잘 나타내는 내용이며 예수님께서 우리에게 요구하시는 명령이기도 합니다. '마음'은 인간 존재의 가장 내밀한 중심으로부터의 하나님에 대한 반응을 가리키며 '목숨'은 우리에게 활력을 주는 생명력의 역할을 나타냅니다. '힘'은 육신적인 행동의 요소이며 '뜻'은 사고와 계획의 과정을 포함한다는 것을 보여줍니다. 이 4가지를 엄밀히 나누지 않고 한마디로 한다면 한 인간의 모든 것을 다해 하나님께 전적으로 헌신하라는 의미입니다.

'하나님과 이웃을 사랑하라'는 것은 하나님께 나아오는 자들에게 요구하시는 명령입니다. 그러나 이것은 신봉되어야 할 율법의 이론이 아니라 실천되어야 할 것이었습니다. 그래서 율법학자는 자신이 다 알고 있는 내용을 예수님께 질문했고 그 대답 역시 자신이 했습니다. 예수님은 그런 그에게 '이를 행하라'고 명령하십니다. 하나님을 믿는 믿음 안에서 행하지 않고 단순히 옳은 것을 아는 것은 의미가 없습니다.

2. 율법교사의 두 번째 질문

율법교사는 예수님의 가르침 앞에 자신을 옳게 보이려고 내 이웃이 누구인지 다시 질문합니다. 이에 예수님은 비유로 말씀하십니다.

(1) 이야기를 듣고 아래의 반칸을 채워 문장을 완성해주세요(눅 10:30-37).

Tip
선한 사마리아인 비유를 청소년들에게 이야기해 주세요.
복사하여 학생 중 한명이 낭독해도 좋습니다.

선한 사마리아인 이야기

신약시대 예루살렘에서 여리고로 내려가는 길은 사막과 돌이 많은 지역을 통과하는 경사길로 약 2800Km의 거리인데 강도들이 많이 출현하는 곳이었습니다. 그래서 특별한 일이 있지 않으면 그 길을 가는 것을 피했습니다. 어떤 사람이 예루살렘에서 여러고로 내려가다가 무서운 강도를 만났습니다. 강도들은 이 사람의 옷을 벗기고 무참하게 때렸습니다. 이 사람은 옷과 돈과 가지고 있던 모든 것을 다 빼앗기고 버려졌습니다. 상처에서는 피가 흐르고 온몸의 뼈는 아파왔습니다. 사막 한낮의 더위는 너무나 고통스러웠고 빨리 도움을 받지 않으면 죽을 것이 분명했습니다.

때마침 한 제사장이 그 길로 내려가다가 강도당한 사람을 보았습니다. 제사장은 유대종교의 대표자로서 '하나님을 사랑하고 네 이웃을 네 자신같이 사랑하라'고 하신 율법의 말씀을 잘 아는 사람이었습니다. 그러나 그는 죽음에 처해있는 사람을 피해 모른 척 지나가 버렸습니다. 제사장은 속으로 생각했습니다. '죽은 시체나 피를 만지는 것은 율법을 어기는 거야. 저 사람은 죽은 것이나 다름이 없고 나는 예루살렘에 가서 하나님의 일을 해야 하니 난 저 사람을 도울 수가 없어.'

얼마의 시간이 흘렀습니다. 레위인이 그 길을 지나가다 강도당한 사람을 보았습니다. 그는 제사장을 배출

하는 레위 가문의 사람으로 그 역시 못 본 척 죽음에 처해 있는 사람을 피해 지나가 버렸습니다. 레위인도 속으로 생각했습니다. '아휴, 저 놈은 괜히 강도를 당해서 사람을 놀라게 하네. 피를 보았으니 하루 종일 부정하겠네.'

이제 강도당한 사람은 거의 죽게 되었습니다. 다친 후 시간이 많이 흘렀고 이 위험한 길에 다시 사람이 지나갈지 기대하기 어려운 상황이었습니다. 그때 어떤 사마리아 사람이 강도당한 사람을 보았습니다. 평소 유대인들은 사마리아 사람을 멸시하며 형편없는 사람으로 취급했습니다. 사마리아 사람은 강도당한 사람을 보자 불쌍히 여겼습니다. 즉각적으로 자신의 가방 속에 있던 기름과 포도주를 상처에 붓고 싸매었습니다. 자신이 타던 짐승에 태워 가까운 주막으로 데리고 가서 돌보아 주었습니다. 다음날이 되었지만 강도당한 사람은 치료가 더 필요했고 자신은 일을 하러 가야 하는 상황이었습니다. 고민하던 끝에 주막 주인에게 두 데나리온을 주며 말했습니다. "이 사람이 회복될 때까지 잘 돌봐주십시오. 만약 2주 후에도 낫지 않고 비용이 더 든다면 제가 돌아올 때 갚아주겠습니다." 두 데나리온은 2주 동안 머물면서 먹고 잘 수 있는 비용이었습니다. 평소 이 사람을 알고 지내던 주막 주인은 그의 부탁을 들어주기로 했습니다. 이로써 거의 죽을 뻔 했던 강도만난 사람은 살게 되었습니다.

강도당한 사람을 보자 제사장과 레위인은 피해 지나갔고 사마리아 사람은 그를 불쌍히 여겨 진심을 다해 도와주었습니다.

(2) "이 세 사람 중 누가 강도 만난 자의 이웃이 되겠느냐?"고 예수께서 물으시자 율법교사는 "사마리아인입니다"라고 대답하지 않고 "자비를 베푼 자입니다"라고 대답합니다. 그렇게 대답한 이유가 무엇일지 적어보세요.

"평소 멸시하던 사마리아인이 칭찬받는 게 싫어서"

율법교사는 성경과 율법에 능통한 사람입니다. 그러나 그는 생각과 행동이 다른 사람이었습니다. 그는 무엇을 하여야 영생을 얻는지도 알고 있었고 누가 이웃이 되는지도 알고 있는 사람이었습니다. 그러나 이 대답에서처럼 머릿속으로는 사마리아인이라는 것을 알고 있지만 자존심 때문에 그대로 말하지 않는 사람이었습니다. 그는 자신을 옳게 보이려고 이 질문을 했지만, 예수님의 이야기 속에서 자신과 같은 부류의 사람들인 제사장과 레위인의 부끄러운 모습이 드러나고 멸시받는 사마리아인이 칭찬받게 되는 것이 싫었습니다. 그래서 그대로 인정하지 않는 옹졸하고 부끄러운 대답을 하게 됩니다.

3. 예수님은 마지막으로 율법교사에게 무엇이라고 말씀하십니까?(눅 10:37)

"가서 너도 이와 같이 하라"

"이르되 자비를 베푼 자이니이다 예수께서 이르시되 가서 너도 이와 같이 하라 하시니라"(눅 10:37).

율법교사는 자신과 자신의 무리가 하나님을 아는 참된 지식을 대표한다고 생각했습니다. 그래서 하나님에 대해 자신있게 말하는 예수가 싫게 보였고, 정말 믿을만한 사람인지를 시험하기 위해 예수를 찾아옵니다. 그러나 예수님을 시험하기 위한 대화 속에서 자신이 아는 것은 많으나 실천이 부족한 사람임을 지적받게 됩니다. 믿음에서 중요한 것은 성경을 아는 그만큼 실천하는 것입니다.

• Application of Bible

율법교사에게 하신 예수님의 가르침은 우리에게도 똑같이 적용됩니다. 자신의 신앙생활에서 성경을 아는 그만큼 실천이 잘 안 되는 부분에는 어떤 것이 있는지 나누어보고 어떻게 고칠 수 있을지 생각해 보세요.

예) 네 이웃을 네 자신같이 사랑하라고 하셨는데 실천이 잘 안됩니다. 어떻게 자신같이 사랑할 수 있는지 모르겠습니다. 항상 기뻐하라고 하셨는데 저는 잘 짜증내고 화내는 편입니다.

Tip

오늘 배운 말씀이나 평소 자신들이 알고 있던 말씀과 자신들의 삶이 충돌하고 있다는 것을 인식시켜 주세요. 잘못된 부분을 아는 것은 모르는 것보다 더 안전합니다. 왜냐하면 문제를 알면 고칠 수 있는 가능성이 있기 때문입니다.

• Tip of Bible

역사 속에서의 율법교사(서기관)

고대 근동 문명에서는 문필기술을 높이 평가했기 때문에 율법교사(서기관)들은 중요한 사회구성원이었습니다. 구약시대 이들은 공적자료를 기록하고 복사하는 것으로 시작해 고위 공직을 차지했습니다. 성경에 능통했기 때문에 제사장과 레위인의 계승자로서 율법의 해석자가 되었습니다. 이스라엘 포로시기에 조국을 잃고 이방 지역을 떠돌며 살던 유대인들은 율법해석을 서기관들에게 의존했기 때문에 그들은 명철한 현자로 인정받았습니다. 구약의 인물로는 예레미야서를 받아 적은 바룩(렘 36:4, 18), 제사장이며 서기관이었던 에스라가 있습니다.

율법학자(교사)의 일부는 귀족 제사장 계급출신도 있었지만 서기관, 평범한 제사장, 낮은 성직자 계급 출신이었고 대다수는 사회의 모든 영역에서 배출되었습니다. 이들의 주요 직무는 율법의 해석과 보존, 율법교육, 재판관으로서의 역할, 신학자로서의 교리연구, 전승의 보호, 성경을 글로 복사하는 등 성경과 율법에 대한 여러 분야가 있었습니다. 예수님 당시에도 율법교사들은 율법의 해석자로 백성의 존경과 인정을 받았습니다.

Introduce

단원주제	예수님의 은혜에 반응한 믿음의 사람들
단원해설	예수님은 공생애 기간동안 수많은 사람들을 가르치셨고 치유하셨습니다. 이들 가운데 예수님의 은혜에 바른 신앙의 모습으로 반응한 믿음의 사람들–사마리아인 나병환자, 막달라 마리아, 삭개오–을 살펴봅니다.
중심구절	"예수께서 이르시되 오늘 구원이 이 집에 이르렀으니 이 사람도 아브라함의 자손임이로다 인자가 온 것은 잃어버린 자를 찾아 구원하려 함이니라"(눅 19:9–10).
단원학습목표	예수님의 은혜에 반응한 믿음의 사람들이 가졌던 바른 신앙의 태도를 배웁니다.
단원핵심정리	예수님의 능력과 은혜를 입은 사람들의 바른 신앙

신약편

3 단원

이적의 주심에서

단원소개

예수님은 공생애 기간동안 수많은 사람들을 가르치셨고 치유하셨습니다. 앉은뱅이가 걷고 눈먼 자가 눈을 뜨고 죽은 자가 살아나는 놀라운 이적을 경험한 사람도 있었고 예수님의 인격과 말씀 앞에 자신의 삶이 변하는 내면적 변화를 경험한 사람들도 있었습니다. 3단원에서는 이러한 변화를 경험한 사람들의 이야기를 살펴보려고 합니다.

7과에서는 고침받은 10명의 나병환자 중에서 예수님께 감사하러 돌아온 1명의 사마리아 사람을 통해 구원의 수혜자가 되는 것에는 인종이 의미 없음을 살펴보고, 8과에서는 막달라 마리아가 예수님의 십자가 처형 이후에 예수님에 대한 믿음과 사랑으로 무덤을 찾아가 부활하신 예수님의 첫 번째 목격자이며 증인이 되는 과정을 공부합니다. 9과에서는 부정과 사람들의 미움으로 영혼이 상처받았던 삭개오가 예수님을 만남으로 삶의 변화를 결단하는 모습을 살펴볼 것입니다.

제7과 사마리아인 나병환자

신약편

진정한 감사로 구원받은 사람

학습목표 : 모든 인종을 차별 없이 사랑하시고 구원해주시는 하나님의 사랑을 안다.

중심진리 : 사마리아인 나병환자는 우리와 동일하게 은혜로 구원받은 백성이다.

본문말씀 : 누가복음 17:11-19

Memory verse

"그에게 이르시되 일어나 가라 네 믿음이 너를 구원하였느니라 하시더라"(눅 17:19).

• Question About It

'사마리아인'은 어떤 사람입니까?

① 사마리아 성읍이나 사마리아 지역에 사는 사람을 지칭하는 말입니다.

② 앗수르 포로기 이후 사마리아에 사는 유대인들은 이주해 온 이방인과 결혼했습니다.

③ 유대인들은 인종과 종교에서 이교도라 생각해 사마리아인을 멸시했습니다(요 4:9).

사마리아는 북이스라엘의 수도였는데 B.C. 722년 앗수르에 의해 멸망되었습니다. 앗수르는 사마리아의 지도층을 포함한 일부 사마리아 사람들을 앗수르의 지배하에 있는 여러 지역으로 옮겼고 대신에 여러 지역으로부터 온 앗수르의 식민지 사람들을 사마리아에 살게 하는 인종 혼혈정책에 의해 잡혼을 시켰습니다. 이러한 역사적 아픔 속에서 사마리아 지역의 사람들은 혼혈된 자손이라는 것과 이방인과의 결혼을 통해 혈통만 아니라 신앙도 순수성을 잃었다는 이유로 유대인들에게 미움과 멸시를 받았습니다. 그리하여 예수님시대 유대인들은 사마리아 사람을 싫어했습니다.

• View of Bible

예수님은 갈릴리에서 출발해 예루살렘으로 가는 여행 중에 사마리아와 갈릴리 사이로 지나가시다가 한 촌에 들어가십니다. 그 주변에 있던 나병환자들은 소문을 통해 예수님의 놀라운 기적이야기를 듣고 자신들도 예수님을 만나면 불치병인 나병도 나을 수 있을 것이라는 기대를 가지고 있었습니다. 그러던 중, 지나가시는 예수님을 발견하고 너무나 기쁜 마음에 큰 소리로 예수님을 부릅니다. 나병환자들은 다른 사람들로부터 스스로를 격리시켜야 했기 때문에 멀리서서 예수님께 크게 소리칩니다. "예수 선생님이여! 우리를 긍휼히 여기소서!" 예수님은 소리치는 그들을 바라보십니다. 예수님을 만난 10명의 나병환자들에게 어떤 일이 일어날지 성경 속으로 들어가 보세요.

• Learn of Bible

1. 예수께서 예루살렘으로 여행하시는 중에 사마리아와 갈릴리 사이를 지나가게 되고 거기서 나병환자 10명을 만나게 됩니다. 나병환자들은 율법에 의해 일반인들과 섞여 살 수 없었기 때문에 마을과 떨어진 곳에 거주해야 했습니다. 사마리아와 갈릴리 사이에 모여 있던 나병환자들은 사마리아인일까요? 유대인일까요?

"사마리아인과 유대인들이 섞여 있었을 것입니다"

나병환자들은 일반인들과 섞여 살 수가 없었습니다. 그들은 율법에 의해 스스로를 격리시켜야 했고 그러다 보니 사람들이 살지 않는 곳에 모여 있었을 것입니다. 비록 유대인과 사마리아인이 서로 싫어하며 원수처럼 지냈지만, 나병이 있는 아픈 이들은 함께 모여 살 수 밖에 없었기 때문에 이 무리 속에는 사마리아인과 유대인이 섞여 있었을 것입니다. 사마리아와 갈릴리 사이를 지나가신다는 표현은 바로 이것을 암시합니다.

2. "예수 선생님이여! 우리를 긍휼히(불쌍히) 여기소서!"라고 외치는 나병환자들에게 예수님은 "가서 제사장들에게 너희 몸을 보이라"고 하셨습니다. 나병환자들의 몸은 언제 깨끗해졌습니까?(눅 17:13-14)

"가다가 깨끗해졌습니다"

> "소리를 높여 이르되 예수 선생님이여 우리를 불쌍히 여기소서 하거늘 보시고 이르시되 가서 제사장들에게 너희 몸을 보이라 하셨더니 그들이 가다가 깨끗함을 받은지라"(눅 17:13-14).

나병에 걸렸다가 병이 나아 몸이 깨끗하게 되면 구약성서의 요구대로 제사장에게 가서 보여야 사회에 복귀할 수가 있었습니다. 그런데 여기서 예수님은 아직 몸이 낫지 않은 나병환자들에게 "가서 제사장들에게 너희 몸을 보이라"고 명령하십니다. 낫지 않은 몸으로 제사장에게 간다면 자신을 격리시켜야 하는 율법을 어기게 될 수 있음에도 그들은 예수님의 말씀을 믿고 병든 몸으로 제사장에게 갑니다. 10명의 나병환자 모두는 예수님의 말씀에 즉각적으로 순종하는 믿음을 가지고 있었습니다. 그리고 이렇게 순종한 믿음의 결과로 몸이 깨끗하게 낫는 기적을 경험합니다.

3. 그 중 한 사람이 자기가 나은 것을 보고 큰 소리로 하나님께 영광을 돌리며 돌아와 예수의 발아래 엎드려 감사합니다. 성경은 그를 누구라고 말합니까?(눅 17:16)

"사마리아 사람"

> "그 중의 한 사람이 자기가 나은 것을 보고 큰 소리로 하나님께 영광을 돌리며 돌아와 예수의 발 아래에 엎드리어 감사하니 그는 사마리아 사람이라"(눅 17:15-16).

나병환자 10명 중 9명은 치유함을 받고도 감사하지 않은 사람들입니다. 돌아온 한 사람만이 하나님을 찬양하며 영광을 돌리고 예수님의 발 아래 엎드려 진정한 감사를 표현했습니다. 그런데 그는 사마리아 사람이었습니다. 사마리아 사람들은 혼혈 민족으로서 유대인들에게 멸시를 당했습니다. 유대인들의 멸시에 익숙해져 있던 사마리아인 나병환자 한 사람만이 자신을 고쳐준 유대인 선생에게 돌아와 감사했다는 것은 놀라운 반전입니다.

4. 이 사람을 보신 예수님의 말씀이 아래에 있습니다. 성경을 읽으며 빈 곳을 채워 보세요.

"열 사람이 다 깨끗함을 받지 아니하였느냐 그 아홉은 어디 있느냐
이 이방인 외에는 하나님께 영광을 돌리러 돌아온 자가 없느냐
가라 네 믿음이 너를 구원하였느니라"(눅 17:17-19).

하나님께 영광을 돌리며 돌아와 감사한 사마리아 사람에게 예수님은 구원을 선포하십니다. 이제 그는 예수님을 통해 전해진 구원을 경험한 자가 되었습니다. 다른 9명의 나병환자들은 육신의 병으로부터 해방되어 자유로운 삶을 살게 되었지만 이 사마리아 사람이 받은 특별한 축복은 받지 못합니다. 예수님은 하나님의 통치와 구원이 유대인들에게만 아니라 그들이 멸시하는 '사마리아 사람'에게도 허락되었음을 보여주십니다. 이 사건을 통해 유대인들의 인종에 대한 잘못된 편견을 지적하는 동시에 하나님의 통치와 구원의 수혜자가 됨에 있어 '인종'은 상관없는 것임을 분명히 보여줍니다.

• Application of Bible

여러분의 가정, 교회, 학교에 외국인이나 다문화 가정의 친구 이름을 적어보세요. 이 친구들을 하나님은 어떤 존재로 생각하실까요? 그리고 하나님은 우리가 그 친구들을 어떻게 대하길 바라실까요?

그 친구들도 하나님의 형상을 따라 만든 존귀한 사람들입니다. 하나님 앞에서 그들과 우리는 아무런 차이가 없습니다. 우리 자신이 존귀하듯이 모든 사람은 하나님 앞에서 존귀한 존재입니다. 사람의 인격 속에는 하나님의 가치가 있습니다. 왜냐하면 하나님께서 창조하셨고, 주인이시기 때문입니다. 우리가 귀하게 여기는 것을 타인이 함부로 하면 싫어하듯이 하나님께서 존귀하게 창조하신 사람을 함부로 대할 권리가 우리에게는 없습니다. 우리는 우리 자신과 동일하게 그 친구들 안에 있는 하나님의 형상을 인정하고 인격적으로 대해야 할 의무를 가지고 있습니다.

Tip 혹시 주변에 내가 아는 외국인이나 다문화 가정의 친구가 없다면, 그들에 대한 나의 생각이 어떠한지 그리고 이 생각을 하나님께서 기뻐하시는 것인지 나누어 보세요.

• Tip of Bible

우리 모두는 하나님이 만든 존귀한 사람

과거 한국이 가난했던 시절 많은 한국 사람들이 유럽이나 미국으로 일하러 갔었습니다. 어떤 나라에서는 간호사와 광부로 일했고 어떤 나라에서는 일용직 노동자로 일하면서 한국에 많은 외화를 벌어주었습니다. 그리고 오늘날 한국이 잘살게 되면서 피부색과 눈동자의 색깔이 다른 많은 사람들이 한국에 살기 위해 이민을 오고 있습니다. 여러 가지 이유로 한국에 거주하고 있는 외국인들은 120만 명, 다문화가정은 16만 가구이며 계속 늘어나고 있답니다. 이제는 주변에서 어렵지 않게 외국인이나 다문화가정의 친구들을 볼 수 있을 것입니다.

우리 동네에, 학교에, 반에 이런 친구가 있다면 외국인, 혼혈인, 이주민으로 생각하지 말고 그 친구들이 우리와 동등하게 하나님께서 만든 존귀한 사람임을 기억해야 합니다. 그 친구들 속에 우리와 똑같은 하나님의 가치가 있음을 잊지 않고 그들을 존중하고 친구가 되어주는 성숙한 우리가 되어야 합니다.

제 8과 막달라 마리아 용감한 부활의 첫 번째 증인 신약편

학습목표 : 어떠한 상황에서도 예수님을 끝까지 따르는 삶의 태도를 가진다.

중심진리 : 막달라 마리아는 큰 위험 속에서도 예수님에 대한 믿음과 사랑을 잃지 않았다.

본문말씀 : 요한복음 20:11-18

Memory verse

"막달라 마리아가 가서 제자들에게 내가 주를 보았다 하고 또 주께서 자기에게 이렇게 말씀하셨다 이르니라"(요 20:18).

• Question About It

'막달라 마리아' 는 누구인가?

① '막달라' 는 갈릴리 호수 서쪽 도시의 이름으로, 막달라 출신의 마리아입니다.

② 일곱 귀신 들렸다가 예수님의 능력으로 나은 후 예수님을 섬겼습니다(눅 8:2-3).

③ 십자가 죽음의 순간까지 주님을 따랐고 안식일 후 첫날 무덤가에 갔다가 부활의 첫 번째 목격자이자 증인이 되었습니다(요 20:1).

• View of Bible

예수님이 기적을 베푸시며 군중 속에서 하나님 나라를 선포하시던 영광의 순간부터 그분의 처참한 죽음과 부활의 순간까지를 지켜본 사람들이 있었습니다. 우리는 그들을 '제자'라고 부릅니다. 이 제자 중 참으로 멋진 한 사람을 소개하려고 하는데 이름은 막달라 마리아입니다.

마리아는 지난 이틀간 한숨도 못 잤습니다. 그 이유는 자신에게 새 생명을 주신 예수님이 억울한 누명을 쓰고 죄없이 십자가형틀에서 죽임당하셨기 때문입니다. 슬프고 비통한 마음에 마리아는 안식일 후 첫 새벽, 예수님의 무덤으로 달려갔습니다. 그런데 무덤 입구의 돌이 옮겨져 있었습니다. 그녀는 너무 놀라 곧장 베드로와 사랑하시던 제자에게 달려갔습니다. 마리아의 말을 들은 두 제자가 무덤으로 달려갔지만 예수님의 시체는 없었습니다. 무슨 일이 일어났는지 알 수 없는 상황에서 두 제자는 집으로 돌아갔습니다. 그러나 마리아는 사랑하는 예수님의 시체가 없어진 것이 너무나 애통해 집에 가지 못하고 무덤 밖에 서서 울고 있었습니다.

• Learn of Bible

1. 천사를 만나다

(1) 막달라 마리아가 무덤 밖에 서서 울면서 무덤 속을 들여다보았을 때, 그녀는 무엇을 보았습니까?(요 20:12)

"흰 옷 입은 두 천사가 앉아 있는 것을 보았습니다"

> "흰 옷 입은 두 천사가 예수의 시체 뉘었던 곳에 하나는 머리 편에, 하나는 발 편에 앉았더라" (요 20:12).

어떤 시대, 어떤 나라 사람들에게나 시체가 사라졌다는 것은 상실감이 큰 것이지만 이 당시 근동지방에 살던 유대인들에게 있어 시체를 훼손하거나 유린하는 행위는 충격적인 일이었습니다. 큰 충격에 빠져 있던 그녀는 몸을 구부려 무덤 속을 보았고 그 속에는 흰 옷 입은 두 천사가 보였습니다.

(2) 천사들이 막달라 마리아에게 왜 우냐고 묻자 막달라 마리아는 무엇이라고 대답합니까? 이 말에서 알 수 있는 막달라 마리아의 예수님에 대한 진심은 무엇일까요?(요 20:13)

막달라 마리아의 대답 : "사람이 내 주님을 옮겨다가 어디 두었는지 알지 못해 웁니다"

막달라 마리아의 진심 : "예수님의 시체를 찾고 싶어하며, 그분에 대한 진실한 믿음과 사랑의 마음을 알 수 있습니다"

"천사들이 이르되 여자여 어찌하여 우느냐 이르되 사람들이 내 주님을 옮겨다가 어디 두었는지 내가 알지 못함이니이다"(요 20:13).

막달라 마리아는 진심으로 예수님을 믿고 따랐습니다. 그랬기 때문에 그녀는 이 새벽에 예수님의 무덤가에 와서 예수님을 찾고 있는 것입니다. 제자들조차 유대인들을 두려워하여 자신들에게 무슨 해가 끼칠까 떨며 문을 꼭 닫아 놓고 숨어 있을 때(요 20:19), 막달라 마리아는 담대히 예수님의 무덤가에 와서 그분을 기리고 있는 것입니다. 여기서 우리는 구세주이시며 선생이신 예수님에 대한 진정한 제자 마리아의 믿음과 사랑을 알 수 있습니다.

2. 부활하신 예수님을 만나다

(1) 바로 그 때 막달라 마리아가 뒤를 돌아보니 어떤 남자가 서 있었습니다. 그분은 그녀가 그렇게 간절히 찾는 예수님이었습니다. 예수께서 "여자여 어찌하여 울며 누구를 찾느냐?"고 물으실 때 막달라 마리아는 그분이 누구인줄 알고 어떻게 대답합니까?

"동산지기", "당신이 옮겨갔거든 어디 두었는지 내게 말해주세요. 그러면 내가 가져가겠습니다"

"예수께서 이르시되 여자여 어찌하여 울며 누구를 찾느냐 하시니 마리아는 그가 동산지기인 줄 알고 이르되 주여 당신이 옮겼거든 어디 두었는지 내게 이르소서 그리하면 내가 가져가리이다" (요 20:15).

마리아는 예수님을 곧바로 알아보지 못하고 유월절 기간 동안 이른 아침에 무덤에 있을 법한 사람은 동산지기일거라고 추측했습니다. 그리고 혹시라도 그가 어떤 이유로 예수님의 시체를 옮겨 놓았다면 시체를 가져갈 수 있도록 알려달라고 간청했습니다.

(2) 막달라 마리아는 예수님이 자신의 이름을 부를 때 비로소 예수님을 알아보았습니다. 그때 그녀의 마음은 어떠했을까요?

"너무나 놀라고 기뻤을 것입니다"

"예수께서 마리아야 하시거늘 마리아가 돌이켜 히브리 말로 랍오니 하니 (이는 선생님이라는 말이라)"(요 20:16).

예수님이 마리아의 이름을 부르자 마리아는 곧 예수님을 알아보았습니다. 그리고 곧바로, 전에 주님을 부르던 그대로 예수님께 대답했습니다. 그녀의 마음은 순간 환하게 밝아졌으며, 기쁨과 사랑의 마음이 '선생님!' 이라는 한마디에 녹아 있습니다.

(3) 마리아가 예수님께 받은 명령은 무엇이며, 막달라 마리아는 이 명령에 어떻게 반응했습니까?

"너는 내 형제들에게 가서 내가 내 아버지 곧 너희 아버지, 내 하나님 곧 너희 하나님께로 올라간다' 고 전하라고 하셨고, 마리아는 주를 보았다고 증거하고 그대로 전했습니다"

"예수께서 이르시되 나를 붙들지 말라 내가 아직 아버지께로 올라가지 아니하였노라 너는 내 형제들에게 가서 이르되 내가 내 아버지 곧 너희 아버지, 내 하나님 곧 너희 하나님께로 올라간다 하라 하시니 막달라 마리아가 가서 제자들에게 내가 주를 보았다 하고 또 주께서 자기에게 이렇게 말씀하셨다 이르니라"(요 20:17-18).

죽으시기 전에 예수님은 제자들을 '친구' 라고 부르셨습니다(요 15:15). 그러나 부활하신 이후는 이제 제자들을 '형제' 라고 부르십니다. 부활을 통해 믿는 자들은 예수님의 형제가 되었습니다. 예수님의 부활은 이와 같이 새로운 관계를 만들어내는데, 이제 믿는 자들은 예수님과 함께 하나님 아버지의 아들이 된 것입니다.

요한복음에서 이 장면은 아주 중요합니다. 마리아는 여기서 모든 사람들 중 최초로 부활하신 예수님을 만난 부활의 목격자가 되었으며 또한 부활의 증인이 되었습니다. 이른 새벽 무덤을 찾아온 슬픔과 비통에 잠긴 한 여인 마리아는 이제 기쁨과 확신에 찬 부활의 목격자요 증인이 되었습니다.

• Application of Bible

예수님의 죽음 이후 예수님을 따랐던 많은 제자들은 모두 두려움에 떨고 있었습니다. 그 이유는 예수님을 죽인 유대인들이 자신들에게도 해를 입힐 수 있다는 두려움 때문이었습니다. 그래서 그들은 쉽게 예수님의 무덤에 갈 수 없었습니다. 위기의 순간에 한 사람의 가치가 발휘됩니다. 아무도 가지 않는 무덤에 막달라 마리아는 용감히 나아갔고 부활의 목격자이며 증인이 되었습니다.

우리는 좋은 날에만 예수님을 믿는 것이 아니라 어려운 날, 눈물나는 날에도 예수님을 믿어야 합니다. 아래의 문장을 완성해보세요. 나 옆에 여러분의 이름을 적고 여러분이 가장 어려운 순간이 어떤 때인지를 생각해서 적어보세요. 그 순간에도 여러분은 예수님을 따르겠습니까?

예수님! 나 (이믿음)는/은
(내 소망이 이루어지지 않는 절망의) 순간에도
예수님을 따르겠습니다. 아멘

• Tip of Bible

십자가에서 처형된 자의 무덤

예수님은 정치 반역자들의 형인 십자가형으로 죽임당하셨습니다. 대부분 십자가에서 처형된 자의 시체는 짐승들이 다 뜯어먹을 때까지 십자가에 매달아 두었다고 합니다. 또한 십자가형으로 죽은 사람을 매장하는 것이 금지되었기 때문에 시체를 훔쳐가는 것을 막기 위해 로마 군인들은 시체를 지키도록 되어 있었고 이런 매장 금지 명령에도 불구하고 시체를 매장하면 처벌을 받았습니다.

그러나 예수님의 경우와 같이 무덤에 묻었을 경우, 무덤 주변은 죽은 사람과 뜻을 같이 하는 추종자들의 집결지로 이용되기도 했으므로 무덤은 감시의 장소였습니다. 그러므로 예수님의 무덤 주변에 간다는 것은 죽은 사람과 뜻을 같이 한다는 것으로 만약 잡힐 경우 같은 반역죄로 생명이 위태로울 수 있는 일이었습니다. 제자들에게 이것은 위협이었을 것입니다. 예수님을 애도하려는 모습이 드러나면 예수의 제자라는 것을 인정하는 행위로 잡히고, 죽임을 당할지도 모르기 때문입니다. 생명의 위협을 무릅쓰고 가장 먼저 무덤에 간 용감한 여성 막달라 마리아는 진정한 예수님의 제자라 하지 않을 수 없습니다.

제 9과 삭개오 부와 부패 속에서 새 사람 되다

신약편

학습목표 : 삭개오와 같이 자신의 잘못을 인정하고 다시는 죄를 짓지 않는 태도를 가진다.
중심진리 : 자신의 죄를 알고 진정으로 뉘우치려는 사람에게 예수님은 찾아오신다.
본문말씀 : 누가복음 19:1–10

Memory verse

"예수께서 이르시되 오늘 구원이 이 집에 이르렀으니 이 사람도 아브라함의 자손임이로다 인자가 온 것은 잃어버린 자를 찾아 구원하려 함이니라"(눅 19:9–10).

• Question About It

'삭개오'는 누구인가?

① 삭개오는 '깨끗한 자'라는 뜻입니다.
② 삭개오의 직업은 세리장이고 부자였습니다(눅 19:2).
③ 키가 작았던 삭개오는 예수님을 보기 위해 돌무화과나무(뽕나무)에 올라갔습니다(눅 19:4).
④ 사람들은 삭개오를 죄인이라고 손가락질 했습니다(눅 19:7).

• View of Bible

신약시대에는 세금 거두는 일, 은행업, 돈 바꾸는 일이 거리에서 행해졌습니다. 세리가 거리에 나무 책상을 갖다놓으면 사람들은 세금을 냈습니다. 세리는 백성들로부터 세금을 걷어 로마에 바쳤는데 불법으로 세금을 많이 징수하여 자신의 재산을 불렸습니다. 유대인들은 세리를 '면허증을 가진 강도', '민족의 반역자'로서 구원받지 못할 사람으로 여겼습니다.

삭개오는 여리고의 세리장이며 큰 부자였습니다. 유대인들은 삭개오를 무척 싫어했고 삭개오 역시 사람들의 싸늘한 눈빛이 마음에 걸렸습니다. 게다가 그는 키가 작고 외모에 자신이 없는 사람이었습니다. 자신에 대한 따가운 비난과 외모에 대한 콤플렉스는 그를 외롭게 만들었습니다. 부와 권력을 가진 삭개오였지만 그에게 행복은 먼 이야기였습니다. 허울뿐인 삶을 사는 삭개오에게 예수님에 대한 소문이 들렸습니다. 예수님은 죄인들조차 마다하지 않으신다는 소식에 그의 마음은 두근두근 뛰기 시작했습니다.

• Learn of Bible

1. 예수님이 삭개오가 사는 여리고로 들어오셨을 때 삭개오는 키가 작아 많은 사람들 속에서 예수님을 볼 수 없었습니다. 삭개오는 자신을 비난하는 사람들 틈을 헤치고 당당히 앞으로 가는 것이 불편했습니다. 그래서 체면을 버리고 나무 위에 올라갔습니다. 이런 행동을 한 이유는 무엇이었을까요?

"예수님을 보고 싶은 마음이 간절해서"

그는 부자이고 세리장이었지만 자신이 가진 부와 권력으로 무리를 헤치고 나갈 수 없었습니다. 키가 작다는 이유만도 아니었습니다. 그는 분명히 사회적으로 소외된 자였습니다. 사람들을 헤치고 떳떳하게 나가기 어려운 그였지만 예수님을 보고자 하는 마음은 간절했습니다. 그는 사람들과 충돌하지 않으면서 예수님을 보기 위해 돌무화과나무(뽕나무)로 올라갔습니다. 그만큼 예수님을 보고 싶은 마음의 절박함을 보여주는 것입니다.

2. 예수님은 삭개오가 올라간 나무 아래에 이르러 나무 위의 삭개오를 보시고는 "삭개오야 속히 내려오라. 내가 오늘 네 집에 유하여야 하겠다"고 말씀하십니다. 이 때 삭개오의 기분은 어땠을까요?

"갑작스러운 일에 놀라면서도 만나고 싶던 예수님이 자신의 집에 가신다고 하자 무척이나 기뻤을 것입니다"

언제나 그렇듯이 예수님의 행동은 거룩한 계획의 일부였습니다. 예수님은 삭개오의 마음을 아셨고 그의 이름을 부르시며 그의 집에 유하여야겠다고 말씀하셨습니다. 삭개오는 급히 내려와 기쁜 마음으로 예수님을 영접합니다.

3. 삭개오는 예수님을 모시고 자기 집으로 갔습니다. 사람들은 예수님의 그런 모습을 보고 죄인의 집에 들어간다며 불평합니다. 그 이유는 무엇일까요?

"삭개오가 유대인들을 괴롭히는 세리였기 때문입니다. 죄인의 집에 예수님이 들어가시는 것이 싫었을 것입니다"

세리들은 이스라엘에서 가장 인기가 없는 사람들이었습니다. 그들은 유대인으로 태어났지만 로마 정부를 위해 일했기에 민족의 반역자로 인식되었습니다. 더구나 동족인 유대인을 착취하여 부를 축적하고 있다는 것은 공공연한 사실이었습니다. 유대인들은 부도덕한 삶을 사는 죄인인 삭개오의 집에 예수님이 가시는 것이 도무지 불쾌하고 이해되지 않았을 것입니다.

4. 삭개오는 예수님 앞에서 자신의 잘못을 인정하고 결심을 밝힙니다. 그 말을 들은 예수님은 삭개오에게 구원의 선언을 하십니다. 아래 삭개오와 예수님의 대화에서 빈칸을 채워보세요(눅 19:8-10).

삭개오 : 주여 보시옵소서 내 소유의 절반을 가난한 자들에게 주겠사오며 만일 누구의 것을 강제로 빼은 일이 있으면 네 갑절이나 갚겠나이다.

예수님 : 오늘 구원이 이 집에 이르렀으니 이 사람도 아브라함의 자손임이로다. 인자가 온 것은 잃어버린 자를 찾아 구원하려 함이다.

삭개오의 결심은 결코 쉬운 것이 아닙니다. 부자 관원은 영생을 얻기 위해 예수님께 나아왔지만 자신의 돈과 재물을 포기할 수 없었습니다(눅 18:18-23). 그러나 삭개오는 예수님을 따르기 위해 자신의 재물을 포기하기로 선언합니다. 그는 세리로서 토색했을 것이며 그것으로 자신의 사유재산을 삼았을 것입니다. 잘못된 과거를 벗어나기 위해 그는 참으로 큰 결단을 합니다. 구약의 배상법은 전체 액수에 5분의 1을 더해 배상하면 되지만 그는 4배의 배상을 결심합니다. 율법의 요구보다 더 큰 보상으로 자신의 잘못에 대한 진정한 반성을 보여줍니다. 이에 예수님은 삭개오를 '아브라함의 자손'이라고 선포하십니다. 유대인들에게 아브라함의 자손으로 인정받지 못했던 세리 삭개오는 예수님의 입을 통해 아브라함의 자손으로 인정받습니다.

마지막으로 예수님은 '인자가 온 것은 잃어버린 자를 찾아 구원하려 함'이라고 말씀하십니다. 예수님은 당시 사람들의 통념을 깨고 세리, 사마리아인과 같이 사회로부터 죄인 취급받으며 외면당하는 잃어버린 자들을 구원하시기 위해 오셨다는 것을 분명히 하십니다.

• Application of Bible

자신의 잘못을 진심으로 뉘우치고 그것을 바로 잡기 위한 행동을 하는 것은 쉬운 일이 아닙니다. 그러나 이렇게 결단하는 사람을 하나님은 기뻐하십니다. 하나님 앞에 자신의 신앙 혹은 삶에 있어서 잘못된 행동이나 습관을 가진 것이 있는지 생각해 보세요. 그리고 이제는 그것을 고치기 위한 결단을 해보세요.

과거의 잘못된 습관	나의 결심

우리는 습관에 대해 문제의식을 가지지 않고 삽니다. 매일 식사시간 외에는 기도하지 않는 것, 성경 읽지 않는 것, 주일이면 늦게 일어나 교회에 지각하는 것, 작은 일에 불평하는 것, 다른 사람을 쉽게 비방하거나 뒤에서 욕하는 것 등 마치 습관처럼 아무렇지도 않게 삶의 일부가 되어버린 우리 안의 죄들이 분명히 있을 것입니다. 문제는 그것을 인정하고 회개하고 돌아서서 고칠 수 있는가 하는 것이 중요합니다. 이 시간에 너무 익숙해져서 인식하지 못했던 자신의 습관적 죄와 만날 수 있도록 지도해주세요. 그리고 구체적으로 이제는 어떻게 해야 할지 결심하도록 도와주세요.

• Tip of Bible

율법의 규정을 넘어선 삭개오의 결심과 우리의 자세

예수님과의 만남으로 내적으로 변화된 삭개오는 자기 소유의 절반을 가난한 자들에게 나누어주고 세리로서 남의 것을 강제로 뺏은 것에 대해 4배의 배상을 하겠다고 약속했습니다. 이것은 율법의 규정을 넘어선 것이었습니다. 유대 율법에서 도적질과 관련된 배상법은 통상적으로 전체 액수에 5분의 1을 더하여 배상하는 것입니다(레 5:16, 6:2-5; 민 5:7). 삭개오가 말한 배상규모는 자신이 잘못한 것들에 대한 법적보상 그 이상의 것을 의미하는 것으로 보입니다. 그는 진심어린 회개와 진정성을 가지고 예수님 앞에서 이것을 약속했고, 예수님은 삭개오의 진심을 보시고 '아브라함의 자손'이라는 축복의 선언을 하셨습니다.

예수님은 잃어버린 양을 찾아 구원하러 오셨습니다. 이 잃어버린 양 속에는 인간적인 우리의 눈으로 볼 때 결코 구원받을 수 없을 것이라고 생각되는 사람도 포함되어 있음을 기억해야 합니다. 삭개오가 구원받은 그날 불평하며 수군거리던 무리가 되지 말고, 예수님의 구원의 현장에서 함께 기뻐하고 하나님께 영광을 돌리는 우리가 됩시다.

Introduce

단원주제	예수님의 죽음을 주도했던 정치, 종교 지도자들
단원해설	허세로 침례(세례) 요한을 죽인 헤롯 안디바와 불법적인 재판으로 사형을 언도한 대제사장 가야바, 그리고 무책임하고 비겁한 총독 빌라도의 모습을 침례(세례) 요한과 예수님의 죽음과 관련해 공부해봅니다.
중심구절	"새벽에 모든 대제사장과 백성의 장로들이 예수를 죽이려고 함께 의논하고 결박하여 끌고 가서 총독 빌라도에게 넘겨 주니라"(마 27:1-2).
단원학습목표	정치 지도자 헤롯과 로마 총독, 종교 지도자 대제사장의 잘못된 리더십을 통해 그리스도인으로서 우리의 삶의 태도를 점검해봅니다.
단원핵심정리	예수님의 죽음을 주도했던 정치, 종교 지도자들의 잘못된 삶의 태도

신약편

4 단원

빈대편에서

단원소개

4단원에서는 예수님과 침례(세례) 요한의 죽음과 직접적인 관련이 있는 정치, 종교 지도자들에 대해 공부할 것입니다. 이 사람들은 각각 다른 이유로 사형을 명령하게 되는데 지도자인 이들이 결코 해서는 안 되는 잘못된 행동과 결정을 하는 과정을 통해 우리의 삶의 태도를 점검해볼 수 있을 것입니다.

10과에서는 침례(세례) 요한을 거룩한 사람으로 알고 보호해주려 했던 헤롯 안디바가 자신의 본분을 잊고 허세를 부리므로 침례(세례) 요한을 죽이게 되는 과정을 살펴보고, 11과에서는 율법을 누구보다 잘 지켜야 할 대제사장 가야바가 산헤드린 공회의 규정을 어기면서 진행하는 예수님에 대한 불법적인 재판과정을 공부합니다. 12과에서는 로마 총독 빌라도가 자신의 안녕을 위해 예수님이 무죄인 것을 알면서도 십자가 처형을 집행하는 무책임하고 비겁한 모습을 살펴볼 것입니다.

제10과 헤롯 안디바

신약편

본분을 잊고 허세로 무고한 사람을 죽이다

학습목표 : 자신의 본분을 바로 알고 자신이 해야 할 일을 하는 청소년이 되기로 결심한다.

중심진리 : 자신의 본분을 잊고 허세로 무고한 사람을 죽이는 죄를 범한 헤롯

본문말씀 : 마가복음 6:14-29

Memory verse

"헤롯은 듣고 이르되 내가 목 벤 요한 그가 살아났다 하더라"(막 6:16).

• Question About It

'헤롯 안디바'는 누구인가?

① 이름의 뜻은 '영웅의 아들'입니다.

② 헤롯 대왕의 아들로서 B.C.4년부터 A.D.39년까지 갈릴리와 베뢰아의 분봉왕이었습니다.

③ 이복동생과 결혼했던 헤로디아와 결혼해 침례(세례) 요한의 비판을 듣습니다.

* 분봉왕이란: 로마 황제의 명을 받아 로마제국의 일부를 다스리는 지역 군주를 말합니다. 팔레스타인의 네 지역 가운데 일부를 다스리는 통치자입니다.

• View of Bible

갈릴리와 베뢰아의 분봉왕이었던 헤롯 안디바는 법을 어기고 헤로디아와 결혼을 했습니다. 헤롯의 아버지인 헤롯 대왕은 부인이 5명이었습니다. 헤로디아는 헤롯의 이복형의 딸로서 이복동생 빌립과 결혼한 여자였습니다. 헤롯은 헤로디아와 결혼하기 위해 부인과 이혼을 하고 헤로디아 역시 남편과 이혼을 하면서 불법적인 결혼을 했습니다. 결혼법에서는 형이 죽었을 경우 형의 자녀를 얻기 위하여 형수와 결혼하는 것을 제외하고는 다른 형제의 부인과 결혼하는 것을 금지하고 있었습니다. 헤롯은 법대로 백성을 다스리는 통치자로서 법을 지켜야 함에도 불구하고 헤로디아와의 결혼을 위해 자신의 본분을 잊고 불법을 감행했습니다.

침례(세례) 요한은 헤롯과 헤로디아의 부도덕한 삶을 비난했고 이들의 결혼은 불법이라고 말했습니다. 로마관리이며 통치자인 헤롯을 비판하는 것은 무척 위험한 일이었지만 침례(세례) 요한은 하나님 앞에서 소신대로 행동함에 두려움이 없었습니다.

• Learn of Bible

1. 침례(세례) 요한은 어떻게 되었나요? 그리고 그 이유는 무엇인가요?(막 6:17-18)

"감옥에 갇혔습니다", "헤롯에게 동생의 아내를 취한 것이 옳지 않다고 말했기 때문입니다"

"전에 헤롯이 자기가 동생 빌립의 아내 헤로디아에게 장가 든 고로 이 여자를 위하여 사람을 보내어 요한을 잡아 옥에 가두었으니 이는 요한이 헤롯에게 말하되 동생의 아내를 취한 것이 옳지 않다 하였음이라"(막 6:17-18).

헤롯은 침례(세례) 요한의 말에 민심이 소란스러워지는 것을 두려워했기에 또 자신의 아내 헤로디아를 위해 침례(세례) 요한을 감옥에 가두었습니다. 고대질서 속에서 왕은 절대 권력을 가지고 있었고 왕이 체포하고 싶은 사람이 있다면 아무도 이의를 제기하지 않았을 것입니다. 헤롯은 로마에 의해 갈릴리 지역을 다스릴 권한을 부여받은 사람이기에 요한을 체포하고 가두는 일이 그에게는 쉬운 일이었습니다.

2. 헤롯 안디바와 헤로디아는 침례(세례) 요한에 대해 어떻게 생각했습니까?(막 6:19-20)

헤롯 안디바 : "요한을 의롭고 거룩한 사람으로 알고 두려워하고 보호했습니다"

헤로디아 : "원수로 여겨 죽이고 싶어했습니다"

"헤로디아가 요한을 원수로 여겨 죽이고자 하였으되 하지 못한 것은 헤롯이 요한을 의롭고 거룩한 사람으로 알고 두려워하여 보호하며 또 그의 말을 들을 때에 크게 번민을 하면서도 달갑게 들음이러라"(막 6:19-20).

헤로디아가 그를 원수로 여겼다는 표현 속에는 그녀가 계속 그러한 마음을 가지고 있었다는 의미가 포함되어 있습니다. 헤로디아는 복수할 기회를 노리고 그를 죽이고자 했습니다. 반면 헤롯은 요한이 의롭고 거룩한 사람이라는 것을 알았고 헤로디아의 살해의도로부터 요한을 보호했습니다.

3. 헤롯 안디바의 생일이 됩니다. 헤로디아의 딸이 많은 손님들 앞에서 춤을 추어 헤롯과 그와 함께 앉은 자들을 기쁘게 했습니다. 기분이 좋아진 헤롯은 소녀에게 무엇이든지 내게 원하는 것을 구하면 주겠다고 하면서 나라의 절반이라도 주겠노라 맹세했습니다. 이에 소녀가 구한 것은 무엇이며 누가 시킨 것입니까? (막 6:24-25)

구 한 것 : "침례(세례) 요한의 머리"

시킨 사람 : "소녀의 어머니 헤로디아"

"그가 나가서 그 어머니에게 말하되 내가 무엇을 구하리이까 그 어머니가 이르되 침례(세례) 요한의 머리를 구하라 하니 그가 곧 왕에게 급히 들어가 구하여 이르되 침례(세례) 요한의 머리를 소반에 얹어 곧 내게 주기를 원하옵나이다 하니"(막 6:24-25).

'나라의 절반'이라도 주겠다는 분봉왕 헤롯의 맹세는 너무나 경솔한 것입니다. 그는 진짜 로마의 왕이 아니라 로마의 황제로부터 제국의 일부 땅을 위임받은 지역의 군주입니다. 그러므로 그에게는 나라의 절반을 줄 권한이 없습니다. 헤롯은 과시욕에 빠져 감히 할 수도 없는 허세를 부렸고 이로 인해 침례(세례) 요한의 생명은 위태로워집니다.

4. 헤로디아의 딸의 요구 앞에 헤롯 안디바는 어떻게 합니까?(막 6:26-28)

"시위병을 보내어 침례(세례) 요한의 목을 베어 소반에 담아 헤로디아의 딸에게 줍니다"

> "왕이 심히 근심하나 자기가 맹세한 것과 그 앉은 자들로 인하여 그를 거절할 수 없는지라 왕이 곧 시위병 하나를 보내어 요한의 머리를 가져오라 명하니 그 사람이 나가 옥에서 요한을 목 베어 그 머리를 소반에 얹어다가 소녀에게 주니 소녀가 이것을 그 어머니에게 주니라"(막 6:26-28).

헤롯은 자신의 말을 후회했을 것입니다. 그가 침례(세례) 요한을 두려워하면서도 요한의 말을 달갑게 듣고 보호한 것은 요한에 대한 존경의 마음이 있었기 때문입니다. 그러나 유력인사들이 다 듣는 가운데 맹세하며 말했기에 헤롯은 자신의 말을 취소할 수 없었습니다. 그는 심히 근심하였지만 사람들 앞에서의 자신의 체면과 명예를 생각해 살해요구를 들어줍니다. 이로써 헤로디아는 침례(세례) 요한을 죽이고 싶어했던 오랜 소원을 이루었습니다.

5. 헤롯 안디바는 많은 사람들 앞에서 과시욕과 허세로 한 맹세로 인해 자신이 거룩한 사람으로 알고 보호해주었던 죄 없는 침례(세례) 요한을 죽이게 됩니다. 그리고 얼마후 예수님의 소문을 들었습니다. 헤롯은 예수님을 누구라고 생각합니까? 이때 그의 마음은 어땠을까요?(막 6:14-16)

"침례(세례) 요한이 죽은 자 가운데서 살아났다고 생각하여 두려웠을 것입니다"

> "이에 예수의 이름이 드러난지라 헤롯 왕이 듣고 이르되 이는 침례(세례) 요한이 죽은 자 가운데서 살아났도다 그러므로 이런 능력이 그 속에서 일어나느니라 하고 어떤 이는 그가 엘리야라 하고 또 어떤 이는 그가 선지자니 옛 선지자 중의 하나와 같다 하되 헤롯은 듣고 이르되 내가 목 벤 요한 그가 살아났다 하더라"(막 6:14-16).

헤롯 안디바는 침례(세례) 요한을 죽임으로 자신의 맹세를 지켰고 많은 사람들 앞에서 체면을 살렸습니다. 하지만 그는 거룩한 사람을 죽임으로써 두려움과 죄책감을 가지고 살아야 했습니다. 헤롯의 이러한 죄책감은 요한과 비슷한 예수님의 이야기를 들었을 때 그를 더욱 두렵게 하여 요한이 살아났다고 생각하게 만듭니다.

• Application of Bible

헤롯 안디바의 직무는 갈릴리와 베뢰아의 분봉왕으로서 맡겨진 지역을 잘 다스리고 통치하는 일이었습니다. 그러나 그는 여자에 빠져 지켜야 할 법도 무시하면서 부도덕한 결혼을 하고 무고한 사람을 죽이는 등 지도자로서의 본분을 잊었습니다. 이러한 삶의 결과로 죄책감에 시달리게 됩니다.

자신의 본분에 맡게 행동하는 것은 그리스도인이 보여야 할 바른 모습입니다. 우리의 본분에 맡게 행동하기 위해 가정과 교회와 학교에서 해야 할 일에는 어떤 것이 있을지 생각해 보세요.

	가정	교회	학교
우리의 본분			

• Tip of Bible

신약성경의 헤롯 왕들(Herod)

신약성경에는 헤롯이라고 불린 사람이 여럿 나오는데 모두 헤롯 왕가의 사람들입니다. 이두매 지방 출신으로서 로마 황제의 명에 의해 팔레스타인 지역을 다스린 통치자들입니다.

① 헤롯 대왕 : 예수님 탄생 당시 갈릴리의 총독으로 베들레헴 인근 두 살 아래 아기들을 다 죽이라고 명령했던 헤롯이 바로 헤롯 대왕입니다(마 2:16). 그는 가이사랴를 세우고 예루살렘성전도 건축했습니다. B.C.4년에 사망하면서 헤롯 대왕이 다스렸던 지역은 새 아들(아켈라오, 안디바, 빌립)이 나누어 통치하게 됩니다.

② 헤롯 안디바 : 헤롯 대왕과 사마라아 부인 사이이에서 B.C.20년에 태어났으며, B.C.4년 16세에 갈릴리와 베뢰아의 군주가 되어 A.D.39년 로마 황제에 의해 가울로 유배될 때까지 통치했습니다. 둔감하고 방탕한 사람으로 알려져 있으며 침례(세례) 요한을 살해하고 예수님 재판과정에 등장하는 헤롯이 바로 안디바입니다. 예수님은 그를 '여우'라고 불렀습니다(눅 13:32).

③ 헤롯 아그립바 1세 : 헤롯 대왕의 손자이며 갈릴리의 분봉왕이며 후에는 유대왕이 됩니다. 사도 야고보를 죽인 헤롯이 바로 이 사람입니다(행 12:1-23).

④ 헤롯 아그립바 2세 : 갈릴리 동부 지역의 왕으로 사도 바울이 만난 왕이 바로 헤롯 아그립바 2세입니다(행 25:13-26:32).

제11과 대제사장 가야바

신약편

불법 재판으로 하나님과 사람 앞에 죄를 짓다

학습목표 : 타인을 함부로 정죄하는 것이 잘못임을 안다.

중심진리 : 불법 재판으로 예수님을 죽음에 이르게 한 대제사장

본문말씀 : 마태복음 26:57-68, 27:1-2

Memory verse

"새벽에 모든 대제사장과 백성의 장로들이 예수를 죽이려고 함께 의논하고 결박하여 끌고 가서 총독 빌라도에게 넘겨 주니라"(마 27:1-2).

• Question About It

'대제사장'은 누구인가?

① 성전에서 제사의 일을 담당했던 레위지파 제사장들 가운데 우두머리입니다.

② 하나님 앞에서 이스라엘 백성을 대표했습니다(출 27:21).

③ 본래는 최초의 대제사장이었던 아론의 아들들에게 승계된 종신 세습직이었으나 로마시대에는 로마 총독이 임명하였습니다.

④ 산헤드린 공회의 의장 역할을 했습니다.

• View of Bible

예수님은 공생애 3년간 제자들을 양육하시면서 많은 사람들에게 하나님 나라 복음을 선포하시고 병든 자를 고치셨습니다. 예수님의 인기는 하늘 높이 치솟았습니다. 당시 유대인 사회와 종교 지도자들은 예수님의 인기를 시기했습니다. 더구나 예수님의 가르침과 이적은 자신들이 지켜왔던 율법과 사회질서를 어지럽히는 위협이 되었기에 예수님을 미워했습니다. 예수님에 대한 백성의 환호와 사회 기득권자들의 미움은 극에 달했습니다.

유월절을 며칠 앞두고 예수님은 제자들과 함께 나귀를 타고 당당하게 예루살렘으로 입성하셨습니다. 사람들은 예수님을 '다윗의 자손'이라고 외치며 열광했습니다. 대제사장들을 포함한 예수님의 대적자들은 함께 모여 예수님을 죽이기로 의논했습니다. 때마침 가룟 유다의 배신에 의해 예수님은 겟세마네에서 기도하신 후 한밤에 대적자들의 손에 잡히십니다. 곧이어 산헤드린 공회의 재판이 시작됩니다.

* 유월절 : 유월절은 애굽으로부터의 탈출을 기념하는 유대인들의 '민족해방'의 축제로써 우리나라의 '광복절' 같은 날입니다. 유대 3대 절기 중에서 가장 중요한 절기로 지켰습니다.

• Learn of Bible

1. 산헤드린 공회 규정

Tip — Tip of Bible을 먼저 읽고 풀어주세요.

예수님이 끌려간 곳은 대제사장 가야바의 집입니다. 그곳에는 서기관과 장로들이 모여 있었습니다(마 26:57). 유대인들의 최고 의결기구이며 종교재판소인 산헤드린 공회가 한밤에 가야바의 집에서 열린 것인데 무언가 미심쩍은 부분들이 많이 보입니다.

여기서 산헤드린 공회의 기본적인 규정을 살펴보겠습니다.

㉠ 안식일과 절기를 제외하고 매일 열린다. (시간: 일출부터 일몰까지의 낮 시간)

㉡ 재판시 두 명의 증인이 있어야 하고 증언이 맞는지 검증해야 한다.

㉢ 사형죄는 반드시 다음날 한번 더 심의를 해서 판결한다.

㉣ 죄인을 위해 변호를 준비하거나 조언을 구할 수 있는 기회를 주어야 한다.

ⓜ 중대사건은 산헤드린 공회의 정식 화합장소에서 다루어야 한다.

ⓗ 만장일치제로 한다.

* 대제사장 가야바 : 주후 6년부터 15년까지 대제사장이었던 안나스의 사위입니다. 그는 주후 18년부터 36년까지 그 자리에 있었습니다. 유대법에 따르면 대제사장직은 종신직이었지만 로마 당국은 정치적이고 종교적인 모든 지도자의 임명권을 빼앗아 갔습니다. 그래서 대제사장 역시 로마에 의해 임명되었습니다. 가야바는 다른 대제사장들보다 오랜 기간인 18년을 재직하였는데 이것은 그가 누구보다 로마에 협조를 잘했음을 보여줍니다.

2. 예수님의 재판과정

Tip (마 26:59-68, 27:1-2을 함께 읽으며 괄호를 채워주세요.)

ⓐ 대제사장과 온 공회가 예수님을 칠 거짓 증거를 찾으나 찾지 못합니다.

ⓑ 두 사람이 증언을 합니다. "이 사람이 말하길 내가 하나님의 성전을 헐고 사흘 동안에 지을 수 있다고 했습니다"

ⓒ 대제사장이 예수님께 이 증거가 맞는지 물으나 예수님은 대답하지 않습니다.

ⓓ 대제사장이 다시 묻습니다. "내가 너로 살아계신 하나님께 맹세하게 하노니 네가 하나님의 아들 그리스도인지 우리에게 말하라"

ⓔ 예수께서 대답하십니다. "이후에 인자가 권능의 우편에 앉아 있는 것과 하늘 구름을 타고 오는 것을 너희가 보리라"

ⓕ 대제사장이 자기 옷을 찢으며 "이 놈이 신성 모독하는 말을 하였으니 이찌 더 증인이 필요하겠느냐! 너희가 지금 신성 모독하는 말을 들었도다. 너희 생각은 어떠하냐?"

ⓖ 모인 자들이 대답합니다. "사형에 해당합니다."

ⓗ 예수님의 얼굴에 침을 뱉으며 주먹으로 치고 손바닥으로 때리며 조롱합니다. "그리스도야 우리에게 선지자 노릇을 해봐라. 너를 친 자가 누구냐?"

ⓘ 두 번째 모임 : 새벽에 모든 대제사장과 백성의 장로들이 예수를 죽이려고 함께 의논하고 총독 빌라도에게 넘겨줍니다.

총독 빌라도에게 넘겨준 이유는 이들에게 사형집행권이 없었기 때문입니다. 로마의 총독이 유대인 사형을 집행할 수 있기에 이들은 유월절이 이르기 전에 예수님을 사형시키기 위해 새벽에 총독 빌라도에게 고발해 넘깁니다.

하룻밤과 하루 낮 동안 체포, 심문, 처형이 모두 이루어졌습니다. 예수님의 재판과 십자가 처형은 산헤드린으로 대표되는 예루살렘 지배계층에 의해 치밀하게 계획되고 진행된 일입니다. 그들은 예수님을 죽음으로 몰아 넣을 각본을 짜고 엄청난 속도로 음모를 진행시켰습니다.

3. 대제사장 가야바의 주도하에 열린 예수님의 산헤드린 재판은 많은 문제점들을 가지고 있습니다. 문제 1과 2를 비교해보고 이 재판의 불법성을 적어보세요.

Tip
학생들이 자신의 생각으로 먼저 풀게 한 후, 부족한 부분이 있을 때 답을 불러주세요.
청소년들의 대답 가운데 창의적이고 타당성 있는 답이 나온다면 인정해 주세요.

(1) 규정을 어기고 야간에 재판을 진행했습니다.

산헤드린 공회는 낮에 소집되고 야간에는 열리지 않는 것이 규정인데 예수님 재판은 밤에 열렸습니다. 낮의 심리를 허용한다는 법을 만족시키기 위해 두 번째 모임을 새벽(마 27:1)에 열었습니다. 그러나 이것은 형식적인 차원의 모임이었기 때문에 합법하다고 볼 수 없습니다.

(2) 제대로 된 증거도 없이 거짓 증인만으로 판결을 내렸습니다.

산헤드린 공회는 유죄를 확정할 수 있는 증거를 찾지 못했습니다. 모세의 율법에 의하면 한 사람의 증언만으로는 사형 판결이 금지되었고(민 35:30), 두 세 사람의 증언이 서로 일치해야 가능했습니다(신 19:15). 그러나 그들은 증인의 증언을 검증하지도 않았습니다. 율법을 수호해야 하는 종교 지도자들이 '거짓 증거하지 말라'(출 20:16)는 십계명을 어기고 있습니다.

(3) 사형죄를 다음날 한 번 더 심의해야 함에도 불구하고 그러지 않았습니다.

중대범죄인 사형죄는 다음날 한 번 더 재판을 해서 억울한 죽음을 막아야 함에도 한 번의 재판 만으로 형을 확정지었습니다. 최소한의 형식을 갖추기 위해 새벽에 모였습니다.

(4) 예수님께 자신을 변호를 하거나 조언을 구할 수 있는 기회를 주지 않았습니다.

처음부터 공정한 재판이나 진실을 규명하는 재판이 아니었기 때문에 변호의 기회는 주어지지 않았습니다.

⑸ 중대사건임에도 정식 화합장소가 아닌 대제사장의 집에서 재판이 이루어졌습니다.

한밤에 갑자기 열린 재판이므로 산헤드린 공회원 70명이 모두 모였다고 볼 수 없으며 정식 화합장소가 아닌 대제사장의 집에서 갑작스럽게 이루어진 재판이었습니다.

⑹ 유죄를 전제로 재판을 했습니다.

산헤드린 공회는 예수님 사건을 공정하게 재판하겠다는 의사가 전혀 없었습니다. 이들에게 있어 예수님은 죽여야 하는 대상이었고, 살인 목적을 위해 자신들이 수호하려는 율법을 어기고 예수님을 유죄로 만들었습니다.

• Application of Bible

유대인들을 위한 법원인 산헤드린 공회의 의장 가야바는 율법대로 재판해야 함에도 불구하고 예수님을 재판하는데 있어 너무나 많은 불법을 저지릅니다. 예수님은 증거도, 검증된 증인도 없이 사형에 처해지게 됩니다. 가야바와 같이 사람을 함부로 정죄하는 것은 그 사람을 죽음에 이르게 할 수 있는 잘못입니다. 생활 속에서 다른 사람을 정죄한 적은 없는지 생각해 보세요.

타인을 정죄하는 경우는 너무나 많습니다. 익명성을 이유로 인터넷 댓글을 통해 사실인지 아닌지 확인할 수 없는 내용의 글을 올리는 경우, 소문으로 들은 이야기를 기정사실화해서 쉽게 판단하고 비난하는 경우, 친구를 왕따시키는데 동조하는 경우, 뒤에서 다른 사람의 이야기를 아무 생각 없이 함부로 하는 경우 등 많이 있습니다. 그러나 타인 정죄의 더 무서운 이면은 이러한 행동에 대한 죄책감이 없다는 것입니다. 하나님과 사람 앞에서 자신의 말과 행동에 책임지는 청소년이 되기로 결심하도록 지도해 주세요.

* '십계명 제구는, 네 이웃에 대하여 거짓 증거하지 말라' 입니다.

• Tip of Bible

유대인 최고 의결기구, 산헤드린 공회

유대인들의 법적, 종교적인 문제를 논의하기 위한 모임입니다. 그 기원은 모세를 돕기 위해 70명의 장로를 세운데 있습니다(민 11:16). 구성원의 수는 70명으로 최고 의장은 대제사장이고 구성원은 제사장, 장로, 서기관(율법교사)인데 서기관의 대부분은 바리새인이었습니다.

로마통치하에서 정치문제를 제외한 이스라엘의 입법과 사법을 총괄하는 최고 정책의결기구였으며 모든 안건은 만장일치로 의결했으며 율법해석, 종교재판 주관, 성전 치안문제를 다루었습니다. 벌금형과 태형을 선고하는 막강한 권한을 가졌으나 사형은 로마의 권한이었습니다. 예수님의 재판이 산헤드린 공회에서 본디오 빌라도 앞으로 옮겨갔던 이유가 사형을 집행할 권한이 없었기 때문입니다. 안식일과 절기를 제외하고 매일 열렸으며 일출에서 일몰까지만 개정되었고 안식일이나 야간에는 열리지 않는 것이 관례였습니다. 재판시 두 명의 증인을 배석시켰고 사형에 해당하는 죄는 다음날 재심을 거친 뒤 판결함으로 억울한 사형수가 생기지 않도록 했습니다. 죄인을 위해서 변호를 준비하거나 조언을 구할 수 있는 기회를 주었고 중대사건의 경우에는 산헤드린 공회의 정식 화합장소에서 다루어야 했습니다. 이런 규정들을 감안할 때 예수님의 재판은 규정을 무시한 불법 재판임을 알 수 있습니다.

제12과 본디오 빌라도

신약편

무책임과 비겁함으로 무죄한 사람을 죽이다

학습목표 : 하나님 앞에서 자신의 행동에 책임지는 사람이 되기 위해 노력한다.

중심진리 : 예수님의 무죄를 알면서도 무리의 요구에 따라 사형을 집행한 무책임하고 비겁한 빌라도

본문말씀 : 마태복음 27:11-26

Memory verse

"빌라도가 아무 성과도 없이 도리어 민란이 나려는 것을 보고 물을 가져다가 무리 앞에서 손을 씻으며 이르되 이 사람의 피에 대하여 나는 무죄하니 너희가 당하라" (마 27:24).

• Question About It

'본디오 빌라도'는 누구인가요?

① 이름의 뜻은 '창을 가진 자'입니다.

② 주후 26년부터 36년까지 로마 황제에 의해 유대지역 제5대 총독으로 임명되었습니다.

③ 로마 총독은 유대인 사형집행권, 대제사장 임명권, 산헤드린의 재판 결과도 바꿀 수 있는 권세를 가지고 있었습니다.

• View of Bible

로마통치아래 해방을 기념하는 유대민족축제인 유월절은 로마 지도자들을 예민하게 만들었습니다. 유월절이면 외국에 있던 유대인들까지 예루살렘으로 몰려들어 치안이 불안해지기 때문입니다. 이때가 되면 민족감정이 고조되어 로마에 대한 격렬한 저항이 일어나곤 했습니다. 예루살렘에는 1개 대대와 1개 기병대대가 주둔했지만 축제가 벌어질 때는 총독이 호위병과 주력부대를 거느리고 예루살렘으로 왔습니다. 총독이 가장 신경 쓰는 일은 폭동이었습니다.

대제사장과 장로들은 이것을 잘 알고 있었습니다. 이들은 예수님을 유월절 전에 죽이기 위해 산헤드린 공회의 재판을 밤중에 열었고 새벽에 모여 이를 확정했습니다. 산헤드린 재판에서의 신성 모독죄로는 처형되기 어려웠으므로 유대 종교지도자들은 예수님을 반역죄로 몰아갔습니다. 이제 예수님은 수많은 무리들이 보는 앞에서 빌라도의 법정에 끌려 나옵니다.

• Learn of Bible

빌라도는 예수님께 "네가 유대인의 왕이냐"하고 물었고 예수님은 빌라도에게 "네 말이 옳도다"라고 대답하셨습니다. 대제사장과 장로들은 예수님을 계속해서 고발하지만 예수님은 이후 아무 말도 하지 않으십니다.

1. 총독 빌라도는 예수님을 심문한 후, 산헤드린 공회에 의해 예수님이 고발된 진짜 이유가 무엇이라고 생각합니까?(마 27:18)

"종교 지도자들의 시기로 예수가 잡혀온 줄 알았습니다"

"이는 그가 그들의 시기로 예수를 넘겨 준 줄 앎이더라"(마 27:18).

빌라도는 산헤드린 공회가 예수님을 기소한 내용이 거짓임을 오랜 정치경험으로 알았습니다. 자신 앞에 서 있는 예수라는 선생이 반역을 주도할만한 인물로 보이지 않았습니다.

2. 명절이 되면 총독 빌라도가 유대인들의 요구대로 죄수를 놓아주는 전례가 있었습니다. 그는 유대인들에게 "바라바냐? 그리스도라 하는 예수냐?"라고 공개적으로 물어봅니다. 이 질문에 무리들은 누구를 지명하며 그 이유는 무엇입니까? (마 27:20-21)

"바라바입니다. 그 이유는 대제사장과 장로들이 무리들을 선동했기 때문입니다"

> "대제사장들과 장로들이 무리를 권하여 바라바를 달라 하게 하고 예수를 죽이자 하게 하였더니 총독이 대답하여 이르되 둘 중의 누구를 너희에게 놓아 주기를 원하느냐 이르되 바라바로소이다" (마 27:20-21).

대제사장들과 장로들은 바라바를 석방하라고 선동했습니다. 이들은 예수님을 신성 모독죄로 중상모략했고 대중심리에 이끌린 무리들은 예수님에게서 등을 돌렸습니다. 예수님을 십자가 처형한 큰 책임은 종교 지도자들에게 있지만 유대인들 역시 이 책임을 피할 수는 없습니다.

3. 재판을 하고 있는 중 빌라도의 아내가 사람을 보내어 말한 내용은 무엇입니까?(마 27:19)

"꿈 때문에 예수님이 옳은 사람임을 알고 죽이지 말라고 합니다"

> "총독이 재판석에 앉았을 때에 그의 아내가 사람을 보내어 이르되 저 옳은 사람에게 아무 상관도 하지 마옵소서 오늘 꿈에 내가 그 사람으로 인하여 애를 많이 태웠나이다 하더라"(마 27:19).

두 개의 장면은 대조를 이룹니다. 유대인 종교 지도자들은 조직적으로 예수님을 죽이려고 하는 반면에 한 이방 여성인 빌라도의 아내는 꿈 때문에 예수가 옳은 사람인 것을 알고 예수님을 살려주라고 합니다. 이 시대 사람들은 꿈에 많은 의미를 부여했고 특히 로마인과 헬라인들은 신들의 신탁이 꿈을 통해 전달된다고 믿었습니다.

4. 무리들은 점점 더 강하게 예수님을 십자가에 못 박으라고 외쳤습니다. 무죄임을 알면서도 총독 빌라도는 무엇을 두려워해 예수님을 십자가에 못 박게 내어줍니까?(마 27:22-24)

"민란이 나는 것을 두려워하여"

"빌라도가 이르되 그러면 그리스도라 하는 예수를 내가 어떻게 하랴 그들이 다 이르되 십자가에 못 박혀야 하겠나이다 빌라도가 이르되 어찜이냐 무슨 악한 일을 하였느냐 그들이 더욱 소리 질러 이르되 십자가에 못 박혀야 하겠나이다 하는지라 빌라도가 아무 성과도 없이 도리어 민란이 나려는 것을 보고 물을 가져다가 무리 앞에서 손을 씻으며 이르되 이 사람의 피에 대하여 나는 무죄하니 너희가 당하라"(마 27:22-24).

무리들은 십자가형을 주장합니다. 이것은 이상한 일인데 십자가 처형은 반역죄를 범한 사람을 죽이는 로마식 형벌이었고 유대인들이 혐오하는 사형방식이었기 때문입니다. 십자가 처형 요구 역시 종교 지도자들의 선동에 의해서였을 것입니다. 로마인들에 의해 로마의 사형방법으로 예수님을 죽이려 한 것은 죽음의 책임이 로마에 있도록 하기 위함입니다. 또한 십자가형은 예수님이 하나님의 저주를 받았음을 예수님의 추종자들과 많은 유대인들 앞에 보여주는 것이기에 십자가 처형방법을 요구했습니다(신 21:23).

* 십자가형 : 페르시아 사람들이 최초로 사용했는데, 저항하는 외국인들에 대한 처형방식었습니다. 로마시대에는 노예나 외국인, 반란을 일으킨 자 등에 대해 십자가형을 사용했습니다. 십자가형을 당한 사람들은 주로 반역자들인데 탈주, 비밀폭로, 내란선동, 살인 등의 중죄에만 적용되었습니다. 팔레스타인에서 정치적인 폭도들에 대한 반란억제책으로 집행되었습니다. 유대의 사형집행 제도는 스데반과 바울이 당했던 돌로 치는 방식이었으므로 유대인들에게 십자가형은 큰 충격을 주었습니다.

5. 총독 빌라도가 무리 앞에서 손을 씻으며 예수님의 피(죽음)에 대하여 자신은 무죄라고 말합니다. 빌라도는 예수님의 죽음에 책임이 없는 걸까요? 빌라도의 잘못이 무엇인지 생각해 보세요.

"책임이 있습니다", "그는 예수님이 무죄인 것을 알면서도 민란을 두려워해 예수님의 십자가형을 집행하도록 했습니다"

자신의 결백을 주장하는 표시로 손을 씻는 행위는 로마의 관습이 아니라 유대의 관습이었습니다

(신 21:6-9). 예수님의 무고한 죽음에 대해 빌라도는 모든 책임을 무리들이 감당하도록 하기 위해 손을 씻은 것입니다. 자신의 통치하에 반란이나 폭동이 일어나는 것을 원치 않았던 그는 무죄한 자에게 사형을 내린 것입니다. 그러므로 사형집행권을 가진 총독으로서 자신의 이익을 위해 무죄한 자를 죽인 그에게도 예수님 죽음의 책임은 있습니다.

• Application of Bible

자신의 말이나 행동에 책임을 다하지 못했거나 회피한 일이 있는지 생각해 보세요. 힘들게 책임지는 것과 무책임하게 회피하고 후회하는 것 중에서 어느 것이 더 힘들까요?

"후회하는 것이 더 힘듭니다. 후회는 없어지지 않고 계속되기 때문입니다."

살면서 자신의 말이나 행동에 책임을 다하지 못한 일이 있을 것입니다. 내가 해야 할 일을 하지 않았거나 혹은 어떤 잘못을 저지르고 회피하는 일 등이 그런 일입니다. 그 당시에 책임을 다하지 않고 지나가 버리면 시간이 지날수록 후회가 깊이 남습니다. 책임을 지는 것은 그 순간 힘들지만 후회는 없습니다. 하나님 앞에서 후회되는 삶을 살지 않기 위해 책임을 다하는 청소년이 되기를 노력해야 합니다.

• Tip of Bible

성경에 나오는 총독들

일반적으로 총독은 황제가 임명했으며 황제의 지휘아래 관할 구역이나 식민지를 다스렸습니다. 보통 사법권과 군사권을 가졌으며 통치권을 허락받은 지역 내에서 세금 부과, 군대 지휘, 재판 등의 일을 했고 특히 사형 결정권을 소유함으로써 막강한 권력자 행세를 했습니다.

구약시대 총독으로는 바사시대 유다를 다스렸던 스룹바벨(학 2:2, 21), 느헤미야(느 8:9)가 있었으며 복음서에 등장하는 총독은 예수님이 탄생하실 당시 수리아 총독 구레뇨(눅 2:2)가 있었고 예수님의 십자가 처형을 언도한 본디오 빌라도가 있습니다. 이후에는 사도 바울의 첫 번째 전도여행기간 중 기독교인이 된 구브로에 있던 총독 서기오 바울(행 13:4-12)과 바울을 대적하던 사람들로부터 재판을 해달라는 요청을 받았으나 부정한 일이나 괴악한 일이 아니라면 재판을 하지 않겠다며 이를 거절한 아가야의 총독 갈리오(행 18:12-17)도 있습니다.

청·소·년·핵·심·공·과

틴틴파워 인지저스 5권

신앙편

1단원 그리스도인이 됨	제1과 죄 | 제2과 구원 | 제3과 성화
2단원 그리스도인의 성장	제4과 그리스도인은 어떤사람인가? | 제5과 교제함으로 성장 제6과 동행함으로 성장
3단원 그리스도를 본받아	제7과 예수님의 삶 | 제8과 제자의 삶 Ⅰ | 제9과 제자의 삶 Ⅱ
4단원 그리스도인의 삶	제10과 하나님 중심으로 사는 삶 | 제11과 긍휼 | 제12과 섬김

Introduce

단원주제	그리스도인이 됨
단원해설	청소년들은 그 마음에 항상 두 가지 생각이 공존합니다. 정체성을 확립해가는 시기에 죄와 거룩에 대한 개념을 분명히 함으로 하나님이 기뻐하시는 자녀가 되는 것이 무엇인지 알게 될 것입니다. 본 단원에서 죄, 구원, 성화의 개념을 재점검함으로 흔들리지 않는 그리스도인으로 성장하게 될 것입니다.
중심구절	"네가 만일 네 입으로 예수를 주로 시인하며 또 하나님께서 그를 죽은 자 가운데서 살리신 것을 네 마음에 믿으면 구원을 받으리라 사람이 마음으로 믿어 의에 이르고 입으로 시인하여 구원에 이르느니라 성경에 이르되 누구든지 그를 믿는 자는 부끄러움을 당하지 아니하리라 하니 유대인이나 헬라인이나 차별이 없음이라 한 분이신 주께서 모든 사람의 주가 되사 그를 부르는 모든 사람에게 부요하시도다 누구든지 주의 이름을 부르는 자는 구원을 받으리라"(롬 10:9–13).
단원학습목표	본 단원에서는 죄, 구원, 성화의 개념을 통해 그리스도인의 정체성을 알 수 있다.
단원핵심정리	죄, 구원, 성화의 개념을 재점검함으로 흔들리지 않는 굳건한 믿음을 가진 사람으로 성장한다.

1 단원

신앙편

그리스도인이 됨

단원소개

죄, 구원, 성화의 개념을 재점검함으로 청소년 시절부터 하나님의 말씀을 삶의 가치 기준으로 정립하여 바르고 건전한 청소년이 되며, 구원의 확신을 통해 하나님의 자녀로서의 특권과 자부심을 갖고 거룩한 백성으로서 지속적인 삶을 살게 하는데 그 목적이 있습니다. 구원은 신앙의 완성이 아니라 시작임을 알고 하나님께서 허락하시는 은혜와 섭리를 충분히 이해하고 하나님의 마음을 헤아려 하나님과 동행하는 삶을 살아야 할 것입니다.

제1과 죄

신앙편

학습목표 : 죄에 대한 개념을 분명히 안다.

중심진리 : 죄에 대한 개념을 분명히 알고 하나님을 기쁘시게 하는 자녀로 성장한다.

본문말씀 : 시편 119:11-16

본과를 소개합니다

이번 과에서는 죄의 개념을 분명히 인식하고, 청소년 시절부터 하나님의 말씀을 삶의 가치 기준으로 정립하여 바르고 건전한 청소년들이 되는데 그 목적이 있습니다. 청소년들은 그 마음에 항상 두 가지 생각이 공존합니다. 정체성을 확립해가는 시기에 죄와 거룩에 대한 개념을 분명히 함으로 하나님이 기뻐하시는 자녀가 되는 것이 무엇인지 알게 될 것입니다. 본 과를 통해 죄의 개념을 이해하고 생활 속에서 말씀을 붙들고 세상의 문화를 분별하고 뛰어 넘는 기회가 되었으면 합니다.

• Story of Life

우리가 짓고 있는 죄에는 어떤 것이 있는지 구체적으로 기록하고 나누어 보세요.

청소년들에게 죄를 언급함에 있어 중요한 점은 구체성과 현실성입니다. 청소년들에게 자신의 죄를 언급해서 고백하라고 하면 막연히 사람들이 생각하는 윤리적인 면을 마치 자신이 짓고 있는 죄로 생각해서 말하는 경우가 있는데 그것은 엄밀히 말해 하나님과의 관계를 단절시키는 자신이 짓고 있는 죄라고 할 수 없습니다. 죄의 개념을 정확히 알고 그것을 하나님과 자신과의 관계 속에서 적용하는 과정이 필요하며, 죄에 대한 분명한 인식 없이 그냥 다른 사람들이 이것이 죄라고 하니까 자신의 고백없이 앵무새처럼 죄라고 말하는 것은 옳지 않은 것입니다.

• Talk Talk about Life

죄의 고백

1. 그리스도인이 되기 위해서 창조주 하나님과 구세주 예수님을 아는 것과 더불어 반드시 해야 하는 태도와 행동이 있습니다. 그것은 무엇일까요?

그리스도인이 되기 위해서는 반드시 자신이 죄인임을 고백해야 합니다. 그것은 자신의 정체성을 아는 것입니다. 하나님이 허락하여 주신 이 세상을 정복하고 다스리기 위해서는 먼저 우리가 하나님 앞에 어떤 존재인지 알아야 합니다.

2. 자신의 머리로 생각하고 눈으로 봄으로써 지을 수 있는 죄와 내면의 마음에서 지을 수 있는 죄를 구체적으로 기록해보세요.

사실 눈으로 보는 가시적인 죄와 마음으로 짓는 내면의 죄가 동떨어지지 않습니다. 결국 두 가지 모두 한 시스템에서 움직이고 있는 것과 마찬가지입니다. 그럼에도 질문을 분리해서 하는 이유는 아직 인격적으로 성장하는 단계에 있는 청소년들이 남에게 보여지는 공적인 자아와 하나님과 자신만이 아는 내면의 자아를 분리해서 생각하기 때문입니다. 청소년 시기에 이것을 통합시켜주지 않으면 나중에 어른이 되어 겉과 속이 다른 이중적인 모습을 가지게 됩니다. 겉으로는 거룩한 신앙인이 되지만 내면에서는 죄에 대해 무감각한 부끄러운 신앙인이 되는 것입니다.

• Standard of Life

본문탐구

"내가 주께 범죄하지 아니하려 하여 주의 말씀을 내 마음에 두었나이다 찬송을 받으실 주 여호와여 주의 율례들을 내게 가르치소서 주의 입의 모든 규례들을 나의 입술로 선포하였으며 내가 모든 재물을 즐거워함 같이 주의 증거들의 도를 즐거워하였나이다 내가 주의 법도들을 작은 소리로 읊조리며 주의 길들에 주의하며 주의 율례들을 즐거워하며 주의 말씀을 잊지 아니하리이다" (시 119:11-16).

1. 우리가 하나님께 범죄하지 않기 위해 어떻게 해야 하나요?

시 119:11 "내가 주께 범죄하지 아니하려 하여 주의 말씀을 내 마음에 두었나이다."
수 1:8 "이 율법책을 네 입에서 떠나지 말게 하며 주야로 그것을 묵상하여 그 안에 기록된 대로 다 지켜 행하라 그리하면 네 길이 평탄하게 될 것이며 네가 형통하리라."

우리가 세상에 살면 세상을 지배하는 사탄의 세력 때문에 죄를 지을 수 밖에 없습니다. 그렇다고 하나님의 자녀가 된 우리가 사탄의 세력에 하수인 노릇을 하고 하나님의 마음을 아프게 할 수는 없습니다. 우리가 이 영적인 전쟁에서 승리할 수 있는 방법은 오직 하나님의 말씀을 마음에 두고 그 말씀을 지켜 행하는 길 뿐입니다.

2. 우리의 마음과 생각을 지키기 위해서 어떻게 해야 하나요?

빌 4:6-7 "아무 것도 염려하지 말고 다만 모든 일에 기도와 간구로, 너희 구할 것을 감사함으로 하나님께 아뢰라 그리하면 모든 지각에 뛰어난 하나님의 평강이 그리스도 예수 안에서 너희 마음과 생각을 지키시리라."

• Change of Life

죄를 극복하기

1. 우리는 죄인이라고 고백하면서도 생활에서는 죄에 대해 무딘 경우가 많이 있습니다. 그 이유는 무엇일까요?

2. 우리의 죄를 고백하면 우리에게 어떤 유익이 있을까요?

우리가 죄를 고백하면 먼저 하나님의 자녀가 되는 특권을 누리게 됩니다. 하나님과의 관계를 회복해서 하나님이 허락해주신 세상을 다스리고 정복할 수 있는 청지기의 역할을 감당할 수 있게 됩니다. 소망을 잃지 않고 인내하고 기다리는 삶을 살 수 있게 됩니다. 하나님의 말씀을 이룰 수 있는 능력을 갖게 되어 범사에 즐겁고 감사하는 생활을 하게 되고 쉬지 않고 기도할 수 있게 되어 하나님과 동행하는 삶을 살 수 있게 됩니다.

3. 우리의 마음 속에 악한 생각들이 자라게 되면 나중에 어떤 결과를 초래하게 되는지 빈칸을 채워보세요(막 7:21-22).

음란 ———〉 성을 도구로 생각하거나 성적인 범죄를 저지를 수 있다.

도적질 ———〉

살인 ———〉

간음 ———〉

탐욕 ———〉

악독 ———〉

속임 ———〉

음탕 ———〉

질투 ———〉

비방 ———〉

교만 ———〉

우매 ———〉

• Decision of Life

우리가 그리스도인이 되기 위해서는 반드시 자신이 죄인임을 고백해야 합니다. '나는 왜 죄인인가,' '내가 지은 죄는 무엇인가'에 대한 물음이 분명히 있어야 합니다. 청소년 시기에는 죄에 대한 개념이 모호하거나 이성적인 생각에 치우쳐 받아들이기 어려울 수 있습니다. 하지만 하나님을 믿지 않는 자체가 죄의 시작임을 알고 죄인임을 고백해야 합니다. 그것은 자신의 정체성을 아는 것과 마찬가지입니다. 하나님이 허락하여 주신 이 세상을 정복하고 다스리기 위해서는 먼저 우리가 하나님 앞에 어떤 존재인지 알아야 합니다. 우리가 하나님과의 관계를 회복하고 하나님께서 주신 사명을 잘 감당하기 위해서는 자신의 현재 위치를 정확히 알아야 합니다. 자신은 쓸모없고 무가치한 존재라고 스스로 비하하는 것도 문제가 되지만, 자신의 현재 위치를 모르는 것도 문제가 됩니다. 그러기에 자신의 현재 위치가 어떤 죄인의 모습인지를 알고, 그것을 고백하는 것은 하나님과의 관계 회복의 시작이 됩니다.

제2과 구원

신앙편

학습목표 : 구원에 대한 개념을 분명히 안다.

중심진리 : 구원에 대한 개념을 분명히 알고 고백함으로 하나님의 자녀임을 확신한다.

본문말씀 : 로마서 10:9-13

본과를 소개합니다

이번 과에서는 구원의 개념을 분명히 인식하고, 구원의 확신을 통해 하나님의 자녀로서의 특권과 자부심을 갖게 하는데 그 목적이 있습니다. 인류 역사를 보면 위대한 사람들이 많이 있습니다. 우리는 그런 위대한 인물들을 존경하며 따릅니다. 하지만 그들은 모두 죄를 지은 인간입니다. 그리고 그 대가로 죽음을 맞이했습니다. 하지만 예수님은 그들과 달랐습니다. 예수님을 따르던 자들도 달랐습니다. 본 과를 통해 구원의 개념을 이해하고 하나님의 자녀가 되는 것이 어떤 것인지 알게 되는 기회가 될 것입니다.

• Story of Life

나는 언제부터 부모님의 자녀임을 확신하게 되었나요? 내가 부모님의 자녀로 확신하면서 갖게 되는 유익과 누리는 특권이 있다면 무엇인가요?

우리가 가정에서 누리는 부모와 자녀와의 관계는 세상의 어떤 관계와도 비교할 수 없을 정도로 친밀하고 안정감을 가집니다. 그리고 그 관계는 너무도 분명한 확신 속에 있습니다. 단 한순간도 자기를 스스로 지키지 못하는 유아시절에는 부모님이 24시간 자녀에게서 눈을 떼지 못합니다. 자녀가 아무리 떼를 쓰고 짜증을 부려도 어린 자녀에게 큰소리 한 번 치는 법이 없습니다. 청소년이 되어도 자녀에게 위험한 일이 아니면 자녀를 이기는 부모는 없습니다. 성인이 되어도 부모의 눈에는 항상 자녀가 돌봄의 대상이 됩니다. 자녀들 역시 어린 시절이든, 청소년 시절이든, 성인 시절이든 간에 자신이 부모님의 자녀라는 확신과 그 부모에게서 얻게 되는 유익은 한순간도 잊는 법이 없습니다.

• Talk Talk about Life

구원의 이해

1. 구원이란 무엇인가요?

창 1:1 (하나님의 창조 행위를 아는 것)
"태초에 하나님이 천지를 창조하시니라."

출 3:14 (하나님의 존재를 아는 것)
"하나님이 모세에게 이르시되 나는 스스로 있는 자이니라 또 이르시되 너는 이스라엘 자손에게 이같이 이르기를 스스로 있는 자가 나를 너희에게 보내셨다 하라."

롬 3:23 (모든 사람이 죄를 범함)
"모든 사람이 죄를 범하였으매 하나님의 영광에 이르지 못하더니."

요 5:24 (심판에 이르지 않고 사망에서 생명으로 옮김)
"내가 진실로 진실로 너희에게 이르노니 내 말을 듣고 또 나 보내신 이를 믿는 자는 영생을 얻었고 심판에 이르지 아니하나니 사망에서 생명으로 옮겼느니라."

요 1:12 (영접하는 자는 하나님의 자녀가 됨)
"영접하는 자 곧 그 이름을 믿는 자들에게는 하나님의 자녀가 되는 권세를 주셨으니."

2. 구원이 아닌 것은 무엇인가요?

____

____

____

우리는 행위로 구원받지 않습니다. 많은 종교들이 선행을 궁극적인 목적으로 삼고 있습니다. 그렇기 때문에 착한 행실을 강조하고 그것이 구원에 이르는 길이라고 주장합니다. 하지만 기독교는 행위가 아닌 믿음으로 구원(갈 3:26)받는 종교입니다. 그리고 하나님의 뜻대로 행하는 자라야 구원(마 7:21)받을 수 있습니다. 기독교는 수양을 목적으로 하는 것이 아니라 생명에 그 목적이 있습니다. 기독교의 선행은 구원을 위한 것이 아니라 구원받은 자에게 당연히 나타나는 행실(열매)입니다.

기독교의 구원은 대가에 의한 것이 아니라 오로지 은혜로 말미암은 것입니다.

• Standard of Life

본문탐구

"네가 만일 네 입으로 예수를 주로 시인하며 또 하나님께서 그를 죽은 자 가운데서 살리신 것을 네 마음에 믿으면 구원을 받으리라 사람이 마음으로 믿어 의에 이르고 입으로 시인하여 구원에 이르느니라 성경에 이르되 누구든지 그를 믿는 자는 부끄러움을 당하지 아니하리라 하니 유대인이나 헬라인이나 차별이 없음이라 한 분이신 주께서 모든 사람의 주가 되사 그를 부르는 모든 사람에게 부요하시도다 누구든지 주의 이름을 부르는 자는 구원을 받으리라"(롬 10:9-13).

1. 구원에 이르는 방법은 무엇인가요?

롬 10:9-10 "마음으로 믿어 의에 이르고 입으로 시인하여 구원에 이르느니라."
롬 10:13 "누구든지 주의 이름을 부르는 자는 구원을 받으리라."

2. 사람들이 예수님을 만남으로 어떤 변화들이 일어났는지 발표해 보세요.

눅 8:46 "예수께서 이르시되 내게 손을 댄 자가 있도다 이는 내게서 능력이 나간 줄 앎이로다 하신대."

예수님을 만난 사람들은 예수님의 관심과 은혜를 누리게 됩니다. 생명을 얻은 사람도 있고, 육체적인 나음을 입은 사람도 있으며, 내면의 갈등을 해결한 사람도 있습니다. 모든 필요에 따른 구원을 얻었으며 궁극적으로 영혼이 사는 구원을 얻게 되었습니다.

• Change of Life

구원의 확신 갖기

1. 구원받은 사실에 분명한 확신을 가지고 있습니까?

구원의 확신은 신념으로 갖는 것이 아닙니다. 하나님의 말씀이 내 안에 들어와 창조주이신 하나님을 믿고, 자신이 죄인임을 고백하고, 예수 그리스도의 구원행위를 믿을 때 구원의 확신을 갖게 됩니다. 그리고 구원은 우리의 행위를 요구하는 것이 아니라 하나님의 선물이기에 그 사실을 믿기만 하면 됩니다.

엡 2:8-9 "너희는 그 은혜에 의하여 믿음으로 말미암아 구원을 받았으니 이것은 너희에게서 난 것이 아니요 하나님의 선물이라 행위에서 난 것이 아니니 이는 누구든지 자랑하지 못하게 함이라."

2. 예수님을 주님으로 믿는다는 것은 구체적으로 무엇을 말하나요?

롬 8:11 "예수를 죽은 자 가운데서 살리신 이의 영이 너희 안에 거하시면 그리스도 예수를 죽은 자 가운데서 살리신 이가 너희 안에 거하시는 그의 영으로 말미암아 너희 죽을 몸도 살리시리라."

요 5:24 "내가 진실로 진실로 너희에게 이르노니 내 말을 듣고 또 나 보내신 이를 믿는 자는 영생을 얻었고 심판에 이르지 아니하나니 사망에서 생명으로 옮겼느니라."

예수님을 주님으로 믿는다는 것은 내가 주인으로 살고 내 생각에 옳은대로 사는 것이 아니라, 예수님을 나의 주인으로 모시고 예수님이 원하는 대로 그 뜻대로 사는 것을 말합니다. 그리고 예수님을 주님으로 믿을 때 내 영혼은 사망에서 생명으로 옮겨지게 됩니다. 이것은 주님이 재림할 때 일어날 일이지만 지금 나에게 일어나고 있는 진행형이기도 합니다. 예수님을 나의 주님으로 믿으면 믿는 그 순간 나는 사망에 이르는 심판을 받지 않고 하나님의 자녀로서의 권리를 갖게 되어 천국 백성으로서 살아가게 됩니다. 그리스도인이 세상에서 하나님을 모르는 사람과 다르게 살아야 하는 이유는 우리가 하나님의 백성이자 자녀이기 때문입니다. 또한 예수님을 믿으면 보혜사 성령께서 우리의 영혼 속에 거하시고 우리가 하나님의 자녀로서 살고 그 지위를 유지할 수 있도록 우리를 위해 중보하십니다.

3. 우리가 구원의 확신을 가져야 하는 가장 큰 이유는 무엇인가요?

롬 6:8-9 "만일 우리가 그리스도와 함께 죽었으면 또한 그와 함께 살 줄을 믿노니 이는 그리스도께서 죽은 자 가운데서 살아나셨으매 다시 죽지 아니하시고 사망이 다시 그를 주장하지 못할 줄을 앎이로라."

롬 8:26-27 "이와 같이 성령도 우리의 연약함을 도우시나니 우리는 마땅히 기도할 바를 알지 못하나 오직 성령이 말할 수 없는 탄식으로 우리를 위하여 친히 간구하시느니라 마음을 살피시는 이가 성령의 생각을 아시나니 이는 성령이 하나님의 뜻대로 성도를 위하여 간구하심이니라."

우리가 구원의 확신을 가지고 있으면 하나님의 사람으로서 자신 있게 살아가게 됩니다. 어디서나 우리가 하나님의 자녀이며 예수님을 믿는다는 것을 자랑스럽게 증거하게 됩니다. 나의 소속과 위치가 분명해지는 것입니다. 그러나 구원의 확신이 없으면 우리는 상황과 환경에 따라 변하고 달라집니다. 신앙의 갈등도 아주 심해집니다. 이처럼 구원의 확신이 있는 사람과 없는 사람의 삶은 전혀 다릅니다.

• Decision of Life

우리가 구원의 확신을 가지고 있으면 하나님의 사람으로서 자신 있게 살아가게 됩니다. 어디서나 우리가 하나님의 자녀이며 예수님을 믿는다는 것을 자랑스럽게 증거하게 됩니다. 나의 소속과 위치가 분명해지는 것입니다. 그러나 구원의 확신이 없으면 우리는 상황과 환경에 따라 수시로 변하고 달라집니다. 신앙의 갈등도 아주 심해집니다.

구원은 하나님의 아들 예수 그리스도를 믿음으로 단 한번에 얻어지지만 악한 영에 의해 세상의 죄된 것이 마치 진리인양 길들여져 있던 우리가 하나님께서 주시는 은혜를 충분히 누리기 위해서는 날마다 자신을 점검하여 하나님 안에 있음을 고백하고 인정해야 합니다. 그렇지 않으면 구원을 받았어도 하나님의 자녀로서의 특권을 누릴 수 없으며 하나님의 자녀로서의 당당한 삶을 살지 못하게 됩니다. 이처럼 구원의 확신이 있는 사람과 없는 사람의 삶은 전혀 다릅니다

제3과 성화

신앙편

학습목표 : 성화에 대한 개념을 분명히 안다.

중심진리 : 성화에 대한 개념을 분명히 알고 견고한 그리스도인으로 성장한다.

본문말씀 : 데살로니가전서 5:16-23

본과를 소개합니다

이번 과에서는 성화의 개념을 분명히 인식하고, 구원 이후 거룩한 백성으로서 지속적인 삶을 살게 하는데 그 목적이 있습니다. 또한, 구원은 신앙의 완성이 아니라 시작임을 알고 하나님께서 허락하시는 은혜와 섭리를 충분히 이해하며 하나님의 마음을 헤아려 하나님과 동행하는 삶을 사는데 목적이 있습니다. 본 과를 통해 성화의 개념을 이해하고 그리스도인으로 사는 것이 어떤 것인지 알게 되는 기회가 될 것입니다.

• Story of Life

'성화' 하면 무엇이 떠오르나요? 각자 알고 있는 성화의 의미를 발표해 보세요.

성화의 본래 의미는 '구별됨', '거룩함', '분리됨'의 의미로 사용되어 왔습니다. 성화는 인간의 사역이 아닌 하나님의 사역으로 예수 그리스도와의 생명의 연합의 열매로 지칭하고 있으며 인간의 노력으로 이루는 것은 절대 아닌 것으로 말하고 있습니다. 다시 말해 성화는 거룩함을 입은 그리스도인이 하나님의 절대적인 은혜와 섭리로 하나님의 형상을 닮아가는 것을 의미합니다. 그리스도인은 구원을 받은 이후 그것으로 끝나는 것이 아니라 거룩함의 본질로 삶을 영위하게 되는데 이 과정을 성화라고 할 수 있습니다. 성화는 인간의 노력으로 성장하는 그 이상의 의미를 가집니다.

• Talk Talk about Life

옛 사람의 이해

1. 예수님을 믿기 전 나의 모습은 어떠했는지 나누어 보세요.

청소년들은 죄를 인식함에 있어서 죄의 경중을 죄의 의미로 생각하는 경우가 많습니다. 하지만 죄의 경중은 하나님 앞에서는 아무 의미가 없습니다. 하나님은 그 사람이 죄가 많으냐 적으냐로 판단치 않으시고 죄가 있느냐 없느냐로 판단하십니다.

2. 사도 바울은 옛사람의 모습을 어떻게 해야 한다고 말하고 있나요?

갈 5:24 "그리스도 예수의 사람들은 육체와 함께 그 정욕과 탐심을 십자가에 못 박았느니라."

롬 6:6 "우리가 알거니와 우리의 옛 사람이 예수와 함께 십자가에 못 박힌 것은 죄의 몸이 죽어 다시는 우리가 죄에게 종 노릇 하지 아니하려 함이니."

• Standard of Life

본문탐구

"항상 기뻐하라 쉬지 말고 기도하라 범사에 감사하라 이것이 그리스도 예수 안에서 너희를 향하신 하나님의 뜻이니라 성령을 소멸하지 말며 예언을 멸시하지 말고 범사에 헤아려 좋은 것을 취하고 악은 어떤 모양이라도 버리라 평강의 하나님이 친히 너희를 온전히 거룩하게 하시고 또 너희의 온 영과 혼과 몸이 우리 주 예수 그리스도께서 강림하실 때에 흠 없게 보전되기를 원하노라"(살전 5:16-23).

1. 그리스도인이 구원을 받으면 하나님의 섭리로 성화가 됩니다. 어떤 모습으로 변화되어 가는지 나누어 보세요(살전 5:16-23).

항상 기뻐하게 되고, 쉬지 않고 기도하며, 범사에 감사하게 됩니다. 성령을 근심치 않게 하며 예언을 멸시하지 않고, 범사에 헤아려 좋은 것은 취하고 악은 어떤 모양이라도 버리게 됩니다. 또 하나님이 친히 우리를 거룩하게 하시고, 우리 주 예수 그리스도께서 강림하실 때에 흠 없이 보전되게 하실 것입니다.

2. 성령의 열매는 어떻게 맺을 수 있는지 나누어 보세요.

갈 5:22-25 "오직 성령의 열매는 사랑과 희락과 화평과 오래 참음과 자비와 양선과 충성과 온유와 절제니 이같은 것을 금지할 법이 없느니라 그리스도 예수의 사람들은 육체와 함께 그 정욕과 탐심을 십자가에 못 박았느니라 만일 우리가 성령으로 살면 또한 성령으로 행할지니."

성령의 열매는 성령 하나님께서 그 마음을 주시고 9가지 열매를 맺을 수 있도록 인도해주십니다.

• Change of Life

성화된 삶

1. 옛사람과 새사람의 차이는 무엇인가요?

옛사람은 '나'가 중심이 되어 움직이고 모든 것이 '나'로 결론을 맺지만, 새사람은 '하나님'의 음성에 귀를 기울이고 '하나님'의 뜻을 이룹니다.

2. 우리가 구원을 받는다고 저절로 성화가 일어나지 않습니다. 그렇다면 어떻게 해야 할까요?(요 15:4-5)

요 15:4-5 "내 안에 거하라 나도 너희 안에 거하리라 가지가 포도나무에 붙어 있지 아니하면 스스로 열매를 맺을 수 없음 같이 너희도 내 안에 있지 아니하면 그러하리라 나는 포도나무요 너희는 가지라 그가 내 안에, 내가 그 안에 거하면 사람이 열매를 많이 맺나니 나를 떠나서는 너희가 아무 것도 할 수 없음이라."

3. 하나님의 자녀가 된 후 우리가 벗어버려야 할 것들은 무엇인가요?(골 3:5-14)

골 3:5-14 "그러므로 땅에 있는 지체를 죽이라 곧 음란과 부정과 사욕과 악한 정욕과 탐심이니 탐심은 우상 숭배니라 이것들로 말미암아 하나님의 진노가 임하느니라 너희도 전에 그 가운데 살 때에는 그 가운데서 행하였으나 이제는 너희가 이 모든 것을 벗어 버리라 곧 분함과 노여움과 악의와 비방과 너희 입의 부끄러운 말이라 너희가 서로 거짓말을 하지 말라 옛 사람과 그 행위를 벗어 버리고 새 사람을 입었으니 이는 자기를 창조하신 이의 형상을 따라 지식에까지 새롭게 하심을 입은 자니라 거기에는 헬라인이나 유대인이나 할례파나 무할례파나 야만인이나 스구디아인이나 종이나 자유인이 차별이 있을 수 없나니 오직 그리스도는 만유시요 만유 안에 계시니라 그러므로 너희는 하나님이 택하사 거룩하고 사랑 받는 자처럼 긍휼과 자비와 겸손과 온유와 오래 참음을 옷 입고 누가 누구에게 불만이 있거든 서로 용납하여 피차 용서하되 주께서 너희를 용서하신 것 같이 너희도 그리하고 이 모든 것 위에 사랑을 더하라 이는 온전하게 매는 띠니라."

• Decision of Life

성화는 구원받은 사람이 하나님의 은혜를 지속적으로 누리고 하나님의 형상을 닮아가고자 할 때 반드시 필요한 과정입니다. 죄의 노예가 되었던 우리가 단번에 하나님의 은혜를 받고 구원에 이르렀지만, 하나님의 형상을 닮은 존재로 체질을 바꾸지 않으면 하나님의 자녀의 신분을 가지고 있으면서 또다시 죄의 노예로 습관처럼 살게 됩니다. 이것은 하나님께서 원하시는 삶이 아닙니다. 구원을 받았으면 거룩하고 당당한 삶을 살아야 합니다. 구원은 신앙의 완성이 아니라 시작입니다. 우리는 하나님께서 허락하시는 은혜와 섭리를 충분히 이해하고 하나님의 마음을 헤아려 하나님과 동행하는 삶을 사는 그리스도인이 되어야 하겠습니다.

Introduce

단원주제	그리스도인의 성장
단원해설	그리스도인은 성장해야 합니다. 성장하지 않고 머물러 있다면 생명이 있다고 할 수 없습니다. 본 단원에서는 그리스도인이 성장해야 하는 이유와 교회 지체들간의 유기적인 관계 속에서 성장할 수 있음과 주님과의 동행을 통해서 성장할 수 있음을 알게 될 것입니다.
중심구절	"내 안에 거하라 나도 너희 안에 거하리라 가지가 포도나무에 붙어 있지 아니하면 스스로 열매를 맺을 수 없음 같이 너희도 내 안에 있지 아니하면 그러하리라 나는 포도나무요 너희는 가지라 그가 내 안에, 내가 그 안에 거하면 사람이 열매를 많이 맺나니 나를 떠나서는 너희가 아무 것도 할 수 없음이라"(요 15:4-5).
단원학습목표	본 단원에서는 그리스도인이 교제와 동행을 통해 성장하는 영적인 존재임을 안다.
단원핵심정리	그리스도인은 교회 안에서 교제와 동행을 통한 지체들간의 관계속에서 성장한다.

2
단원

신앙편

그리스도인의 성장

단원소개

본 단원에서는 청소년들의 신앙생활 중에 '그리스도인은 어떤 사람인가?' 라는 주제로 그리스도인이 구원을 얻은 이후 거기에 머무르는 것이 아니라 성도간의 교제와 주님과의 동행을 통해 하나님께서 원하시는 장성한 믿음의 분량을 소유한 자녀로 성장하는데 그 목적이 있습니다. 생명을 얻게 되면 그 생명은 자라나야 합니다. 자라지 않는다면 그것은 죽은 것과 다름이 없습니다. 하나님의 자녀인 우리가 성장할 때 주님께 기쁨이 될 것입니다.

제 4과 그리스도인은 어떤 사람인가? 신앙편

학습목표 : 그리스도인은 구원받은 이후에도 계속 성장해야 하는 영적인 존재임을 안다.

중심진리 : 구원받은 이후에도 지속적인 성장을 해야 장성한 믿음의 분량을 가질 수 있다.

본문말씀 : 에베소서 4:13-14

본과를 소개합니다

이번 과에서는 그리스도인이 구원을 얻은 이후 거기에 머무르는 것이 아니라 하나님께서 원하시는 장성한 믿음의 분량을 소유한 자녀로 성장하는데 그 목적이 있습니다. 본 과를 통해 그리스도인은 어떻게 성장해야 하는가에 대해 알게 되는 기회가 될 것입니다.

• Story of Life

인간은 태어나면서 성장을 시작합니다. 갓 태어난 상태로는 아무것도 할 수 없으며 생명을 가진 모든 존재는 장성한 분량으로 성장합니다. 만약 생명을 가진 존재가 성장하지 않는다면 자연은 큰 혼란에 빠질 것입니다. 육식 동물은 사냥을 못해 굶어 죽을 것이고, 초식 동물도 스스로 풀을 뜯지 못해 곧 죽을 것입니다. 사람도 역시 갓 태어나서 엄마의 도움을 받지 못하면 죽을 수밖에 없습니다. 이처럼 갓 태어난 모든 존재는 태어난 그 자체로 저절로 생명을 유지할 수 없습니다. 스스로 모든 것을 할 수 있을 때까지 성장해야 합니다. 그리스도인도 마찬가지입니다. 죽을 수밖에 없었던 영혼에 새 생명을 부어주시고 하나님을 알게 하셨는데, 그것으로 모든 것이 끝난 것은 아닙니다. 그리스도인도 영적으로 성장해야 합니다. 그래야 날마다 기쁘게 하나님과 동행할 수 있으며 세상 권세를 잡은 악한 영과 대항해 싸워 승리할 수 있습니다. 우리의 믿음이 구원을 받은 그 순간에 머물러 있다면 악한 영은 끊임없이 우리를 괴롭혀 고통받게 할 것입니다. 예수 그리스도가 세상을 이기었기 때문에 믿는 자들은 악한 영이 주는 고난에 고통받을 이유가 전혀 없습니다. 죄인이나 실패자로 살 이유는 더더욱 없습니다. 그리스도인은 아버지가 왕이시기 때문에 왕의 자녀로서 자부심을 가지고 당당하게 살아야 합니다. 그리고 그 당당함을 온전하게 누리기 위해 성장해야 합니다.

• Talk Talk about Life

성장의 모델

1. 육체적으로 또 영적으로 성장하고자 할 때 모델로 삼고 싶은 사람이 있다면 누구이며 왜 닮고 싶은지 발표해 보세요.

2. 영육간에 모델로 삼고 싶은 사람이 하나님 앞에 어떻게 성장했는지 알아보고 나누어 보세요.

영육간에 모델로 삼고 싶은 사람이 성경 속의 인물이든 아니면 사회 저명인사(목회자 포함), 가족, 기타 어떤 사람도 상관없습니다. 하지만 결과만을 보고 그 사람을 모델로 삼는 것이 아니라 모델로 삼고 싶은 사람이 어떤 상황에 있었는지 지금은 어떻게 하나님 앞에 나아가고 있는지 어느 정도는 알 수 있어야 모델이라고 할 수 있을 것입니다. 청소년 시기에 존경하는 믿음의 사람을 모델로 삼고 모방해보는 것도 괜찮을 것입니다.

• Standard of Life

본문탐구

"우리가 다 하나님의 아들을 믿는 것과 아는 일에 하나가 되어 온전한 사람을 이루어 그리스도의 장성한 분량이 충만한 데까지 이르리니 이는 우리가 이제부터 어린 아이가 되지 아니하여 사람의 속임수와 간사한 유혹에 빠져 온갖 교훈의 풍조에 밀려 요동하지 않게 하려 함이니라"(엡 4:13-14).

1. 그리스도인이 성장해야 하는 이유는 무엇일까요?(엡 4:13-14; 창 1:28)

엡 4:13-14 "우리가 다 하나님의 아들을 믿는 것과 아는 일에 하나가 되어 온전한 사람을 이루어 그리스도의 장성한 분량이 충만한 데까지 이르리니 이는 우리가 이제부터 어린 아이가 되지 아니하여 사람의 속임수와 간사한 유혹에 빠져 온갖 교훈의 풍조에 밀려 요동하지 않게 하려 함이라."

창 1:28 "하나님이 그들에게 복을 주시며 하나님이 그들에게 이르시되 생육하고 번성하여 땅에 충만하라, 땅을 정복하라, 바다의 물고기와 하늘의 새와 땅에 움직이는 모든 생물을 다스리라 하시니라."

어린 아이들은 자기 스스로 세상을 살아갈 수가 없습니다. 속임수와 유혹에 쉽게 빠져들기도 하고 어려움을 극복해 나가기도 힘듭니다. 또한 세상을 다스릴 수도 없습니다. 따라서 우리 그리스도인은 어린 아이가 되지 아니하여 사람의 속임수와 간사한 유혹에 빠져 온갖 교훈의 풍조에 밀려 요동하지 않기 위해 성장해야 하며, 하나님께서 허락하신 세상을 다스리고 정복하기 위해서도 성장해야 합니다.

2. 그리스도인도 세상에서 환란을 당합니다. 하지만 예수님은 어떻게 하라고 말씀하십니까?

요 16:33 "이것을 너희에게 이르는 것은 너희로 내 안에서 평안을 누리게 하려 함이라 세상에서는 너희가 환난을 당하나 담대하라 내가 세상을 이기었노라."

그리스도인에게 환란이 임할 때 그것을 이기는 방법은 장성한 분량으로 성장하는 것입니다. 신앙이 약하면 말씀을 들어도 힘들 수밖에 없습니다. 하지만 우리에게 희망이 되는 것은 예수님께서 세상을 이기었다는 말씀을 믿으면 된다는 것입니다. 그리스도인도 세상에서 환란을 당하지만 이미 예수님께서 세상을 이기셨기에 우리는 평안을 누리기만 하면 됩니다.

• Change of Life

성장의 모형

1. 그리스도인은 어떤 사람으로 성장해야 합니까?(욥 8:6-7; 잠 12:19, 2:7-8)

"정직한 그리스도인으로 성장함"

욥 8:6-7 "또 청결하고 정직하면 반드시 너를 돌보시고 네 의로운 처소를 평안하게 하실 것이라 네 시작은 미약하였으나 네 나중은 심히 창대하리라."

그리스도인에게 정직은 매우 중요한 요소입니다. 구원받기 전에는 속이는 자를 아비로, 서로 속이는 것을 능력으로 알았지만 구원을 받고 하나님의 자녀가 된 후로는 정직한 사람으로 성장해야 합니다. 정직하지 못한 그리스도인을 보고 하나님을 믿을 사람은 없습니다.

잠 12:19 "진실한 입술은 영원히 보존되거니와 거짓 혀는 잠시 동안만 있을 뿐이니라."
잠 2:7-8 "그는 정직한 자를 위하여 완전한 지혜를 예비하시며 행실이 온전한 자에게 방패가 되시나니 대저 그는 정의의 길을 보호하시며 그의 성도들의 길을 보전하려 하심이니라."

→ 그리스도인으로서 정직하지 못함으로 당했던 부끄러움이 있다면 나누어 보세요.

____

____

____

2. 그리스도인은 어떤 사람으로 성장해야 합니까?(잠 3:5-6, 12:15-16)

"지혜로운 그리스도인으로 성장함"

잠 3:5-6 "너는 마음을 다하여 여호와를 신뢰하고 네 명철을 의지하지 말라 너는 범사에 그를 인정하라 그리하면 네 길을 지도하시리라."
잠 12:15-16 "미련한 자는 자기 행위를 바른 줄로 여기나 지혜로운 자는 권고를 듣느니라 미련한 자는 당장 분노를 나타내거니와 슬기로운 자는 수욕을 참느니라."

3. 그리스도인은 어떤 사람으로 성장해야 합니까?(엡 5:3-4; 벧전 1:15-16)

"순결하고 거룩한 그리스도인으로 성장함"

엡 5:3-4 "음행과 온갖 더러운 것과 탐욕은 너희 중에서 그 이름조차도 부르지 말라 이는 성도에게 마땅한 바니라 누추함과 어리석은 말이나 희롱의 말이 마땅치 아니하니 오히려 감사하는 말을 하라."

벧전 1:15-16 "오직 너희를 부르신 거룩한 이처럼 너희도 모든 행실에 거룩한 자가 되라 기록되었으되 내가 거룩하니 너희도 거룩할지어다 하셨느니라."

→ 무엇이 사람을 더럽게 합니까?(막 7:20-23)

막 7:20-23 "또 이르시되 사람에게서 나오는 그것이 사람을 더럽게 하느니라 속에서 곧 사람의 마음에서 나오는 것은 악한 생각 곧 음란과 도둑질과 살인과 간음과 탐욕과 악독과 속임과 음탕과 질투와 비방과 교만과 우매함이니 이 모든 악한 것이 다 속에서 나와서 사람을 더럽게 하느니라."

→ 그리스도인의 언어생활은 어떠해야 합니까?(약 3:8-13)

약 3:8-13 "혀는 능히 길들일 사람이 없나니 쉬지 아니하는 악이요 죽이는 독이 가득한 것이라 이것으로 우리가 주 아버지를 찬송하고 또 이것으로 하나님의 형상대로 지음을 받은 사람을 저주하나니 한 입에서 찬송과 저주가 나오는도다 내 형제들아 이것이 마땅하지 아니하니라 샘이 한 구멍으로 어찌 단 물과 쓴 물을 내겠느냐 내 형제들아 어찌 무화과나무가 감람 열매를, 포도나무가 무화과를 맺겠느냐 이와 같이 짠 물이 단 물을 내지 못하느니라 너희 중에 지혜와 총명이 있는 자가 누구냐 그는 선행으로 말미암아 지혜의 온유함으로 그 행함을 보일지니라."

4. 그리스도인은 어떤 사람으로 성장해야 합니까?(잠 19:11, 25:15)

"관용하는 그리스도인으로 성장함"

잠 19:11 "노하기를 더디 하는 것이 사람의 슬기요 허물을 용서하는 것이 자기의 영광이니라."
잠 25:15 "오래 참으면 관원도 설득할 수 있나니 부드러운 혀는 뼈를 꺾느니라."

• Decision of Life

"우리가 이제부터 어린 아이가 되지 아니하여 사람의 속임수와 간사한 유혹에 빠져 온갖 교훈의 풍조에 밀려 요동하지 않게 하려 함이라"(엡 4:14).

이 말씀은 우리가 성장해야 하는 분명한 이유를 말하고 있습니다. 생명을 얻게 되면 그 생명은 자라나야 합니다. 자라지 않는다면 그것은 죽은 것과 다름이 없습니다. 하나님의 자녀인 우리가 성장할 때 주님께 기쁨이 될 것입니다. 또한 장성한 분량으로 성장해야 어떤 환란이 와도 이겨낼 수 있으며 하나님께서 허락하신 세상을 다스리고 정복할 수 있습니다.

제5과 교제함으로 성장

신앙편

학습목표 : 성도간의 교제를 통해 그리스도인이 성장할 수 있음을 안다.

중심진리 : 성도간의 교제를 통해 그리스도인이 성장하여 장성한 분량에 이를 수 있다.

본문말씀 : 요한일서 1:3-4

본과를 소개합니다

인간은 사회적 동물이라고 합니다. 이 말은 사람은 혼자서는 살 수가 없다는 뜻입니다. 마찬가지로 우리 그리스도인들도 혼자 신앙생활하기가 어렵습니다. 오히려 함께 함으로 보다 더 균형잡힌 신앙인으로 성장하게 됩니다. 이번 과에서는 성도간의 교제를 통해 그리스도인이 성장할 수 있음을 아는데 그 목적이 있습니다. 본 과를 통해 성도간의 교제의 개념을 이해하고 그리스도의 장성한 분량에 이르는 것이 어떤 것인지 알게 되는 기회가 될 것입니다.

• Story of Life

다음 중 내가 행복감을 느낄 때는 언제인가요? 해당되는 곳에 표시를 해보세요. 그리고 그 이유를 나누어 보세요.

친구와 쇼핑할 때		'너는 멋있어' 라는 말을 들었을 때	
학교 체육대회에서 이겼을 때		부모님이 나의 마음을 이해해주실 때	
경시대회에 입상했을 때		선생님이나 부모님께 칭찬받았을 때	
만원을 주웠을 때		숙제를 마쳤을 때	
내가 좋아하는 프로야구팀이 이겼을 때		맛있는 식사를 했을 때	
친구에게 위로가 되었을 때		재미있는 영화를 보았을 때	

결과는 다양하게 나올 수 있지만 그래도 사람들이 좀 더 많은 행복을 느낄 때는, 사람들과의 관계 속에서 만족감을 얻을 때 행복지수가 높은 것으로 나타나고 있습니다. 이처럼 그리스도인들도 성도간의 교제를 통해 만족감과 풍성함을 느끼고 얻을 수 있습니다. '내가 살아있구나', '내가 성장하고 있구나' 를 느끼는 것은 다른 사람과의 유기적인 관계를 통해 자신의 존재를 확인할 때 가능합니다.

• Talk Talk about Life

교제의 의미

1. 성도간의 모습은 어떠해야 합니까?

히 10:24-25 (사랑과 선행을 격려하는 것)
"서로 돌아보아 사랑과 선행을 격려하며 모이기를 폐하는 어떤 사람들의 습관과 같이 하지 말고 오직 권하여 그 날이 가까움을 볼수록 더욱 그리하자."

엡 4:15-16 (몸 안에서 서로 도움을 받음으로 연결되고 결합되는 것)
"오직 사랑 안에서 참된 것을 하여 범사에 그에게까지 자랄지라 그는 머리니 곧 그리스도라 그에게서 온 몸이 각 마디를 통하여 도움을 받음으로 연결되고 결합되어 각 지체의 분량대로 역사하여 그 몸을 자라게 하며 사랑 안에서 스스로 세우느니라."

* 교회학교에서 같은 또래집단으로 있는 친구들끼리 성도라는 표현은 생소하게 들릴지 모르지만, 믿는자들의 정체감을 갖고 거룩한 하나님의 사람들이라는 의미로 본 과에서는 '성도'라는 표현을 사용합니다.

2. 그리스도인은 왜 교제해야 합니까?

마 18:20 "두세 사람이 내 이름으로 모인 곳에는 나도 그들 중에 있느니라."
-> 교제 안에 그리스도가 계심으로

엡 4:1-4 "그러므로 주 안에서 갇힌 내가 너희를 권하노니 너희가 부르심을 받은 일에 합당하게 행하여 모든 겸손과 온유로 하고 오래 참음으로 사랑 가운데서 서로 용납하고 평안의 매는 줄로 성령이 하나 되게 하신 것을 힘써 지키라 몸이 하나요 성령도 한 분이시니 이와 같이 너희가 부르심의 한 소망 안에서 부르심을 받았느니라."
-> 한 몸으로 부름을 받았기 때문에

• Standard of Life

본문탐구

"우리가 보고 들은 바를 너희에게도 전함은 너희로 우리와 사귐이 있게 하려 함이니 우리의 사귐은 아버지와 그의 아들 예수 그리스도와 더불어 누림이라 우리가 이것을 씀은 우리의 기쁨이 충만하게 하려 함이라"(요일 1:3-4).

1. 성경은 교제의 의미를 무엇이라고 정의하고 있습니까?

요일 1:3-4 "교제는 하나님과의 사귐이라고 말하고 있으며 그로 말미암아 이루어지는 성도간의 사귐을 말하고 있습니다"

교제는 교회를 다니는 모든 사람들이 하는 것이지만 모든 것이 성도간의 교제라고 볼 수는 없습니다. 하나님과 나와의 관계성이 먼저 있어야 합니다. 즉 하나님과 먼저 친밀한 사귐이 있은 후에 성도간의 교제가 이루어져야 합니다. 그래야 성도간의 다툼이나 갈등이 생기지 않으며, 설사 생긴다고 하더라도 해결할 수 있는 길을 찾을 수 있습니다. 교회를 다니면서 성도간의 갈등으로 교회를 떠나는 일은 하나님과의 관계가 친밀하지 않기 때문일 가능성이 많습니다.

2. 하나님이 기뻐하시는 성도' 로 성장하기 위해서 누구와 교제해야 합니까?

고후 6:14-16 (믿는자의 교제는 거듭나고 중생한 자와 해야 합니다)

"너희는 믿지 않는 자와 멍에를 함께 메지 말라 의와 불법이 어찌 함께 하며 빛과 어둠이 어찌 사귀며 그리스도와 벨리알이 어찌 조화되며 믿는 자와 믿지 않는 자가 어찌 상관하며 하나님의 성전과 우상이 어찌 일치가 되리요 우리는 살아 계신 하나님의 성전이라 이와 같이 하나님께서 이르시되 내가 그들 가운데 거하며 두루 행하여 나는 그들의 하나님이 되고 그들은 나의 백성이 되리라."

딤후 2:22 (경건한 자)

"또한 너는 청년의 정욕을 피하고 주를 깨끗한 마음으로 부르는 자들과 함께 의와 믿음과 사랑과 화평을 따르라."

암 3:3 (뜻이 같은 자)

"사람이 뜻이 같지 않은데 어찌 동행하겠으며."

• Change of Life

교제함으로 성장하기

1. 어떻게 교제해야 합니까?

함께 기도함으로	행 2:47
떡을 떼며	골 3:16-17
위로와 격려를 함으로	히 10:24-25
말씀을 나눔으로	행 2:42
찬양함으로	마 18:19

행 2:47 "하나님을 찬미하며 또 온 백성에게 칭송을 받으니 주께서 구원 받는 사람을 날마다 더하게 하시니라."

골 3:16-17 "그리스도의 말씀이 너희 속에 풍성히 거하여 모든 지혜로 피차 가르치며 권면하고 시와 찬송과 신령한 노래를 부르며 감사하는 마음으로 하나님을 찬양하고 또 무엇을 하든지 말에나 일에나 다 주 예수의 이름으로 하고 그를 힘입어 하나님 아버지께 감사하라."

히 10:24-25 "서로 돌아보아 사랑과 선행을 격려하며 모이기를 폐하는 어떤 사람들의 습관과 같이 하지 말고 오직 권하여 그 날이 가까움을 볼수록 더욱 그리하자."

행 2:42 "그들이 사도의 가르침을 받아 서로 교제하고 떡을 떼며 오로지 기도하기를 힘쓰니라."

마 18:19 "진실로 다시 너희에게 이르노니 너희 중의 두 사람이 땅에서 합심하여 무엇이든지 구하면 하늘에 계신 내 아버지께서 그들을 위하여 이루게 하시리라."

2. 교제할 때의 태도는 어떠해야 합니까?

요일 1:3 "우리가 보고 들은 바를 너희에게도 전함은 너희로 우리와 사귐이 있게 하려 함이니 우리의 사귐은 아버지와 그의 아들 예수 그리스도와 더불어 누림이라."

-> 그리스도가 중심이어야 합니다.

빌 2:1-5 "그러므로 그리스도 안에 무슨 권면이나 사랑의 무슨 위로나 성령의 무슨 교제나 긍휼이나 자비가 있거든 마음을 같이하여 같은 사랑을 가지고 뜻을 합하며 한마음을 품어 아무 일에든지 다툼이나 허영으로 하지 말고 오직 겸손한 마음으로 각각 자기보다 남을 낫게 여기고 각각 자기 일을 돌볼뿐더러 또한 각각 다른 사람들의 일을 돌보아 나의 기쁨을 충만하게 하라 너희 안에 이 마음을 품으라 곧 그리스도 예수의 마음이니."

-> 겸손한 마음이어야 합니다.

갈 5:13 "형제들아 너희가 자유를 위하여 부르심을 입었으나 그러나 그 자유로 육체의 기회를 삼지 말고 오직 사랑으로 서로 종 노릇 하라."

-> 서로 섬겨야 합니다.

3. 교제를 방해하는 것은 무엇인가요?

잠 16:18 "교만은 패망의 선봉이요 거만한 마음은 넘어짐의 앞잡이니라."

-> 교만한 마음

롬 12:3 "내게 주신 은혜로 말미암아 너희 각 사람에게 말하노니 마땅히 생각할 그 이상의 생각을 품지 말고 오직 하나님께서 각 사람에게 나누어 주신 믿음의 분량대로 지혜롭게 생각하라."

-> 판단하지 말라

히 12:2 "믿음의 주요 또 온전하게 하시는 이인 예수를 바라보자 그는 그 앞에 있는 기쁨을 위하여 십자가를 참으사 부끄러움을 개의치 아니하시더니 하나님 보좌 우편에 앉으셨느니라."

-> 주님을 바라보지 않을 때(인간의 결점을 바라볼 때)

• Decision of Life

거듭난 그리스도인은 혼자 살 수 없습니다. 하나님께서 그리스도인으로 부르실 때, 한 사람 한 사람에게 주님의 몸의 각 지체로서 은사를 나누어주셨기 때문입니다. 자신이 아무리 능력이 많다고 또는 능력이 없다고 혼자 살 수는 없습니다. 능력이 많건 적건 우리는 주님의 한 지체일뿐 더 이상 아무것도 아닙니다. 몸에 온전히 붙어있을 때에만 몸의 기능을 발휘할 수 있습니다. 그리고 서로 간의 교제를 통해 그리스도인은 성장할 수 있게 됩니다.

제 6과 동행함으로 성장(주님과 동행) 신앙편

학습목표 : 주님과 동행하는 방법을 안다.

중심진리 : 주님이 원하시는 신앙생활을 통해 주님과 동행하는 그리스도인으로 성장할 수 있다.

본문말씀 : 요한복음 15:4-5

본과를 소개합니다

이번 과에서는 예수님을 알고 주님이 원하시는 신앙생활을 통해 그리스도인이 성장할 수 있음을 아는데 그 목적이 있습니다. 우리는 누구나 그리스도인이 되면 하나님을 더 알고 싶어하고 하나님께서 원하시는 자녀로 성장하고 싶어합니다. 하나님이 원하시는 그리스도인으로 성장하는 데는 많은 요소들이 있습니다. 본 과를 통해 그 중에 꼭 필요한 요소들-예배, 전도, 말씀묵상 및 성경공부-의 의미를 알고 이 요소들을 통해 그리스도인이 성장할 수 있음을 알게 되는 기회가 될 것입니다.

• Story of Life

어느 날 밤, 한 사람이 꿈을 꾸었습니다. 주님과 함께 해변을 걷고 있는 꿈이었습니다. 하늘 저편에 그의 삶의 장면들이 펼쳐졌습니다. 그리고 모래 위에 새겨진 두 사람의 발자국을 보았습니다. 하나는 자기 발자국이고 다른 하나는 주님의 발자국이었습니다.

인생의 마지막 장면이 비쳤을 때, 그는 모래 위의 발자국을 돌아보았습니다. 자기가 걸어온 길에 한 사람의 발자국 밖에 없는 때가 많다는 사실을 알아차렸습니다. 그때는 바로 그의 인생에서 가장 어렵고 슬픈 시기였다는 것도 알게 되었습니다. 그것이 몹시 마음에 걸려 그는 주님께 물었습니다.

"주님! 제가 주님을 따르면 항상 저와 함께 하시겠다고 말씀하지 않으셨습니까? 제가 가장 어려운 시기에는 한 사람의 발자국 밖에 없으니 왜 주님은 저를 떠나셨나요?"

주님은 대답하셨습니다.

"나의 소중한 아들아! 나는 너를 사랑한단다. 네 시련과 고난의 시절에 한 사람의 발자국만 보이는 것은 내가 너를 업고 지나갔기 때문이란다."

위의 이야기를 읽고 받은 느낌을 나누어 보세요.

위의 글은 '모래 위에 발자국'이라는 이야기로써 그리스도인이 인생을 살아갈 때 주님께서 항상 동행하여 주신다는 이야기입니다. 평상시에는 발자국이 4개이지만 힘들고 지칠 때는 2개 밖에 보이지 않습니다. 이것은 힘들 때는 주님도 피하신다는 것이 아니라 힘든 그리스도인을 주님께서 업고 가신다는 뜻입니다. 본 과에서는 그리스도인이 하나님을 깊이 알고, 그분의 뜻을 따르며 성장할 수 있는 요소들이 언급되고 있습니다. 이 요소들(예배, 전도, 성경공부 및 묵상)은 하나님에 대해 알고 성장할 수 있는 기본적인 원리와 태도입니다. 하나님께서는 이 모든 요소들을 통해 우리에게 하나님의 은혜를 경험하게 하십니다.

• Talk Talk about Life

전도를 통해 성장하기

1. 전도란 무엇인가요?

행 1:8 (예수 그리스도의 증인이 되는 것)
"오직 성령이 너희에게 임하시면 너희가 권능을 받고 예루살렘과 온 유대와 사마리아와 땅 끝까지 이르러 내 증인이 되리라 하시니라."

막 16:15 (복음을 전파하는 것)
"또 이르시되 너희는 온 천하에 다니며 만민에게 복음을 전파하라."

2. 왜 전도를 해야 하나요?

딤후 4:1-2 (하나님의 명령이기 때문)
"하나님 앞과 살아 있는 자와 죽은 자를 심판하실 그리스도 예수 앞에서 그가 나타나실 것과 그의 나라를 두고 엄히 명하노니 너는 말씀을 전파하라 때를 얻든지 못 얻든지 항상 힘쓰라 범사에 오래 참음과 가르침으로 경책하며 경계하며 권하라."

롬 1:14 (빚진 자이기 때문)
"헬라인이나 야만인이나 지혜 있는 자나 어리석은 자에게 다 내가 빚진 자라."

고전 9:16 (복음을 전하지 아니하면 내게 화가 되기 때문)
"내가 복음을 전할지라도 자랑할 것이 없음은 내가 부득불 할 일임이라 만일 복음을 전하지 아니하면 내게 화가 있을 것이로다."

예배를 통해 성장하기

1. 예배란 무엇인가요?

히 13:15 (하나님을 찬송하는 것)
"그러므로 우리는 예수로 말미암아 항상 찬송의 제사를 하나님께 드리자 이는 그 이름을 증언하는 입술의 열매니라."

시 100:1-4 (기쁨으로 섬기며 그 앞에 나아가는 것)
"온 땅이여 여호와께 즐거운 찬송을 부를지어다 기쁨으로 여호와를 섬기며 노래하면서 그의 앞에 나아갈지어다 여호와가 우리 하나님이신 줄 너희는 알지어다 그는 우리를 지으신 이요 우리는 그의 것이니 그의 백성이요 그의 기르시는 양이로다 감사함으로 그의 문에 들어가며 찬송함으로 그의 궁정에 들어가서 그에게 감사하며 그의 이름을 송축할지어다."

2. 예배는 어떻게 준비하나요?

창 22:1-5 (순종하는 마음으로 힘을 다해 준비)
"그 일 후에 하나님이 아브라함을 시험하시려고 그를 부르시되 아브라함아 하시니 그가 이르되 내가 여기 있나이다 여호와께서 이르시되 네 아들 네 사랑하는 독자 이삭을 데리고 모리아 땅으로 가서 내가 네게 일러 준 한 산 거기서 그를 번제로 드리라 아브라함이 아침에 일찍이 일어나 나귀에 안장을 지우고 두 종과 그의 아들 이삭을 데리고 번제에 쓸 나무를 쪼개어 가지고 떠나 하나님이 자기에게 일러 주신 곳으로 가더니 제삼일에 아브라함이 눈을 들어 그 곳을 멀리 바라본지라 이에 아브라함이 종들에게 이르되 너희는 나귀와 함께 여기서 기다리라 내가 아이와 함께 저기 가서 예배하고 우리가 너희에게로 돌아오리라 하고."

출 20:8-9 (엿새 동안 최선을 다한 후 거룩한 마음의 자세로 준비)
"안식일을 기억하여 거룩하게 지키라 엿새 동안은 힘써 네 모든 일을 행할 것이나."

3. 예배는 어떻게 드리나요?

요 4:23-24 (영과 진리로)
"아버지께 참되게 예배하는 자들은 영과 진리로 예배할 때가 오나니 곧 이 때라 아버지께서는 자기에게 이렇게 예배하는 자들을 찾으시느니라 하나님은 영이시니 예배하는 자가 영과 진리로 예배할지니라."

시 51:16-17 (간절한 마음으로)
"주께서는 제사를 기뻐하지 아니하시나니 그렇지 아니하면 내가 드렸을 것이라 주는 번제를 기뻐하지 아니하시나이다 하나님께서 구하시는 제사는 상한 심령이라 하나님이여 상하고 통회하는 마음을 주께서 멸시하지 아니하시리이다."

묵상과 성경공부를 통해 성장하기

1. 묵상(QT)란 무엇인가요?

딤후 3:16 (하나님의 감동으로 된 성경을 기억하는 것)
"모든 성경은 하나님의 감동으로 된 것으로 교훈과 책망과 바르게 함과 의로 교육하기에 유익하니."

수 1:8 (율법을 주야로 묵상하는 것)
"이 율법책을 네 입에서 떠나지 말게 하며 주야로 그것을 묵상하여 그 안에 기록된 대로 다 지켜 행하라 그리하면 네 길이 평탄하게 될 것이며 네가 형통하리라."

2. 묵상(QT)과 성경공부를 생활화했을때 어떤 장점이 있는지 이야기해 보세요.

시 143:8 (삶의 방향을 인도받음)
"아침에 나로 하여금 주의 인자한 말씀을 듣게 하소서 내가 주를 의뢰함이니이다 내가 다닐 길을 알게 하소서 내가 내 영혼을 주께 드림이니이다."

시 119:9-11 (세상의 유혹을 이길 통제력이 생김)
"청년이 무엇으로 그의 행실을 깨끗하게 하리이까 주의 말씀만 지킬 따름이니이다 내가 전심으로 주를 찾았사오니 주의 계명에서 떠나지 말게 하소서 내가 주께 범죄하지 아니하려 하여 주의 말씀을 내 마음에 두었나이다."

시 16:11 (하나님으로부터 오는 기쁨을 얻음)
"주께서 생명의 길을 내게 보이시리니 주의 앞에는 충만한 기쁨이 있고 주의 오른쪽에는 영원한 즐거움이 있나이다."

그 외에 구체적인 헌신을 할 수 있으며 하나님이 원하시는 자녀로 성장할 수 있습니다.

• Standard of Life

본문탐구

"내 안에 거하라 나도 너희 안에 거하리라 가지가 포도나무에 붙어 있지 아니하면 스스로 열매를 맺을 수 없음 같이 너희도 내 안에 있지 아니하면 그러하리라 나는 포도나무요 너희는 가지라 그가 내 안에, 내가 그 안에 거하면 사람이 열매를 많이 맺나니 나를 떠나서는 너희가 아무 것도 할 수 없음이라"(요 15:4-5).

1. 가지가 포도나무에 붙어 있지 않으면 어떻게 되나요?

생명을 유지할 수 없으며 밖에 버려져 불에 사르게 됩니다. 이처럼 우리 그리스도인도 포도나무이신 예수님께 붙어 있어야 살 수 있고, 주님이 주시는 말씀으로 영양분을 공급받아 성장할 수 있습니다.

2. 그리스도인이 열매를 많이 맺고 성장해야 하는 이유는 무엇인가요?(요 15:8)

요 15:8 "너희가 열매를 많이 맺으면 내 아버지께서 영광을 받으실 것이요 너희는 내 제자가 되리라."

• Change of Life

주님과 동행하기

주님과 동행하는 방법을 실천할 수 있는 구체적인 사례를 나누어 보세요.

주님과 동행하는 구체적 사례로 다양한 것들이 제시될 수 있습니다. 하지만 위의 세가지 요소들이 기본적으로 언급될 수 있도록 교사들의 도움이 필요합니다.

• Decision of Life

우리는 누구나 그리스도인이 되면 하나님을 더 알고 싶어하고 하나님께서 원하시는 자녀로 성장하고 싶어합니다. 하나님이 원하시는 그리스도인으로 성장하는 데는 많은 요소들이 있습니다. 먼저 하나님이 누구신지를 정확히 알아야 하고 그 다음 하나님 앞에 조명된 자신의 본분과 위치를 깨달아야 합니다. 그리고 어린 아이가 어른으로 성장하는 것처럼 그리스도인도 성장해야 합니다.

"우리가 다 하나님의 아들을 믿는 것과 아는 일에 하나가 되어 온전한 사람을 이루어 그리스도의 장성한 분량이 충만한 데까지 이르리니 이는 우리가 이제부터 어린 아이가 되지 아니하여 사람의 속임수와 간사한 유혹에 빠져 온갖 교훈의 풍조에 밀려 요동하지 않게 하려 함이라 오직 사랑 안에서 참된 것을 하여 범사에 그에게까지 자랄지라 그는 머리니 곧 그리스도라"(엡 4:13-15).

하나님의 자녀인 우리가 성장할 때, 우리의 모습은 하나님께 기쁨이 될 것입니다.

Introduce

단원주제	그리스도를 본받아
단원해설	믿음을 가지고 그리스도의 제자로 산다는 것은 새로운 것이거나 거창한 것이 아닙니다. 자신에게 주어진 인생의 기회를 어떻게 이용했느냐에 따라 자신의 인생을 살았는지 아니면 예수님의 삶을 따라가는 인생을 살았는지를 말할 수 있습니다. 제자가 된다는 것은 단순한 신자가 되는 것 이상을 의미합니다. 그리스도인의 삶에서 성장을 하려면 헌신의 대가를 필요로 합니다. 그리스도인은 저절로 성장하지 않기 때문입니다. 본 단원을 통해 그리스도를 본받아 사는 삶이 무엇인지 알게 될 것입니다.
중심구절	"이에 예수께서 제자들에게 이르시되 누구든지 나를 따라오려거든 자기를 부인하고 자기 십자가를 지고 나를 따를 것이니라 누구든지 제 목숨을 구원하고자 하면 잃을 것이요 누구든지 나를 위하여 제 목숨을 잃으면 찾으리라"(마 16:24-25).
단원학습목표	본 단원에서는 예수님이 어떤 삶을 사셨는지, 제자의 삶은 어떠해야 하는지를 안다.
단원핵심정리	그리스도를 본받아 제자의 삶을 살 수 있다.

3 단원

신앙편

그리스도를 본받아

단원소개

본 단원에서는 예수님이 어떤 삶을 사셨는지를 알고, 그 예수님의 삶을 본받아 제자로서 삶을 어떻게 살아야 하는지에 대한 원리를 알고 그리스도의 제자로서 살아가게 하는데 그 목적이 있습니다. 예수님이 어떤 삶을 사셨는지를 아는 것은 그리스도인에게 매우 중요한 부분입니다. 예수님의 삶은 그리스도인에게 기준이 될 뿐 더러 예수님은 하나님의 뜻을 가장 잘 아신 분이기에 예수님의 삶을 따라가는 것은 곧 하나님의 뜻에 순종하는 길이기도 합니다.

제7과 예수님의 삶

신앙편

학습목표 : 예수님이 어떤 삶을 사셨는지를 안다.

중심진리 : 예수님이 어떤 삶을 사셨는지 알고 예수님을 본받아 제자로서의 삶을 살 수 있다.

본문말씀 : 요한복음 1:1–4

본과를 소개합니다

이번 과에서는 예수님이 어떤 삶을 사셨는지를 알고, 그 예수님의 삶을 본받아 제자로서 살아가게 하는데 목적이 있습니다. 예수님이 어떤 삶을 사셨는지를 아는 것은 그리스도인에게 매우 중요한 부분입니다. 예수님의 삶은 그리스도인에게 기준이 될 뿐 더러 예수님은 하나님의 뜻을 가장 잘 아신 분이기에 예수님의 삶을 따라가는 것은 곧 하나님의 뜻에 순종하는 길이기도 합니다. 본 과를 통해 예수님의 삶을 알고 본인들도 그 삶을 따라 사는 기회가 될 것입니다.

• Story of Life

예수님의 생애

– 예수님의 탄생 : 눅 2:11–12

– 첫 번째 이적 : 요 2:7–10

– 회당에서 성경을 낭독하심 : 눅 4:16

– 베드로의 장모집에서 병을 고치심 : 마 8:14–15

– 바리새인과 세리들에게 비난을 받으심 : 마 9:10–11

– 열두 제자를 택하심 : 눅 6:13–16

– 풍랑을 꾸짖으시는 예수님 : 마 8:26

– 죽은 야이로의 딸을 살리심 : 막 5:41

– 간음한 여인의 판결 : 요 8:7

– 기도를 가르쳐주심 : 마 6:9 –13

– 예루살렘에 입성하심 : 마 21:9–10

– 최후의 만찬 : 마 26:17–29

- 겟세마네 동산에서 기도하심 : 마 26:36-46
- 예수께서 재판을 받으심 : 막 14:53-65
- 고난을 받고 골고다로 향하심 : 요 19:17
- 십자가에 못 박히심 : 마 27:35
- 예수께서 부활하심 : 요 20:11-14

위의 예수님의 생애 중 인상깊은 장면이나 감동을 받은 사건이 있으면 나누어 보세요.

예수님은 탄생하실 때부터 죽으시고 부활하실 때까지 하나님 아버지의 뜻대로 사셨던 분이었습니다. 종교지도자들에게는 진실이 없음을 꾸짖으셨고, 고아와 과부, 나그네에게는 한없이 너그러우셨으며, 죄인들에게는 돌이킬 수 있는 기회를 주셨고, 연약하고 고통받는 자들에게는 함께 울어주셨습니다. 유혹과 시험에도 단호하셨습니다. 그분은 하나부터 열까지 철저하게 하나님의 뜻을 따르고 성경을 이루는 삶을 사셨습니다. 마지막에는 자신의 죽음과 부활을 통해 죄많은 인간들을 향한 무한한 사랑을 몸소 보여주셨습니다.

• Talk Talk about Life

예수님의 삶 알아보기

1. 예수님은 기도생활을 어떻게 하셨습니까?

막 1:35 (정해놓은 시간에 정기적으로 기도하심)
"새벽 아직도 밝기 전에 예수께서 일어나 나가 한적한 곳으로 가사 거기서 기도하시더니."

마 26:39 (하나님 아버지의 뜻대로 기도하심)
"조금 나아가사 얼굴을 땅에 대시고 엎드려 기도하여 이르시되 내 아버지여 만일 할 만하시거든 이 잔을 내게서 지나가게 하옵소서 그러나 나의 원대로 마시옵고 아버지의 원대로 하옵소서 하시고."

2. 예수님은 전도생활을 어떻게 하셨습니까?

눅 9:1-2 (하나님의 나라를 전파하게 하심)
"예수께서 열두 제자를 불러 모으사 모든 귀신을 제어하며 병을 고치는 능력과 권위를 주시고 하나님의 나라를 전파하며 앓는 자를 고치게 하려고 내보내시며."

눅 17:20-21 (하나님의 나라를 소개하심)
"바리새인들이 하나님의 나라가 어느 때에 임하나이까 묻거늘 예수께서 대답하여 이르시되 하나님의 나라는 볼 수 있게 임하는 것이 아니요 또 여기 있다 저기 있다고도 못하리니 하나님의 나라는 너희 안에 있느니라."

3. 예수님은 어떤 능력들을 보이셨습니까?

요 2:7-9 (물을 포도주로 바꾸심)
"예수께서 그들에게 이르시되 항아리에 물을 채우라 하신즉 아귀까지 채우니 이제는 떠서 연회장에게 갖다 주라 하시매 갖다 주었더니 연회장은 물로 된 포도주를 맛보고도 어디서 났는지 알지 못하되 물 떠온 하인들은 알더라.

눅 8:54-55 (죽은 야이로의 딸을 살리심)

"예수께서 아이의 손을 잡고 불러 이르시되 아이야 일어나라 하시니 그 영이 돌아와 아이가 곧 일어나거늘 예수께서 먹을 것을 주라 명하시니."

마 8:26 (바다를 꾸짖으심)

"예수께서 이르시되 어찌하여 무서워하느냐 믿음이 작은 자들아 하시고 곧 일어나사 바람과 바다를 꾸짖으시니 아주 잔잔하게 되거늘."

눅 11:14 (귀신을 쫓아내심)

"예수께서 한 말 못하게 하는 귀신을 쫓아내시니 귀신이 나가매 말 못하는 사람이 말하는지라 무리들이 놀랍게 여겼으나."

4. 예수께서 하나님의 뜻과 영광을 위하여 행하신 최고의 선택은 무엇입니까?

예수님이 직접 어린 양이 되셔서 죽음을 선택하셨습니다. 예수님이 하신 죽음의 선택은 죽을 때가 되어 기계적으로 하신 것이 아니라 그의 사역 내내 죽음을 준비하신 것입니다. 예수님은 죽음의 고통을 아셨습니다. 인간으로서 가장 견디기 힘든 죽음의 고통을 이기시기 위해 직접 죽음을 선택하셨습니다. 그리고 그분은 부활하셨습니다. 이 사실 자체가 우리에게 희망이 되는 것입니다.

• Standard of Life

본문탐구

"태초에 말씀이 계시니라 이 말씀이 하나님과 함께 계셨으니 이 말씀은 곧 하나님이시니라 그가 태초에 하나님과 함께 계셨고 만물이 그로 말미암아 지은 바 되었으니 지은 것이 하나도 그가 없이는 된 것이 없느니라 그 안에 생명이 있었으니 이 생명은 사람들의 빛이라"(요 1:1-4).

1. 태초에 하나님과 함께 계셨고 사람들의 빛이 되신 그분은 누구입니까?

태초에 하나님과 함께 계셨고, 하나님의 창조 사역에 함께 하셨으며 사람들의 빛이 되신 말씀은 곧 예수 그리스도입니다(요 1:14 참조, 말씀이 육신이 되심).

2. 하나님의 자녀가 되는 방법은 무엇입니까?(요 1:10-12)

요 1:10-12 "그가 세상에 계셨으며 세상은 그로 말미암아 지은 바 되었으되 세상이 그를 알지 못하였고 자기 땅에 오매 자기 백성이 영접하지 아니하였으나 영접하는 자 곧 그 이름을 믿는 자들에게는 하나님의 자녀가 되는 권세를 주셨으니."

예수님을 영접하면 하나님의 자녀가 됩니다. 하지만 그 예수님이 누구인지를 알아야 우리는 하나님의 자녀가 될 수 있습니다.

• Change of Life

예수님의 삶 따라가기

예수님의 삶을 따라 사는 것은 본인에게 영광되면서 큰 헌신을 요구하게 됩니다. 예수님의 삶을 돌이켜보면서 하나님께서 본인에게 주신 계획과 뜻이 있다면 그것이 무엇인지 나누어보고 실천 가능한 계획을 세워 보세요.

학생들이 큰 비전을 품었다면 그것을 이루기 위해 지금부터 무엇을 해야 하는지 구체적으로 알려주시기 바랍니다. 훌륭한 하나님의 일꾼은 어느 날 갑자기 되는 것이 아니라, 어린 시절부터 거룩하고 경건하게 하나님이 원하시는 삶을 살고 주님과 친밀한 관계를 유지할 때 하나님의 일을 맡게 되는 것입니다. 지금은 하나님과의 관계를 소홀히 하고 하나님께 관심이 없으면서 눈에 보이는 능력이 좋아 보여 막연한 동경을 꿈꾼다면 후에 하나님을 만나야 할 때 장애물이 될 것입니다.

• Decision of Life

예수님은 이 땅에 태어나실 때부터 하나님 아버지의 계획과 뜻에 의해서 태어나셨으며, 하나님 아버지의 뜻과 영광을 위해 죽음까지도 선택하셨습니다. 예수님은 그분 자신이 하나님이면서도 끊임없이 기도하셨고, 사람들에게 하나님의 나라를 소개하시면서 죄 사함 받을 것을 가르치셨습니다. 그분은 하나님이 원하지 않는 일은 한 번도 하지 않으셨으며, 하나님을 모르는 사람들을 향해 긍휼한 마음을 가지셨습니다. 예수님은 처음부터 마지막까지 철저히 하나님의 뜻에 따라 태어나셨고, 삶을 사셨으며 또한 하나님의 뜻을 이루신 분이셨습니다.

제 8과 제자의 삶 I (제자도)

신앙편

학습목표 : 제자로서의 삶의 원리를 안다.

중심진리 : 제자로서의 삶의 원리를 알고 선택받은 제자의 삶을 살면 하나님으로부터 풍성한 생명과 은혜를 받을 수 있다.

본문말씀 : 마태복음 16:24-25

본과를 소개합니다

이번 과에서는 예수님의 제자가 된 그리스도인들이 제자로서의 삶을 어떻게 살아야 하는지에 대한 원리를 알고 그 원리대로 살아가게 하는데 그 목적이 있습니다. 제자가 된다는 것은 단순한 신자가 되는 것 이상을 의미합니다. 그리스도인의 삶에서 성장을 하려면 헌신의 대가를 필요로 합니다. 그리스도인은 저절로 성장하지 않기 때문입니다. 본 과의 주제는 제자의 삶이지만 전개 부분에서 '종'의 개념과 혼용하여 사용하고 있습니다. 엄격히 개념은 다르지만 앞 과에서 언급된 예수님의 삶과 같은 맥락에서 전개하였으며 예수님이 사셨던 삶을 따라서 사는 것이 제자의 삶이며 제자는 헌신을 대가로 지불한다는 측면에서 같이 사용하고 있습니다. 그리고 제자는 스승(목자)의 생각과 말을 따른다는 측면에서 종의 개념을 함께 사용하였습니다. 본 과를 통해 제자의 삶의 원리를 알고 선택받은 제자의 삶을 살 수 있는 기회가 될 것입니다.

• Story of Life

그리스도인들은 세상 사람들에게 기독교인이기 때문에 칭찬을 받는 경우도 있지만 미성숙한 행동 때문에 비난을 받는 경우도 있습니다. 비난을 받을 때와 칭찬을 받을 때의 사례를 이야기해보고 그 이유가 무엇인지 발표해 보세요.

비난을 받을 때	칭찬을 받을 때

그리스도인이 되는 것은 세상적 가치관을 가지고 살던 사람이 예수님을 구주로 영접하고 하나님의 자녀가 되어 성경적 가치관으로 성품이 변화되는 것을 의미합니다. 우리가 가지고 있던 세상적 가치관이 어떻게 바뀌어야 할까요? 예를 들어 보세요.

갈 5:18-26

"너희가 만일 성령의 인도하시는 바가 되면 율법 아래에 있지 아니하리라 육체의 일은 분명하니 곧 음행과 더러운 것과 호색과 우상 숭배와 주술과 원수 맺는 것과 분쟁과 시기와 분냄과 당 짓는 것과 분열함과 이단과 투기와 술 취함과 방탕함과 또 그와 같은 것들이라 전에 너희에게 경계한 것 같이 경계하노니 이런 일을 하는 자들은 하나님의 나라를 유업으로 받지 못할 것이요 오직 성령의 열매는 사랑과 희락과 화평과 오래 참음과 자비와 양선과 충성과 온유와 절제니 이같은 것을 금지할 법이 없느니라 그리스도 예수의 사람들은 육체와 함께 그 정욕과 탐심을 십자가에 못 박았느니라 만일 우리가 성령으로 살면 또한 성령으로 행할지니 헛된 영광을 구하여 서로 노엽게 하거나 서로 투기하지 말지니라."

기독교인이 세상 사람들에게 비난을 받는 이유는 기독교 자체에 문제가 있기보다 변화되지 못하고 미성숙한 기독교인들에게 문제가 있다고 봅니다. 사람은 처음부터 죄인이었기 때문에 어쩔 수 없는 한계가 있지만 그래도 하나님을 믿는 자녀가 되었으면 하나님께서 원하시는 성품으로 변해야 하는 면도 있습니다. 본인이 바뀌어야 할 성품이 있다면 나누어 보세요.

학생들이 구체적인 예를 들고 함께 공감할 수 있는 사례들이 나오면 좋을 것입니다. 아무래도 기독교인이 비난을 받는 이유 첫째는 세상에 어둠의 세력이 영향력을 끼치고 있기 때문에 진리를 거부하는 사탄이 사람들에게 하나님을 믿지 못하도록 방해를 하는 것이고, 둘째는 아직 말씀으로 변화되지 못한 미성숙한 기독교인들이 사람들에게 상처를 줌으로 비난을 받는 경우가 있을 수 있습니다.

• Talk Talk about Life

예수님이 우리의 길입니다.

예수님은 우리의 무엇이라고 말씀하고 있습니까?

요 14:6 (내가 곧 길이요 진리요 생명이니)
"예수께서 이르시되 내가 곧 길이요 진리요 생명이니 나로 말미암지 않고는 아버지께로 올 자가 없느니라."

마 6:33-34 (먼저 그의 나라와 그의 의를 구하라)
"그런즉 너희는 먼저 그의 나라와 그의 의를 구하라 그리하면 이 모든 것을 너희에게 더하시리라 그러므로 내일 일을 위하여 염려하지 말라 내일 일은 내일이 염려할 것이요 한 날의 괴로움은 그 날로 족하니라."

예수님의 제자는 길이요 진리요 생명이신 그분을 따라가는 삶을 살아야 합니다. 우리가 하나님의 뜻을 행하려고 하루하루 순종한다면 하나님께서는 우리의 길이 되어주실 것입니다.

예수님의 제자는 주님이 종이 되셨던 것처럼 종이 되어야 합니다.

하나님의 종이 되기 위해서 우리는 어떻게 만들어져야 합니까?

렘 18:1-6 (토기장이에 의해 빚어지고 토기장이의 손에 남아 있음)
"여호와께로부터 예레미야에게 임한 말씀에 이르시되 너는 일어나 토기장이의 집으로 내려가라 내가 거기에서 내 말을 네게 들려 주리라 하시기로 내가 토기장이의 집으로 내려가서 본즉 그가 녹로로 일을 하는데 진흙으로 만든 그릇이 토기장이의 손에서 터지매 그가 그것으로 자기 의견에 좋은 대로 다른 그릇을 만들더라 그 때에 여호와의 말씀이 내게 임하니라 이르시되 여호와의 말씀이니라 이스라엘 족속아 이 토기장이가 하는 것 같이 내가 능히 너희에게 행하지 못하겠느냐 이스라엘 족속아 진흙이 토기장이의 손에 있음 같이 너희가 내 손에 있느니라."

종이 해야 할 일은 하나님의 빚으심을 받는 것과 주님의 손에 남아 있는 것입니다. 그 후에야 주님은 그의 도구를 원하는 대로 쓰실 수 있습니다.

예수님은 그의 제자들을 통해 일하십니다.

하나님은 자신의 일을 항상 누구에게 계시하셨으며 예수님은 열두 제자 중에서도 누구를 가까운 거리에 두셨습니까?

출 3:8,10 (모세)

"내가 내려가서 그들을 애굽인의 손에서 건져내고 그들을 그 땅에서 인도하여 아름답고 광대한 땅, 젖과 꿀이 흐르는 땅 곧 가나안 족속, 헷 족속, 아모리 족속, 브리스 족속, 히위 족속, 여부스 족속의 지방에 데려가려 하노라.", "이제 내가 너를 바로에게 보내어 너에게 내 백성 이스라엘 자손을 애굽에서 인도하여 내게 하리라."

막 5:37-43 (베드로, 야고보, 요한)

"베드로와 야고보와 야고보의 형제 요한 외에 아무도 따라옴을 허락하지 아니하시고 회당장의 집에 함께 가사 떠드는 것과 사람들이 울며 심히 통곡함을 보시고 들어가서 그들에게 이르시되 너희가 어찌하여 떠들며 우느냐 이 아이가 죽은 것이 아니라 잔다 하시니 그들이 비웃더라 예수께서 그들을 다 내보내신 후에 아이의 부모와 또 자기와 함께 한 자들을 데리시고 아이 있는 곳에 들어가사 그 아이의 손을 잡고 이르시되 달리다굼 하시니 번역하면 곧 내가 네게 말하노니 소녀야 일어나라 하심이라 소녀가 곧 일어나서 걸으니 나이가 열두 살이라 사람들이 곧 크게 놀라고 놀라거늘 예수께서 이 일을 아무도 알지 못하게 하라고 그들을 많이 경계하시고 이에 소녀에게 먹을 것을 주라 하시니라."

출애굽기 3장 8절의 말씀은 하나님의 우리를 향한 거룩한 사랑의 계획이셨습니다. 그 일은 온전히 하나님의 영역이었지만 그 일을 모세를 통해 하시겠다고 말씀하고 계십니다. 이것은 하나님께서 손이 모자라 모세의 힘을 빌리고자 한 것이 아니라 그만큼 모세를 사랑하시고 모세와 이스라엘 백성에게 하나님의 사랑과 그분의 영광을 드러내고자 하시는 것입니다. 하나님은 항상 모세를 비롯해 그분의 영광과 위엄을 그분이 사랑하시는 선지자들을 비롯한 하나님의 사람들을 통해 보이셨습니다. 우리도 하나님의 뜻과 마음을 잘 알고 우리를 통해 하나님께서 하나님의 영광을 드러내신다면 큰 영광일 것입니다.

많은 사람들이 예수님을 따라다녔지만, 그분의 존재와 그분의 계획, 그분의 마음을 알지 못한 사람들은 예수님이 행하시는 많은 이적들을 보면서도 특별한 능력이 있는 선생정도로 밖에 생각하지 않았습니다. 하지만 예수님은 자신의 능력을 과시하기 위해 오신 분이 아니기에 그분을 제대로 알 수 있는 소수의 인원에 집중하셨습니다. 그리고 그들을 통해 예수님의 구원사역을 시작하셨고 하나님 나라의 비전을 주셨습니다. 우리가 예수님의 제자가 되어야 하는 이유가 여기에 있습니다. 예수님은 열두 제자를 통해 일하셨고 그 제자들이 초대교회를 이루었고, 지금의 기독교를 이루었습니다.

믿는 자와 제자는 다릅니다. 믿는 자는 하나님이 어떤 분인지를 알고 믿는 자이지만, 제자는 자신을 포기하고 주님이 원하시는 뜻과 방향대로 살기로 작정한 사람이라 할 수 있습니다.

Standard of Life

본문탐구

"이에 예수께서 제자들에게 이르시되 누구든지 나를 따라오려거든 자기를 부인하고 자기 십자가를 지고 나를 따를 것이니라 누구든지 제 목숨을 구원하고자 하면 잃을 것이요 누구든지 나를 위하여 제 목숨을 잃으면 찾으리라"(마 16:24-25).

1. 자기를 부인하고 자기 십자가를 진다는 의미가 무엇인지 발표해 보세요.

자기를 부인한다는 것은 자포자기를 한다는 뜻이 아니라 자신을 온전히 그리스도께 헌신하고 그의 뜻에 순종하겠다는 마음의 자세를 말합니다. 자기 십자가를 진다는 의미 역시 자기의 문제, 고난, 어려움 등을 자기 스스로 짊어져야 한다는 뜻이 아니라 자기에게 있는 모든 문제를 그리스도께 내려 놓고 그리스도와 함께 고난에 동참한다는 의미입니다. 생활 속에서 겪는 사례를 발표하면 좋을 것입니다.

2. "제 목숨을 구원하고자 하면 잃을 것이요 누구든지 나를 위하여 제 목숨을 잃으면 찾으리라"는 말씀의 의미가 무엇인지 발표해 보세요.

위 말씀은 예수님의 제자라고 하면서 현실에 안주하고 자기의 욕심을 위해 살아가면 목숨을 잃을 것이지만, 예수 그리스도를 위해 현실의 삶을 포기할 수 있는 자는 다시 말해 예수 그리스도를 위해 받는 고통을 마다하지 않는 자는 하나님으로부터 풍성한 생명과 은혜를 받을 것이라는 말씀입니다. 구체적으로 복음을 전하다가 거부당함으로 겪는 어려움, 하나님을 믿는다는 이유로 당하는 비난 등이 해당된다고 볼 수 있습니다. 이처럼 예수 그리스도를 따르고 하나님의 나라를 위해 살아간다는 것은 단순한 감정이나 일시적인 충동에 의해서 이루어지는 일이 아님을 알 수 있습니다. 이 땅에서 그분의 제자로 산다는 것은 끝없는 생명에의 도전이며 자기희생임을 알아야 합니다. 자기의 욕심과 이익을 생각하는 자는 결코 예수 그리스도를 생각할 수 없습니다.

• Change of Life

제자로 살아가기

아래의 질문에 답을 하고 그 의미를 나누어 보세요.

* 당신은 그리스도인입니까?
* 당신은 정말로 예수의 제자가 되기를 원하십니까? '예' 라면, 어떤 삶을 살아야 할까요?
* 당신은 기꺼이 자신을 '부인' 하고 자신의 이익을 위해 살기보다 주님의 뜻을 따르는 제자가 될 수 있습니까?
* 만일 '자기를 부인한다' 라는 것이 습관이나 혹은 삶의 방향을 바꾸는 것이라면 기꺼이 그렇게 하겠습니까?
* 지금 당신이 그리스도의 제자가 되려는데 방해가 되는 요소가 있습니까?

유의할 점) 학생들에게 위의 질문을 할 때 일반적으로 생각하는 추상적인 대답이 아니라 학교나 집에서 생각하고 겪을 수 있는 현실적인 대답을 할 수 있도록 도와주세요. 예를 들어 MP3를 다운받아 듣는데 그것이 조금은 지나쳐 그 음악만으로 쉼을 얻거나 마음의 안정을 얻고 있다면 자제를 하거나 고쳐야 할 부분이라고 할 수 있습니다.

• Decision of Life

예수님의 제자가 되는 것은 그냥 믿기로 작정하는 것으로 그치지 않습니다. 그분이 이 세상에서 어떻게 사셨는지 어떻게 하나님의 뜻을 이루셨는지를 알고 그분이 사셨던 것처럼 하나님의 영광을 위해 자신의 삶을 적극적으로 바꾸는 자세가 필요합니다. 마태복음 16장 24-25절의 말씀처럼 예수님의 제자라고 하면서 현실에 안주하고 자기의 욕심을 위해 살아가면 목숨을 잃을 것이지만, 예수 그리스도를 위해 현실의 삶을 포기할 수 있는 자는 다시 말해 예수 그리스도를 위해 받는 고통을 마다하지 않는 자는 하나님으로부터 풍성한 생명과 은혜를 받을 것입니다. 이처럼 예수 그리스도를 따르고 하나님의 나라를 위해 살아간다는 것은 단순한 감정이나 일시적인 충동에 의해서 이루어지지 않습니다. 이 땅에서 그분의 제자로 산다는 것은 끝없는 생명에의 도전이며 자기희생입니다. 자기의 욕심과 이익을 생각하는 자는 결코 예수 그리스도를 생각할 수 없습니다.

제 9과 제자의 삶 Ⅱ

신앙편

학습목표 : 믿음의 조상(선배)이 어떤 제자의 삶을 살았는지 안다.

중심진리 : 믿음의 조상(선배)이 어떤 제자의 삶을 살았는지를 알고 자신도 같은 제자의 삶을 살 수 있다.

본문말씀 : 신 6:4-9

본과를 소개합니다

이번 과에서는 자신이 존경하는 믿음의 조상을 모델로 삼아 그분이 어떤 믿음을 가졌고 그 믿음을 어떻게 지켰는지를 기억하며 그리스도의 제자로서 살아가게 하는데 그 목적이 있습니다. 믿음을 가지고 그리스도의 제자로 산다는 것은 새로운 것이거나 거창한 것이 아닙니다. 자신에게 주어진 인생의 기회를 어떻게 이용했느냐에 따라 자신의 인생을 살았는지 아니면 예수님의 삶을 따라가는 인생을 살았는지를 말할 수 있는 것입니다. 본 과를 통해 삶 속에서 예수님의 제자가 되는 원리를 깨닫고 경험하는 기회가 될 것입니다.

• Story of Life

본인이 좋아하거나 존경하는 성경 속의 인물이 있다면 그가 누구이며 왜 좋아하는지 나누어 보세요.

성경의 인물을 예로 들어도 상관없고 중세시대의 지도자나 복음을 전하다가 순교한 선교사나 현재 학생들과 관계성을 가지고 있는 그리스도인들도 상관없습니다. 중요한 것은 존경하는 사람의 능력을 부러워하기보다 믿음의 선배가 가지고 있는 하나님을 향한 사랑과 헌신, 순종에 초점을 맞춘다면 좋을듯합니다.

본래 스승이 제자를 선택해 그가 가지고 있는 것을 전수하는 것이 '제자'의 의미라고 볼 수 있지만, 존경하는 믿음의 선배의 삶을 모델로 따라가고자 한다면 그 역시 넓은 의미의 제자라고 할 수 있습니다.

좋아하는 성경의 인물이 어떻게 살았는지 어떤 점을 모델로 삼을 것인지 나누어 보세요.

• Talk Talk about Life

제자되기

1. 제자의 언어사용은 어떠해야 합니까?

잠 12:18 (지혜롭게 말하기)
"칼로 찌름 같이 함부로 말하는 자가 있거니와 지혜로운 자의 혀는 양약과 같으니라."

잠 18:6 (경솔하지 않기)
"미련한 자의 입술은 다툼을 일으키고 그의 입은 매를 자청하느니라."

잠 12:6 (정직함)
"악인의 말은 사람을 엿보아 피를 흘리자 하는 것이거니와 정직한 자의 입은 사람을 구원하느니라."

눅 6:45 (선한 마음)
"선한 사람은 마음에 쌓은 선에서 선을 내고 악한 자는 그 쌓은 악에서 악을 내나니 이는 마음에 가득한 것을 입으로 말함이니라."

2. 제자는 하나님과 사람 앞에 어떤 모습이어야 합니까?

갈 6:7 (스스로 거짓말을 하지 않음)
"스스로 속이지 말라 하나님은 업신여김을 받지 아니하시나니 사람이 무엇으로 심든지 그대로 거두리라."

요일 1:9 (스스로 속이지 않음)

"만일 우리가 우리 죄를 자백하면 그는 미쁘시고 의로우사 우리 죄를 사하시며 우리를 모든 불의에서 깨끗하게 하실 것이요."

시 33:4 (하나님의 말씀을 따르는 것이 정직의 기준)

"여호와의 말씀은 정직하며 그가 행하시는 일은 다 진실하시도다."

잠 12:6 (정직은 사람을 구원함)

"악인의 말은 사람을 엿보아 피를 흘리자 하는 것이거니와 정직한 자의 입은 사람을 구원하느니라."

3. 제자의 시간관리는 어떠해야 합니까?

마 6:33 (먼저 하나님의 나라를 구하는 것)

"그런즉 너희는 먼저 그의 나라와 그의 의를 구하라 그리하면 이 모든 것을 너희에게 더하시리라."

시 90:12 (날의 계수를 통해 지혜를 얻음)

"우리에게 우리 날 계수함을 가르치사 지혜로운 마음을 얻게 하소서."

4. 제자가 피해야 할 것은 무엇입니까?

고전 10:12 (스스로 선 줄로 생각하는 것)

"그런즉 선 줄로 생각하는 자는 넘어질까 조심하라."

약 1:26 (스스로 경건하다고 생각하는 것)

"누구든지 스스로 경건하다 생각하며 자기 혀를 재갈 물리지 아니하고 자기 마음을 속이면 이 사람의 경건은 헛것이라."

• Standard of Life

본문탐구

"이스라엘아 들으라 우리 하나님 여호와는 오직 유일한 여호와이시니 너는 마음을 다하고 뜻을 다하고 힘을 다하여 네 하나님 여호와를 사랑하라 오늘 내가 네게 명하는 이 말씀을 너는 마음에 새기고 네 자녀에게 부지런히 가르치며 집에 앉았을 때에든지 길을 갈 때에든지 누워 있을 때에든지 일어날 때에든지 이 말씀을 강론할 것이며 너는 또 그것을 네 손목에 매어 기호를 삼으며 네 미간에 붙여 표로 삼고 또 네 집 문설주와 바깥 문에 기록할지니라"(신 6:4-9).

1. 하나님의 말씀을 대하는 제자의 태도는 어떠해야 합니까?(신 6:4-5)

신 6:4-5 "이스라엘아 들으라 우리 하나님 여호와는 오직 유일한 여호와이시니 너는 마음을 다하고 뜻을 다하고 힘을 다하여 네 하나님 여호와를 사랑하라"

마음을 다하고 하나님께 생각을 집중하고 온 정신을 다 쏟아 하나님을 사랑해야 합니다. 이것은 우리가 생각하는 모든 것을 하나님을 위해서 하라는 뜻이기도 합니다. 이것이 하나님을 믿는 그리스도인으로서의 바른 삶이라고 할 수 있습니다.

2. 평소에 우리는 말씀을 어떻게 받아들여야 합니까?(신 6:6-9)

어떠한 경우에든지 우리의 중심이 흔들리지 않기 위해 말씀을 마음에 새기고, 부지런히 가르치며, 어디에 있든지 말씀이 눈에 띄고 기억되도록 말씀을 옆에 두어야 합니다.

• Change of Life

제자로 비전 세우기

1. 예수께서 부활 승천하시면서 제자들에게 주신 마지막 말씀은 무엇입니까?(마 28:19-20)

____

____

____

마 28:19-20 "그러므로 너희는 가서 모든 민족을 제자로 삼아 아버지와 아들과 성령의 이름으로 침례(세례)를 베풀고 내가 너희에게 분부한 모든 것을 가르쳐 지키게 하라 볼지어다 내가 세상 끝날까지 너희와 항상 함께 있으리라 하시니라."

청소년기에 있는 우리 학생들은 모든 민족을 제자로 삼고 아버지와 아들과 성령의 이름으로 침례(세례)를 베푸는 꿈과 비전을 가질 수 있습니다. 지금부터 하나님의 잃어버린 영혼을 구하기 위해 준비하고 훈련한다면 하나님께서는 분명히 하나님의 영광을 위해 귀한 일꾼으로 쓰실 것입니다.

2. 예수님의 제자로서 가져야 할 그리스도의 마음은 무엇입니까?(빌 2:5-8)

____

____

____

빌 2:5-8 "너희 안에 이 마음을 품으라 곧 그리스도 예수의 마음이니 그는 근본 하나님의 본체시나 하나님과 동등됨을 취할 것으로 여기지 아니하시고 오히려 자기를 비워 종의 형체를 가지사 사람들과 같이 되셨고 사람의 모양으로 나타나사 자기를 낮추시고 죽기까지 복종하셨으니 곧 십자가에 죽으심이라."

예수님의 제자로서 가져야 할 마음은 결국 예수 그리스도의 마음입니다. 자기를 드러내지 않고 죽기까지 하나님 아버지의 뜻을 이루고 영혼들을 사랑하셨던 그 마음은 바로 '십자가의 도'라고 할 수 있습니다.

• Decision of Life

믿음을 가지고 그리스도의 제자로 산다는 것은 새로운 것이거나 거창한 것이 아닙니다. 자신에게 주어진 인생의 기회를 어떻게 이용했느냐에 따라 자신의 인생을 살았는지 아니면 예수님의 삶을 따라가는 인생을 살았는지를 말할 수 있는 것입니다. 청소년기에 있는 우리 학생들은 모든 민족을 제자로 삼고 아버지와 아들과 성령의 이름으로 침례(세례)를 베푸는 꿈과 비전을 가질 수 있습니다. 지금부터 하나님의 잃어버린 영혼을 구하기 위해 준비하고 훈련한다면 하나님께서는 분명히 하나님의 영광을 위해 귀한 일꾼으로 쓰실 것입니다.

EDU
STUDY
STUDY

Introduce

단원주제	그리스도인의 삶
단원해설	하나님의 뜻을 알고 행하려면 자신을 부인하고 하나님 중심의 삶으로 돌아가야 합니다. 그렇게 할 때 우리는 예수님이 긍휼한 마음으로 인간을 구원하신 것처럼 예수님의 마음을 닮아 긍휼한 마음을 가지고 이웃을 도울 수 있습니다. 예수님이 오신 것은 섬김을 받으려 함이 아니요 섬기기 위해 오셨는데 섬기는 일은 쉬운 것이 아닙니다. 자기의 의는 완전히 죽어야 합니다. 대가도 없습니다. 그리고 고난도 따릅니다. 본 단원을 통해 섬김의 본을 보여 주신 예수님의 삶을 보며 그럼 우리는 어떻게 살아야 하는지를 아는 기회가 되었으면 합니다.
중심구절	"내가 진실로 진실로 너희에게 이르노니 한 알의 밀이 땅에 떨어져 죽지 아니하면 한 알 그대로 있고 죽으면 많은 열매를 맺느니라 자기의 생명을 사랑하는 자는 잃어버릴 것이요 이 세상에서 자기의 생명을 미워하는 자는 영생하도록 보전하리라"(요 12:24-25).
단원학습목표	하나님의 뜻을 알고 하나님 중심의 삶을 살 수 있다.
단원핵심정리	예수님의 섬김의 삶을 통해 하나님의 사랑을 알 수 있다.

4 단원

신양편

그리스도인의 삶

단원소개

본 단원은 하나님 중심의 삶과 자기(본인) 중심의 삶의 차이를 인식하고 청소년들이 하나님 중심의 삶을 살아 거룩하고 성숙한 그리스도인이 될 수 있도록 인도하는데 그 목적이 있습니다. 예수님이 이 땅에 오신 것은 섬김을 받으려 함이 아니요 도리어 섬기러 오신 것임을 말하고 있습니다. 청소년들이 하나님의 뜻을 알고 행하려면 자신을 부인하고 하나님 중심의 삶으로 돌아가야 합니다. 그렇게 될 때 하나님께서는 창세전부터 계획하신 목적을 우리를 통해 성취하실 수 있습니다.

제10과 하나님 중심으로 사는 삶

신앙편

학습목표 : 하나님의 뜻을 알고 하나님 중심의 삶을 살 수 있다.

중심진리 : 하나님의 뜻을 알고 행하려면 자신을 부인하고 하나님 중심의 삶으로 돌아가야 한다.

본문말씀 : 요한복음 12:24-25

본과를 소개합니다

이번 과에서는 하나님 중심의 삶과 자기(본인) 중심의 삶의 차이를 인식하고 청소년들이 하나님 중심의 삶을 살아 거룩하고 성숙한 그리스도인이 될 수 있도록 인도하는데 그 목적이 있습니다. 청소년들이 하나님의 뜻을 알고 행하려면 자신을 부인하고 하나님 중심의 삶으로 돌아가야 합니다. 그렇게 될 때 하나님께서는 창세전부터 계획하신 목적을 우리를 통해 성취하실 수 있습니다. 본 과를 통해 죄는 하나님 중심이 아닌 자기 중심으로 살 때 발생할 수 있음을 알고 생활 속에서 말씀을 붙들고 하나님께서 기뻐하시는 삶을 사는 기회가 되었으면 합니다.

• Story of Life

하나님 중심인지 자기 중심인지 구분해 보세요.

* 인생의 초점이 자기에게 맞춰짐 (하나님 중심, 자기 중심)
* 자기를 신뢰함 (하나님 중심, 자기 중심)
* 하나님과 하나님의 능력과 채워주심에 의존함 (하나님 중심, 자기 중심)
* 이기적이고 평범한 생활 (하나님 중심, 자기 중심)
* 자기를 부인함 (하나님 중심, 자기 중심)
* 거룩하고 경건한 생활 (하나님 중심, 자기 중심)
* 자기 자신과 자기가 이루어 놓은 것에 대해 자랑스럽게 생각함 (하나님 중심, 자기 중심)
* 사람의 입장에서 환경을 바라봄 (하나님 중심, 자기 중심)
* 자신과 자신의 능력에 의존함 (하나님 중심, 자기 중심)
* 하나님 앞에 겸손함 (하나님 중심, 자기 중심)
* 하나님의 나라와 그의 의를 먼저 구함 (하나님 중심, 자기 중심)

* 세상과 세상의 방식에 받아들여지기를 바람 (하나님 중심, 자기 중심)
* 하나님을 신뢰함 (하나님 중심, 자기 중심)
* 하나님과 하나님이 하고 계신 일에 인생의 초점을 맞춤 (하나님 중심, 자기 중심)
* 자기를 세우고 높임 (하나님 중심, 자기 중심)
* 하나님의 입장에서 모든 환경을 봄 (하나님 중심, 자기 중심)

위의 내용이 하나님 중심인지 아니면 자기(본인) 중심인지를 구분하는 일은 어렵지 않을 것입니다. 하지만 본 과를 통해 한번쯤 생각해보는 기회를 가지므로 자신의 삶이 어디에 우선순위를 두고 있었는지 생각해보고 점검하는 기회가 될 것입니다.

하나님 중심의 삶과 자기(본인) 중심의 삶은 어떤 차이가 있나요?

하나님 중심의 삶은 생활의 기준과 중심이 하나님께 있습니다. 하나님 중심으로 살게 되면 범죄하지 않게 되며 자신을 거룩하고 성숙한 하나님의 자녀로 만들어갈 수 있습니다. 반면 자기(본인) 중심의 삶은 자기가 모든 것을 할 수 있고 행복하고 즐거울 것 같지만, 결국 죄의 올무에 깊이 빠질 것이며 곧 자신의 한계를 드러내며 그 한계를 극복하기 위해 정당하지 못한 경쟁으로 이기려고 노력할 것입니다. 하나님 중심으로 사는 것이 때로는 자기주관이 없어 보이고 미련해 보여도 그것이 인간이 가져야 할 자아정체감입니다. 인간은 하나님을 떠나서는 자신을 발견할 수 없고 진리를 찾을 수도 없습니다.

• Talk Talk about Life

하나님 중심

1. 생활 속에서 하나님 중심으로 사는 사례가 있다면 발표해 보세요.

하나님 중심의 삶은 교회 안에서 뿐 아니라 학교나 친구들과 어울리는 장소에서도 얼마든지 하나님이 원하시는 믿음 중심으로 살아갈 수 있습니다. 복음을 증거한다든지, 수시로 기도의 모습을 보인다든지, 말씀을 읽거나 찬양을 하는 모습들이 하나님 중심의 생활 사례라고 할 수 있습니다. 또 어떤 일을 결정할 때 성경적 원리에 의해 결정하거나 말씀에 의지해서 결정한다면 그것 역시 하나님 중심의 삶이라고 할 수 있습니다. 하지만 이러한 사례들을 학교의 현장이나 학원에서 학생들에게 기대하기가 어렵습니다. 현재 학생들의 상황이 자기주도적으로 스스로 생각해서 결정할 수 있는 여건과 환경이 안되기 때문입니다.

학생들이 공부해야 할 시기에 공부에 집중하는 것은 당연하지만 모든 가치관과 우선순위의 중심인 신앙생활까지 유보시키면서 학원을 다니는 것은 옳은 것이라 할 수 없습니다. 그렇지만 이런 어려운 상황에서도 하나님 중심으로 살도록 노력하라고 격려해준다면 학생들은 큰 힘을 얻을 수 있을 것입니다. 더하여 함께 노력할 수 있는 친구들을 붙여주는 것도 좋은 방법이 될 것입니다.

2. 성경은 하나님 중심의 삶을 어떻게 말하고 있나요?

마 6:33 (하나님의 나라를 먼저 구함)
"그런즉 너희는 먼저 그의 나라와 그의 의를 구하라 그리하면 이 모든 것을 너희에게 더하시리라."

시 33:12 (하나님의 나라를 구한 사람(백성)은 복됨)
"여호와를 자기 하나님으로 삼은 나라 곧 하나님의 기업으로 선택된 백성은 복이 있도다."

자기 중심

생활 속에서 자기(본인) 중심으로 살았던 사례가 있다면 발표해 보세요.

자기 중심으로 살게 되면 모든 것을 자기가 원하는 대로 하고 싶은 마음이 생깁니다. 친구들도 자기가 생각하고 원하는 것으로 지지해주기를 원합니다. 그리고 그것이 마음대로 안 되면 힘을 사용하거나 심한 스트레스를 받고 자기만의 세계에 빠지는 경우들이 있습니다.

• Standard of Life

본문탐구

"내가 진실로 진실로 너희에게 이르노니 한 알의 밀이 땅에 떨어져 죽지 아니하면 한 알 그대로 있고 죽으면 많은 열매를 맺느니라 자기의 생명을 사랑하는 자는 잃어버릴 것이요 이 세상에서 자기의 생명을 미워하는 자는 영생하도록 보전하리라"(요 12:24-25).

1. 요한복음 12장 24-25절은 하나님 중심으로 살기 위해 우리에게 어떤 헌신을 요구하고 있나요?

하나님 중심의 삶은 날마다 나를 죽이고 하나님께 순종하는 것을 요구합니다. 자기의 생명을 위해 집착하는 것과 또 자신의 생명을 가벼이 여겨 방치하는 것은 잘못된 삶입니다. 하나님 앞에 나를 죽인다는 것은 자신의 욕심과 의가 드러나는 것이 아니라, 자신의 생각을 하나님의 생각에 맞추고 자신의 뜻보다 하나님의 뜻을 옳게 여겨 그분의 뜻대로 움직인다는 것입니다.

2. 시편 20편 7절의 의미가 무엇인지 알아보고 하나님의 이름을 자랑함으로 받은 은혜나 간증이 있다면 나누어 보세요.

시 20:7 "어떤 사람은 병거, 어떤 사람은 말을 의지하나 우리는 여호와 우리 하나님의 이름을 자랑하리로다."

사람들은 자기가 가지고 있는 재산이나 능력을 자랑으로 삼거나 남을 굴복시킬 힘으로 사용하지만 하나님 중심으로 사는 사람들은 하나님의 이름을 자랑스럽게 여기고 하나님의 이름을 드러냅니다.

• Change of Life

하나님 중심으로 살기

1. 하나님 중심으로 사는 삶과 자기(본인) 중심으로 사는 삶은 어떤 차이가 있는지 사례를 들어 설명해 보세요.

하나님 중심으로 사는 것은 이미 자기의 욕심과 의는 버리고 온전히 하나님께서 원하시는 대로 살기로 작정한 것입니다. 그렇기 때문에 자기 마음대로 일이 되지 않는다고 조바심을 내거나 스트레스를 받을 필요가 없습니다. 모든 일은 하나님께서 하실 것이며 자기는 하나님이 하시는 일에 사용되어지므로 기쁨을 누리게 되는 것입니다. 반면 본인 중심으로 사는 것은 자기가 주인이 되어 모든 것이 자기가 원하는 대로 움직여야 성취감을 누릴 수 있습니다. 이렇게 되면 죄의 열매를 보게 될 것입니다. 예를 들면 하나님 중심의 삶은 하루와 주중, 한 달의 시간 중에 하나님께 드리는 시간을 확보하기, 말씀대로 살기로 작정하고 그리스도인으로서 언행을 조심하기, 주위에 어렵고 힘든 친구들에게 관심 갖기, 전도에 힘쓰기 등이 있을 수 있습니다. 반대로 자기 중심의 삶은 하나님을 먼저 생각하기보다 자기의 감정에 더 충실하고, 친구들의 말을 무조건 따르고, 무계획적으로 즉흥적으로 행동하기 등이 있습니다.

2. 하나님 중심으로 살면 우리는 어떤 유익을 얻게 되나요?

요 5:24 (구원을 얻음)
"내가 진실로 진실로 너희에게 이르노니 내 말을 듣고 또 나 보내신 이를 믿는 자는 영생을 얻었고 심판에 이르지 아니하나니 사망에서 생명으로 옮겼느니라."

요 1:12 (하나님의 자녀가 됨)
"영접하는 자 곧 그 이름을 믿는 자들에게는 하나님의 자녀가 되는 권세를 주셨으니."

롬 1:10 (나아갈 길을 얻게 됨)
"어떻게 하든지 이제 하나님의 뜻 안에서 너희에게로 나아갈 좋은 길 얻기를 구하노라."

요 14:27 (평안을 누림)
"평안을 너희에게 끼치노니 곧 나의 평안을 너희에게 주노라 내가 너희에게 주는 것은 세상이 주는 것과 같지 아니하니라 너희는 마음에 근심하지도 말고 두려워하지도 말라."

• Decision of Life

하나님 중심의 삶은 생활의 기준과 중심이 하나님께 있습니다. 하나님 중심으로 살게 되면 범죄하지 않게 되며 자신을 거룩하고 성숙한 하나님의 자녀로 만들어갈 수 있습니다. 반면 자기(본인) 중심의 삶은 자기가 모든 것을 할 수 있고 행복하고 즐거울 것 같지만, 결국 죄의 올무에 깊이 빠질 것이며 곧 자신의 한계를 드러내며 그 한계를 극복하기 위해 정당하지 못한 경쟁으로 이기려고 노력할 것입니다. 하나님 중심으로 사는 것이 때로는 자기주관이 없어 보이고 미련해 보여도 그것이 인간이 가져야 할 자아정체감입니다. 인간은 하나님을 떠나서는 자신을 발견할 수 없고 진리를 찾을 수도 없습니다. 우리는 삶의 방향을 하나님 쪽으로 돌이켜야 합니다. 자신의 계획이 아닌 하나님의 목적에 내 인생의 초점을 맞추어야 합니다.

제 11과 긍휼

신앙편

학습목표 : 성경에서 말하는 긍휼의 개념을 알고 행할 수 있다.

중심진리 : 예수님이 긍휼한 마음으로 인간을 구원하신 것처럼 예수님의 마음을 닮아 긍휼한 마음을 가지고 이웃을 도울 수 있다.

본문말씀 : 누가복음 10:25-37

본과를 소개합니다

이번 과에서는 예수님이 죄인들을 향해 가지셨던 그 긍휼한 마음을 청소년들에게 갖게 하는데 그 목적이 있습니다. 하나님을 모르는 사람도 다른 사람들을 향해 불쌍히 여기는 마음을 가질 수 있으나 그것은 자기의 의를 드러내는 것으로 죄된 행위라고 볼 수 있습니다. 본 과를 통해 긍휼히 여기는 마음은 예수 그리스도의 십자가에서의 죽음을 통해 얻게 된 것만이 참된 것이며, 그렇게 얻은 것만이 함께 기쁨과 감사를 느낄 수 있는 것임을 아는 기회가 되었으면 합니다.

• Story of Life

긍휼의 의미에 대해 이야기해 보세요.

당신이 알고 있는 그리스도인 가운데 긍휼이 넘치는 사람이 있는지 생각해 보세요. 그 사람의 어떤 면이 다른 사람과 구별됩니까?

긍휼은 상대방을 불쌍히 여기는 마음으로 상대방에 대해 공감하고 이해하는 감정입니다. 이 마음은 인간의 전인적 인격을 만드는 청소년 시기에 매우 중요한 감정이라 할 수 있습니다. 청소년 시기는 다른 사람과의 경쟁에서 이기는 우월한 영웅심이나 승리감을 더 중요시하는 시기라고 할 수 있습니다. 그것은 다른 사람에게 주목의 대상이 되기 때문입니다. 다른 친구들과 눈에 보이는 비교우위가 나타나면 일단 그 사람은 부러움의 대상이 되고 본인 역시 다른 친구들보다 우월 의식을 가지게 됩니다. 때로는 부모들 역시 이런 마음을 부추겨 작은 영웅을 만들어 버립니다.

하지만 이러한 감정과 함께 청소년 시기에 꼭 갖추어야 할 성품이 '긍휼'입니다. 긍휼히 여기는 마음은 이미 청소년기 이전에 만들어지는 것이지만 본인의 자아를 가지고 생활 속에서 적용을 하는 시기는 청소년 시기라고 할 수 있습니다. 특히 중학생은 매우 중요한 시기라고 할 수 있습니다.

학생들이 주위에 긍휼이 넘치는 사람을 언급할 때 좀 더 구체화시켜 모델로 삼을 수 있도록 해주세요. 특히 예수님이 죄인을 사랑하시는 그 긍휼의 마음을 알려주시기 바랍니다.

• Talk Talk about Life

하나님의 긍휼

1. 성경에서 긍휼의 본을 보이신 분은 누구인가요?(롬 5:8)

롬 5:8 "우리가 아직 죄인 되었을 때에 그리스도께서 우리를 위하여 죽으심으로 하나님께서 우리에 대한 자기의 사랑을 확증하셨느니라."

예수님은 긍휼의 마음을 직접 실행에 옮기심으로 사랑을 확증하신 분입니다. 우리 역시 긍휼의 마음을 갖는 것은 중요하지만, 그 마음을 실행에 옮기는 것이 더 중요합니다. 예수님은 그의 생애 전체뿐 아니라 죽음에 이르기까지 죄인들을 향한 긍휼의 마음뿐이셨습니다.

2. 하나님의 긍휼하심의 결과가 무엇인가요?(애 3:22)

애 3:22 "여호와의 인자와 긍휼이 무궁하시므로 우리가 진멸되지 아니함이니이다."

우리는 생명을 얻게 되었습니다. 하나님의 긍휼하심으로 독생자 아들이 우리를 대신해 죽으셨고, 그 결과로 우리가 영생을 얻게 되었습니다.

• Standard of Life

본문탐구

"어떤 율법교사가 일어나 예수를 시험하여 이르되 선생님 내가 무엇을 하여야 영생을 얻으리이까 예수께서 이르시되 율법에 무엇이라 기록되었으며 네가 어떻게 읽느냐 대답하여 이르되 네 마음을 다하며 목숨을 다하며 힘을 다하며 뜻을 다하여 주 너의 하나님을 사랑하고 또한 네 이웃을 네 자신 같이 사랑하라 하였나이다 예수께서 이르시되 네 대답이 옳도다 이를 행하라 그러면 살리라 하시니 그 사람이 자기를 옳게 보이려고 예수께 여짜오되 그러면 내 이웃이 누구니이까 예수께서 대답하여 이르시되 어떤 사람이 예루살렘에서 여리고로 내려가다가 강도를 만나매 강도들이 그 옷을 벗기고 때려 거의 죽은 것을 버리고 갔더라 마침 한 제사장이 그 길로 내려가다가 그를 보고 피하여 지나가고 또 이와 같이 한 레위인도 그 곳에 이르러 그를 보고 피하여 지나가되 어떤 사마리아 사람은 여행하는 중 거기 이르러 그를 보고 불쌍히 여겨 가까이 가서 기름과 포도주를 그 상처에 붓고 싸매고 자기 짐승에 태워 주막으로 데리고 가서 돌보아 주니라 그 이튿날 그가 주막 주인에게 데나리온 둘을 내어 주며 이르되 이 사람을 돌보아 주라 비용이 더 들면 내가 돌아올 때에 갚으리라 하였으니 네 생각에는 이 세 사람 중에 누가 강도 만난 자의 이웃이 되겠느냐 이르되 자비를 베푼 자니이다 예수께서 이르시되 가서 너도 이와 같이 하라 하시니라"(눅 10:25-37).

1. 강도를 만난 자의 이웃은 누구인가요?(눅 10:37)

눅 10:37 "이르되 자비를 베푼 자니이다 예수께서 이르시되 가서 너도 이와 같이 하라 하시니라."

2. 제사장과 레위인이 강도 만난 사람을 피해 간 이유는 무엇인가요?

강도 만난 자가 있던 곳은 황폐한 길이었기에 강도가 출몰하기 안성맞춤이며, 일단 사람들이 경계하는 곳이었습니다. 그런데 그 길에서 어떤 사람이 강도를 만났고 그 광경을 본 제사장과 레위인은 두려움에 쌓였을 것입니다. 거기다가 옷이 벗겨지고 심하게 폭행을 당해 이미 죽었다고 생각할 수도 있었습니다. 만약 그가 죽었다면 율법(레 21:1 이하)에 의해 시체에 가까이 갈 수 없기에 더욱 그 강도 만난 자를 멀리하는 명분이 될 수 있었습니다. 그들은 율법을 핑계로 강도 만난 자는 자신과 상관없다고 생각했습니다. 그래서 결국 강도 만난 자를 외면하게 되었습니다. 그들은 도움이 필요한 사람을 외면했고, 그들에게 는 긍휼의 마음이 없었습니다.

3. 우리가 어려운 이웃에 처한 사람을 피해 간다면 이유는 무엇인가요?

혹시 내가 피해를 보거나 복잡한 일에 연루되기 싫거나 나와는 상관없는 일이라고 생각할 수 있습니다. 또 강도 만난 사람은 그럴 수 있다고 잘못 생각할 수도 있습니다.

4. 사마리아인이 강도 만난 사람을 보고 어떻게 행동했나요?(눅 10:33-35)

눅 10:33-35 "어떤 사마리아 사람은 여행하는 중 거기 이르러 그를 보고 불쌍히 여겨 가까이 가서 기름과 포도주를 그 상처에 붓고 싸매고 자기 짐승에 태워 주막으로 데리고 가서 돌보아 주니라 그 이튿날 그가 주막 주인에게 데나리온 둘을 내어 주며 이르되 이 사람을 돌보아 주라 비용이 더 들면 내가 돌아올 때에 갚으리라 하였으니."

• Change of Life

긍휼의 마음 갖기

1. 학교나 교회에서 긍휼의 마음을 갖게 하는 친구들이 있는지 나누어 보세요.

학교나 교회에서 왕따나 소외를 당하거나 어려움에 처한 친구들이 있는지 나누어 보고 그 친구들을 도울 수 있다면 어떻게 도울지 구체적으로 방법을 찾아봅니다. 학생들이 구체적인 방법으로 친구들을 돕고 성취감을 가질 수 있도록 도와주세요.

2. 가까운 주변 이웃을 포함해 사회적으로 긍휼의 마음을 갖게 하는 이웃들이 있는지 나누어 보세요.

학교나 교회 현장을 벗어나 사회적으로 긍휼한 마음을 갖게 하는 이웃들은 고아, 장애우, 다문화가족(친구), 새터민가족(친구), 한부모가족(미혼모가족), 이혼가족 등이 있습니다. 학생들이 이들을 구체적으로 도울 수 있는 사례들이 나올 수 있으면 좋겠습니다. 단회적인 행사가 아니라 학생들이 지속적으로 관심을 갖고 생활화가 될 수 있도록 도움이 필요할 것입니다. 교회적인 행사를 한다고 하면 예를 들어 그들과 함께하는 친구 초대의 밤, 야외예배, 야외놀이(놀이공원), 봉사활동 등이 있을 수 있습니다. 반별 활동이나 개인적인 활동을 할 때는 너무 종교적인 행사는 지양하는 것이 좋을 것입니다. 행사나 활동에 분명한 목적을 가지고 복음을 전할 것인지, 함께 관계를 맺을 것인지를 분명히 정해 거기에 맞는 프로그램으로 진행하면 좋을 것입니다.

3. 그리스도인이라면 반드시 가져야 할 긍휼의 마음이 있습니다. 그것은 무엇일까요?

딤후 4:2 (항상 복음을 전파함)

"너는 말씀을 전파하라 때를 얻든지 못 얻든지 항상 힘쓰라 범사에 오래 참음과 가르침으로 경책하며 경계하며 권하라."

요 3:16-17 (복음을 증거하고 예수 그리스도를 믿게 함)

"하나님이 세상을 이처럼 사랑하사 독생자를 주셨으니 이는 그를 믿는 자마다 멸망하지 않고 영생을 얻게 하려 하심이라 하나님이 그 아들을 세상에 보내신 것은 세상을 심판하려 하심이 아니요 그로 말미암아 세상이 구원을 받게 하려 하심이라."

• Decision of Life

예수님은 긍휼의 마음을 직접 실행에 옮기심으로 사랑을 확증하신 분입니다. 우리가 긍휼의 마음을 갖는 것과 그 마음을 실행에 옮기는 것은 매우 중요한 믿음의 행위이며 몸으로 보여주는 신앙의 고백입니다. 예수님은 그의 생애 전체뿐 아니라 죽음에 이르기까지 죄인들을 향한 긍휼의 마음뿐이셨습니다.

'누가 나의 이웃이고 친구인가' 라는 질문에서 나에게 도움을 주고 내 영역을 침해하지 않는 사람들만 이웃이고 친구가 아니라, 예수님이 주시는 마음으로 이웃과 친구를 바라보며 애통한 마음, 불쌍한 마음이 든다면 그가 바로 나의 이웃이고 친구입니다. 예수님을 떠난 긍휼의 마음은 나의 의를 드러내는 죄된 마음이지만, 예수님이 주시는 긍휼의 마음은 세상에서 가장 아름다운 사랑의 관계를 만들어주는 고리역할을 해줍니다.

제12과 섬김

신앙편

학습목표 : 성경에서 말하는 섬김의 개념을 알고 행할 수 있다.

중심진리 : 예수님이 오신 것은 섬김을 받으려 함이 아니요 섬기기 위해 오신 것임을 알 수 있다.

본문말씀 : 마가복음 10:35-45

본과를 소개합니다

이번 과에서는 예수께서 이 땅에 오신 것은 섬김을 받으려 함이 아니요 도리어 섬기러 오신 것임을 알게 하는데 그 목적이 있습니다. 섬기는 일은 쉬운 것이 아닙니다. 자기의 의는 완전히 죽어야 합니다. 대가도 없습니다. 그리고 고난도 따릅니다. 본 과를 통해 섬김의 본을 보여주신 예수님의 삶을 보며 그럼 우리는 어떻게 살아야 하는지를 아는 기회가 되었으면 합니다.

• Story of Life

'섬김' 이라는 단어를 들을 때 어떤 생각이 드는지 이야기해 보세요.

빌립보서 2장 5절에 나오는 그리스도 예수의 마음이 무엇인지 이야기해 보세요.

섬김의 사전적 의미는 '신이나 윗사람을 모시어 받들다'라는 뜻을 가지고 있습니다. 섬김은 자기의 의를 드러내지 않고 오로지 상대방이 원하는 것을 스스로 알아 채워주는 것입니다. 우리는 섬김을 생각할 때 어느 정도의 자존심은 남겨두고 상대방을 섬기려 합니다. 그리고 그 마지막 남은 자존심을 건드리면 섬김을 포기합니다. 하지만 섬김은 신을 섬기는 마음으로 자기의 의는 전혀 드러나지 않는 것입니다. 오로지 섬김을 받는 존재를 위해 최선을 다하는 것입니다.

빌립보서에 나오는 예수님의 마음을 보면 섬김의 의미를 더욱 분명히 알 수 있습니다. 예수님은 곧 하나님이셨지만 그분의 지위를 버리시고 보잘것없는 피조물, 그것도 죽을 수밖에 없는 추악한 죄인을 위해 죽으러 오셨습니다. 이보다 큰 섬김의 모습은 없습니다. 사실 예수님의 섬김의 모습은 우리가 생각하는 섬김보다 더 큰 것입니다. 우리는 과연 친구를 위해 대신 죽을 수 있을까요? 우리는 친구를 위해 밥 한 끼를 굶거나 또는 몇 정거장을 걸어서 동행해줄 수는 있지만 친구를 위해 자신의 남은 인생을 포기하고 대신 죽어줄 수는 없습니다. 하지만 예수님은 창조주 하나님의 모든 지위를 버리시고 우리(나)를 위해 대신 죽으셨습니다. 이것이 섬김의 기본 자세입니다.

• Talk Talk about Life

예수님의 섬김

1. 당신이 알고 있는 그리스도인 중에 섬김의 본을 보여준 사람이 있습니까? 있다면 어떻게 섬기고 있는지 이야기해 보세요.

사례를 이야기할 때 예수님의 섬김을 기준으로 삼으면 사례가 나오지 않을 것입니다. 아주 작은 섬김의 사례라도 나오면 그것을 소중히 여기고 그 섬김의 태도를 따를 수 있도록 격려해주는 것이 필요합니다.

2. 하나님과 동등한 분이신 예수께서 섬기는 종으로 오시기 위해 지불한 대가는 무엇인가요?(빌 2:6-8)

빌 2:6-8 "그는 근본 하나님의 본체시나 하나님과 동등됨을 취할 것으로 여기지 아니하시고 오히려 자기를 비워 종의 형체를 가지사 사람들과 같이 되셨고 사람의 모양으로 나타나사 자기를 낮추시고 죽기까지 복종하셨으니 곧 십자가에 죽으심이라."

예수님은 하나님으로서 누릴 모든 지위와 영광을 전부 버리셨습니다. 섬김은 내가 가지고 있는 것을 버리는 것에서부터 시작합니다.

3. 요한복음 13장에는 예수님이 제자들의 발을 씻기시는 장면이 나옵니다. 이처럼 예수님은 오늘도 우리에게 제자들과 똑같이 말씀을 통해 발을 씻어주고 계십니다. 이에 우리는 어떻게 섬김의 모습을 보일 것인지 서로 이야기해 보세요.

• Standard of Life

본문탐구

"세베대의 아들 야고보와 요한이 주께 나아와 여짜오되 선생님이여 무엇이든지 우리가 구하는 바를 우리에게 하여 주시기를 원하옵나이다 이르시되 너희에게 무엇을 하여 주기를 원하느냐 여짜오되 주의 영광중에서 우리를 하나는 주의 우편에, 하나는 좌편에 앉게 하여 주옵소서 예수께서 이르시되 너희는 너희가 구하는 것을 알지 못하는도다 내가 마시는 잔을 너희가 마실 수 있으며 내가 받는 침례(세례)를 너희가 받을 수 있느냐 그들이 말하되 할 수 있나이다 예수께서 이르시되 너희는 내가 마시는 잔을 마시며 내가 받는 침례(세례)를 받으려니와 내 좌우편에 앉는 것은 내가 줄 것이 아니라 누구를 위하여 준비되었든지 그들이 얻을 것이니라 열 제자가 듣고 야고보와 요한에 대하여 화를 내거늘 예수께서 불러다가 이르시되 이방인의 집권자들이 그들을 임의로 주관하고 그 고관들이 그들에게 권세를 부리는 줄을 너희가 알거니와 너희 중에는 그렇지 않을지니 너희 중에 누구든지 크고자 하는 자는 너희를 섬기는 자가 되고 너희 중에 누구든지 으뜸이 되고자 하는 자는 모든 사람의 종이 되어야 하리라 인자가 온 것은 섬김을 받으려 함이 아니라 도리어 섬기려 하고 자기 목숨을 많은 사람의 대속물로 주려 함이니라"(막 10:35-45).

1. 우리가 섬김의 삶을 살아야 하는 이유는 무엇입니까?(막 10:45)

막 10:45 "인자가 온 것은 섬김을 받으려 함이 아니라 도리어 섬기려 하고 자기 목숨을 많은 사람의 대속물로 주려 함이니라."

예수님이 직접 섬김의 삶을 사셨기 때문입니다.

2. 예수님의 제자들 사이에서 '누가 더 큰 자인가?' 에 대한 다툼이 일어납니다. 예수님은 이 갈등을 어떻게 해결하셨습니까?(막 10:44-45)

막 10:44-45 "너희 중에 누구든지 으뜸이 되고자 하는 자는 모든 사람의 종이 되어야 하리라 인자가 온 것은 섬김을 받으려 함이 아니라 도리어 섬기려 하고 자기 목숨을 많은 사람의 대속물로 주려 함이니라."

3. 섬김의 뒤에는 무엇이 따라옵니까?(막 10:40)

____

____

____

막 10:40 "내 좌우편에 앉는 것은 내가 줄 것이 아니라 누구를 위하여 준비되었든지 그들이 얻을 것이니라."

섬김은 결코 쉽지 않습니다. 속으로 '한번쯤 해볼 수 있겠다'라고 생각해서 할 수 있는 것이 아닙니다. 섬김은 내 의를 완전히 죽이는 것이고 날마다 자기 십자가를 지는 고난의 길입니다. 섬김의 과정에서 경험하는 가장 보편적인 실망이 있다면, 당장 보상이 주어지지 않는다는 것입니다. 섬김에는 노력의 대가가 주어지지 않습니다. 하지만 하나님은 섬기는 자들을 위해 영광의 자리를 마련해 두십니다. 그것은 예수님이 받으신 영광을 통해서도 알 수 있습니다. 그러기에 주님은 고난도 기꺼이 감수하셨고, 우리보다 먼저 섬김의 모습을 보여주셨습니다.

• Change of Life

섬김의 마음 갖기

1. 빌립보서에서 말하는 섬김의 자세는 무엇인가요?(빌 2:2-4)

빌 2:2-4 "마음을 같이하여 같은 사랑을 가지고 뜻을 합하며 한마음을 품어 아무 일에든지 다툼이나 허영으로 하지 말고 오직 겸손한 마음으로 각각 자기보다 남을 낫게 여기고 각각 자기 일을 돌볼뿐더러 또한 각각 다른 사람들의 일을 돌보아 나의 기쁨을 충만하게 하라."

성경에서 말하는 것처럼 섬김은 한마음으로 뜻을 합하여 서로 진실하게 대하고, 겸손한 마음으로 나보다 남을 높게 여기는 것입니다. 또 자신뿐 아니라 다른 사람들의 필요를 채워주는 것입니다.

2. 에바브로디도는 바울과 빌립보 교인들을 어떻게 섬겼습니까?(빌 2:25-30)

빌 2:25-30
"그러나 에바브로디도를 너희에게 보내는 것이 필요한 줄로 생각하노니 그는 나의 형제요 함께 수고하고 함께 군사 된 자요 너희 사자로 내가 쓸 것을 돕는 자라 그가 너희 무리를 간절히 사모하고 자기가 병든 것을 너희가 들은 줄을 알고 심히 근심한지라 그가 병들어 죽게 되었으나 하나님이 그를 긍휼히 여기셨고 그뿐 아니라 또 나를 긍휼히 여기사 내 근심 위에 근심을 면하게 하셨느니라 그러므로 내가 더욱 급히 그를 보낸 것은 너희로 그를 다시 보고 기뻐하게 하며 내 근심도 덜려 함이니라 이러므로 너희가 주 안에서 모든 기쁨으로 그를 영접하고 또 이와 같은 자들을 존귀히 여기라 그가 그리스도의 일을 위하여 죽기에 이르러도 자기 목숨을 돌보지 아니한 것은 나를 섬기는 너희의 일에 부족함을 채우려 함이니라."

에바브로디도는 빌립보 교인들이 바울을 섬기라고 보낸 사랑스러운 형제였습니다. 그는 복음을 전하는 일을 하다가 병에 걸려 죽을 뻔한 일을 교인들이 알고 있다는 것을 몹시 걱정했습니다. 바울 역시 그 일을 몹시 걱정했지만 하나님께서 근심을 덜어주셨습니다. 바울이 그를 교인들에게 돌려보내면서 그를 기뻐하며 존경하라고 권면합니다. 빌립보서 말씀을 보며 바울과 에바브로디도 그리고 교인들이 서로 얼마나 존중하며 섬기고 있는지 말씀을 통해서 충분히 알 수 있습니다.

3. 이번 주에 내가 섬길 대상이 누구인지를 정해서 그를 어떻게 섬길 것인지 나누어 보세요.

____

____

____

• Decision of Life

예수님은 "인자가 온 것은 섬김을 받으려 함이 아니라 도리어 섬기려 하고 자기 목숨을 많은 사람의 대속물로 주려 함이니라."(막 10:45)고 말씀하셨습니다. 그렇다면 예수님을 따르기로 작정한 우리 역시 이 말씀대로 살아야 합니다.

섬김은 결코 쉽지 않습니다. 속으로 '한번쯤 해볼 수 있겠다' 라고 생각해서 할 수 있는 것이 아닙니다. 섬김은 내 의를 완전히 죽이는 것이고 날마다 자기 십자가를 지는 고난의 길입니다. 섬김의 과정에서 경험하는 가장 보편적인 실망이 있다면, 당장 보상이 주어지지 않는다는 것입니다. 섬김에는 노력의 대가가 주어지지 않습니다. 하지만 하나님은 섬기는 자들을 위해 영광의 자리를 마련해 두십니다. 그것은 예수님이 받으신 영광을 통해서도 알 수 있습니다. 그러기에 주님은 고난도 기꺼이 감수하셨고, 우리보다 먼저 섬김의 모습을 보여주셨습니다.

TEEN TEEN POWER IN JESUS

청·소·년·핵·심·공·과

틴틴파워 인지저스 5권

생활편

1단원 내면의 공간(나)	제1과 내 능력 | 제2과 내 수치(부끄러움) | 제3과 나(자신) 용서하기
2단원 가정의 공간(가정)	제4과 가정의 능력 | 제5과 가정의 수치(부끄러움) | 제6과 가정 용서하기
3단원 생활의 공간(학교)	제7과 학교의 능력 | 제8과 학교의 수치(부끄러움) | 제9과 학교 용서하기
4단원 미래의 공간(사회)	제10과 사회의 능력 | 제11과 사회의 수치(부끄러움) | 제12과 사회 용서하기

Introduce

단원주제	내면의 공간(나)
단원해설	우리는 자신이 어디에서 왔으며 그리스도 안에서 할 수 있는 능력들에는 어떤 것이 있는지 개발하고 찾아낼 필요가 있습니다. 또 자신의 존재와 상관없이 끊임없이 사람들에게 비난을 받고, 부끄럽고 수치스러운 존재라는 소리를 들어온 자신에게 나는 부끄럽고 수치스러운 존재가 아니라 훌륭한 하나님의 자녀라는 것을 아는데 목적이 있습니다. 우리는 하나님의 자녀임에도 불구하고 자부심을 갖고 당당하게 살지 못하고, 사람들에게 조금이라도 부정적인 말을 듣게 되면 의기소침해지고 자기 스스로를 속여가며 정말 아무 가치없는 존재라고 생각하며 사는 경우가 많습니다. 하지만 그것은 원수가 우리와 하나님과의 관계를 끊어 놓기 위한 계략에 불과한 것임을 알아야 합니다.
중심구절	"내 영혼아 여호와를 송축하라 내 속에 있는 것들아 다 그의 거룩한 이름을 송축하라 내 영혼아 여호와를 송축하며 그의 모든 은택을 잊지 말지어다 그가 네 모든 죄악을 사하시며 네 모든 병을 고치시며 네 생명을 파멸에서 속량하시고 인자와 긍휼로 관을 씌우시며 좋은 것으로 네 소원을 만족하게 하사 네 청춘을 독수리 같이 새롭게 하시는도다"(시 103:1-5).
단원학습목표	본 단원에서는 하나님이 나를 자유케 하셨기에 자유함을 누릴 수 있음을 안다.
단원핵심정리	하나님이 나를 자유케 하셨기에 나는 스스로의 속박에서 벗어나 기쁨과 감사의 생활을 할 수 있다.

1 단원

생활편

내면의 공간 (나)

단원소개

본 단원은 자신의 내면의 공간에서 정체감을 찾고 그 정체감 중심에 예수 그리스도를 모심으로 자신의 능력을 개발하고 하나님께서 주시는 기쁨과 감사함으로 자신을 세워 가는데 그 목적이 있습니다. 또한 하나님이 주시는 은혜와 용서를 경험함으로 어느 누구도 자신을 정죄하지 못함을 알게 될 것입니다.

생활편

제1과 내 능력

학습목표 : 자신이 할 수 있는 모든 일은 하나님 안에서 가능한 것임을 안다.

중심진리 : 자신이 할 수 있는 모든 능력은 하나님께서 주신 것임을 알 수 있다.

본문말씀 : 빌립보서 4:9-13

본과를 소개합니다

이번 과에서는 자신이 어디에서 왔으며 그리스도 안에서 자신이 할 수 있는 능력은 어떤 것이 있는지 개발하고 찾아내는데 그 목적이 있습니다. 요즈음 청소년들은 예전에 비해 깊이 생각하는 것에 익숙하지 않은 편입니다. 그것은 다시 말해 생각하기 싫어하고, 모든 것을 즉흥적이고 순간순간의 감정에 의해 처리해버리는 경향이 많다는 것입니다. 그리고 포기도 매우 빠른 편입니다. 이 포기는 내가 할 수 없는 일에 대한 포기가 아니라 생각하기 싫거나 본인이 남에게 받아들여지지 않는다고 생각하거나 만사가 귀찮아질 때 하는 포기입니다. 많은 청소년들이 이러한 가치를 가지고 있습니다. 이것은 기독 학생이라고 하더라도 크게 다르지 않습니다. 본 과를 통해 그리스도의 도움으로 우리가 어떤 능력들을 발휘할 수 있을지 알고 깨닫는 기회가 되었으면 합니다.

• Story of Life

장래에 내가 가지고 싶은 직업은 무엇인지 나누어 보세요.

장래의 직업을 갖기 위해 어떻게 노력하고 무엇을 준비해야 하는지 나누어 보세요.

요즈음 청소년들은 예전에 비해 깊이 생각하는 것에 익숙하지 않은 편입니다. 그것은 다시 말해 생각하기 싫어하고, 모든 것을 즉흥적이고 순간순간의 감정에 의해 처리해 버리는 경향이 많다는 것입니다. 그리고 포기도 매우 빠른 편입니다. 이 포기는 내가 할 수 없는 일에 대한 포기가 아니라 생각하기 싫거나 본인이 남에게 받아들여지지 않는다고 생각하거나 만사가 귀찮아질 때 하는 포기입니다. 많은 청소년들이 이러한 가치를 가지고 있습니다. 이것은 기독 학생이라고 하더라도 크게 다르지 않습니다.

자신이 가지고 있는 달란트를 아는 것은 자신의 인생을 설계하는데 매우 중요합니다. 하지만 위와 같은 생각을 가지고 있는 학생들이라면 자신의 달란트를 스스로 발견하기가 매우 어렵습니다. 어떤 문제를 놓고 진지하게 깊이 생각하는 훈련이 되어 있지 않은 학생들에게 미래의 꿈을 물어봐도 매우 추상적인 대답을 하거나 자신의 상황과 전혀 다른 남이 노력해서 이루는 꿈들을 자신도 막연히 갖고 싶다는 이야기를 하는 편입니다. 이런 괴리를 신앙 안에서 구체화시켜주는 것이 필요합니다.

• Talk Talk about Life

내 능력

지금 현재 내 위치에서 하고 싶은 일이 있다면 무엇인가요?

____

____

____

내가 할 수 있는 일에는 무엇이 있을까요?

____

____

____

내가 하고 싶지만 할 수 없는 일은 무엇이 있나요?

____

____

위의 질문에 학생들이 막연해하거나 추상적인 대답을 할 경우 학생들의 상황에 맞게 구체화시켜줄 필요가 있습니다. 하고 싶은 일에 대한 질문에서 자신의 상황과 상관없이 그것이 좋아 보이거나 멋있어 보이면 그것을 원하거나 동경해서 대답하는 경우가 많습니다. 하고 싶은 일이 있다고 그것을 무조건 하나님께서 허락해주실 것이라는 막연한 신념을 갖게 해서도 안될 것입니다. 먼저 하고 싶은 일에 대한 동기를 하나님 앞에서 분명히 하고 다른 사람에게 덕이 되는지 해가 되는지를 알고 그 일을 이룰 수 있도록 최선을 다하는 과정을 강조해야 합니다.

할 수 있는 일이 있다면 그 일을 더 발전시킬 수 있도록 격려해줄 필요가 있습니다. 단, 모든 것은 하나님 안에서 가능하며 지금 자신이 할 수 있는 일 역시 하나님께서 허락하신 일임을 알게 해야 합니다.

하고 싶지만 할 수 없는 일이 있다면 지금 현재는 기회가 아닐 수 있습니다. 포기하지 않는 꿈을 갖게 하되, 그것이 자신의 욕심에 의한 것이라면 하나님 안에서 포기하게 하는 일도 필요합니다.

• Standard of Life

본문탐구

"너희는 내게 배우고 받고 듣고 본 바를 행하라 그리하면 평강의 하나님이 너희와 함께 계시리라 내가 주 안에서 크게 기뻐함은 너희가 나를 생각하던 것이 이제 다시 싹이 남이니 너희가 또한 이를 위하여 생각은 하였으나 기회가 없었느니라 내가 궁핍하므로 말하는 것이 아니니라 어떠한 형편에든지 나는 자족하기를 배웠노니 나는 비천에 처할 줄도 알고 풍부에 처할 줄도 알아 모든 일 곧 배부름과 배고픔과 풍부와 궁핍에도 처할 줄 아는 일체의 비결을 배웠노라 내게 능력 주시는 자 안에서 내가 모든 것을 할 수 있느니라"(빌 4:9-13).

하나님께서 나에게 주신 달란트가 있다면 무엇인지 나누어 보세요.

빌립보서 4장 13절의 "내게 능력 주시는 자 안에서 내가 모든 것을 할 수 있느니라"는 말씀의 의미는 무엇인가요?

사도 바울은 복음을 증거하는 일에 수많은 능력과 이적들을 보였습니다. 반면에 사도 바울만큼 복음을 전하면서 고난을 받은 사람도 없을 것입니다. 사도 바울은 하나님을 자신이 원하면 모든 것을 주는 요술램프나 슈퍼맨으로 생각하지 않았습니다. 사도 바울은 전능하신 하나님을 만능 슈퍼맨으로 본 것이 아니라 가늠할 수 없을 만큼 존엄하고 지존하신, 스스로 계신 창조주이자 심판주, 처음과 마지막으로 보았습니다.

사도 바울은 비천에 처했을 때도 하나님을 보았고, 풍부에 처했을 때도 하나님을 보았고, 배부를 때도 하나님을 보았고, 배고플 때도 하나님을 보았습니다. 그리고 그 하나님으로 인해 항상 감사하고 기뻐할 수 있었습니다. 이것은 상황에 따라 하나님 앞에 환경을 바꾸어 달라는 기도와는 다른 차원의 성숙한 모습이었습니다. 사도 바울이 가졌던 능력은 어떠한 상황에 있든지간에 하나님과 함께 있었다는 것입니다.

이사야 41장 10절과 욥기 8장 7절을 묵상하며 하나님께서 자신에게 어떤 격려를 하셨는지 나누어 보세요.

사 41:10 "두려워하지 말라 내가 너와 함께 함이라 놀라지 말라 나는 네 하나님이 됨이라 내가 너를 굳세게 하리라 참으로 너를 도와 주리라 참으로 나의 의로운 오른손으로 너를 붙들리라."

욥 8:7 "네 시작은 미약하였으나 네 나중은 심히 창대하리라."

• Change of Life

내 한계 극복하기

내가 하고 싶은 일에 도움을 받는다면 어떤 도움을 받고 싶은가요?

내가 주위의 도움을 받는다면 어떤 일을 할 수 있을까요?

• Decision of Life

사람들은 저마다 가지고 있는 능력들이 있습니다. 그리고 그 능력을 가지고 인생을 살아갑니다. 능력이 많은 사람도 있고, 능력이 다른 사람보다 한참 모자라는 사람도 있습니다. 그 능력들은 때로 자신과 다른 사람들에게 이로움이 되기도 하지만 해가 되어 상처를 주기도 합니다. 그리스도인들도 저마다 가지고 있는 능력들이 있습니다. 하지만 이 능력은 100% 하나님께서 주신 능력임을 알 필요가 있습니다. 그것을 모르면 그 능력은 하나님 앞에 죄된 모습으로 나타나기 때문입니다.

사도 바울은 자신의 능력이 무엇인지 충분히 알았던 사람이었습니다(빌 4:13). 사도 바울은 비천에 처했을 때도 하나님을 보았고, 풍부에 처했을 때도 하나님을 보았고, 배부를 때도 하나님을 보았고, 배고플 때도 하나님을 보았습니다. 그리고 그 하나님으로 인해 항상 감사하고 기뻐할 수 있었습니다. 이것은 상황에 따라 하나님 앞에 환경을 바꾸어 달라는 기도와는 다른 차원의 성숙한 모습이었습니다. 사도 바울이 가졌던 능력은 어떠한 상황에 있든지간에 하나님과 함께 있었다는 것입니다. 우리 자신도 우리에게 있는 능력을 충분히 알고 그것을 하나님 안에서 이룬다면 하나님이 사용하시는 귀한 일꾼이 될 것입니다.

제 2과 내 수치(부끄러움)

생활편

학습목표 : 나는 수치스러운 존재가 아니라 훌륭한 하나님의 자녀임을 안다.

중심진리 : 하나님을 앎으로 수치스러운 존재에서 벗어나 당당하고 훌륭한 하나님의 자녀로 성장할 수 있다.

본문말씀 : 로마서 8:1-2

본과를 소개합니다

이번 과에서는 내 존재의 참 의미와 상관없이 끊임없이 사람들에게 비난을 받고 부끄럽고 수치스러운 존재라는 소리를 들어온 자신에게 나는 부끄럽고 수치스러운 존재가 아니라 훌륭한 하나님의 자녀라는 것을 아는데 목적이 있습니다. 우리는 하나님의 자녀임에도 불구하고 자부심을 갖고 당당하게 살지 못하고 사람들에게 조금이라도 부정적인 말을 듣게 되면 의기소침해지고 자기 스스로를 속여 가며 정말 아무 가치없는 존재라고 생각하며 사는 경우가 많습니다. 하지만 그것은 원수가 우리와 하나님과의 관계를 끊어 놓기 위한 계략에 불과한 것임을 알아야 합니다. 우리가 느끼는 부끄러움은 거짓된 것이며 정작 느껴야 하는 부끄러움(수치)은 하나님을 알지 못하는 부끄러움이어야 합니다. 본 과를 통해 거짓된 부끄러움(수치)을 떨쳐 버리고 하나님 안에서 기쁨과 감사의 생활을 할 수 있는 기회가 되었으면 합니다.

• Story of Life

우리 모두는 끊임없이 비난에 둘러싸여 있습니다. 그 비난은 때로는 신랄하고 노골적이며 때로는 잠잠합니다. 그러나 소리없이 비난을 당한다고 해서 덜 고통스러운 것은 아닙니다. 우리 모두는 겉으로 드러내지는 않더라도 다른 사람들의 비난에 민감합니다. 자기 확신에 차 있는 사람이 비난을 가장 잘 견뎌낼 수 있습니다. 그들은 자기 자신을 옹호하고 타인의 말에 반박하며 자신에 대한 비난에 맞서 타인을 비난하는데, 이렇게 되면 그들을 비난한 사람이 잘못한 것처럼 되어 버립니다. "우리 언니는 자기 의견에 대해 너무 절대적이어서 언니의 의견에 동의하지 않는 사람은 오히려 죄책감을 느끼게 돼요!" "점점 언니 집에 가기 싫어져요. 언니 집을 나설 때면 언니는 으레 '뭐라구? 벌써 간단 말이야?' 라며 비난하는 말투로 말하기 때문에 죄책감이 들거든요." 비난뿐만 아니라 충고도 다른 사람을 깎아내릴 수 있습니다. 요구되지 않은 충고는 어떤 것이든 베일에 가려진 비난을 숨기고 있습니다. "내가 당신이라면 이런저런 식으로 할텐데"라는 말은 상대방의 행동 방식이 올바르지 않다는 점을 암시합니다. 그래서 많은 열성적인 부모들은 훌륭한 충고로 아이들을 무기력하게 만듭니다. 그들은 아이들로 하여금 스스로 올바른 행동 방식을 찾을 수 없다는 것을 깨닫게 하고, 아이들 마음속에 자신이 부족하다는 생각의 씨앗을 심어줍니다. 이와 유사하게 모든 훌륭한 권면은 죄책감을 불러 일으킵니다. "넌 이걸 해야 하고 또 저걸 해야해. 참아야 해. 버텨야 해. 받아들여야 해. 희망을 가져야 해. 싸워야 해…."그러면 마음이 약한 사람은 인내심과 희망이 없고 적절하게 대응하고 수용하지 못하는 자신에 대해 죄책감을 느끼게 됩니다.

(출처: 폴투르니에, ≪죄책감과 은혜≫, 도서출판 IVP)

• Talk Talk about Life

내 수치(부끄러움)

[Story of Life]의 글은 '죄책감과 은혜' 라는 책에 나오는 일부분입니다. 함께 읽고 그 의미를 나누어 보세요.

___

___

___

위의 글을 통해 알 수 있는 것은 비난은 결코 건설적이거나 그 사람을 위해서 하는 조언이나 권면이 아니라는 것입니다. 우리는 처음부터 죄의 노예였기 때문에 죄된 생각에 길들여져 있습니다. 하지만 그것은 하나님만이 정죄할 수 있는 것이지 사람이 정죄함으로 죄를 느끼는 것은 잘못된 것입니다. 하나님은 우리에게 죄인이라는 신분을 정죄하셨지 존재 자체에 대한 굴욕감으로 도저히 죄의 사슬에서 헤어나오지 못할 자괴감을 주지는 않으셨습니다.

스스로에게 불만스러운 일이 있거나 자신에게 수치스러운(부끄러운) 일이 있었다면 함께 나누어 보세요. 또 왜 그런 생각을 했는지 나누어 보세요.

___

___

___

사람은 누구나 자신에게 불만스러운 일이나 부끄러운 일은 감추고 싶다는 생각을 가질 수 있습니다. 그 자체가 문제가 아니라 그것으로 인해 내 자존감에 영향을 미치거나 인격 형성에 영향을 미친다면 문제가 될 수 있습니다. 우리가 어떤 현상에 대해 좀더 잘하고 싶은 마음으로 불만을 가질 수 있으나 존재 자체에 대한 불만이나 현상에 대한 불만에 지나치게 집착하게 되면 그것은 자신의 문제에 대한 불만을 갖기 이전에 이미 죄의 노예가 되어 버린 상태입니다.

자신이 남에게 감추고 싶은 것이 있다면 무엇인지 생각해 보세요. '자신의 행동'이나 '외모', '하는 말' 중에 찾아보고 몇 개나 되는지 세어 보세요.

내 행동 : ______________________

내 외모 : ______________________

내가 하는 말 : ______________________

남에게 감추고 싶은 것들의 대부분은 절대적인 기준이라고 할 수 없는 극히 상대적인 것이며 상황과 시대와 사람에 따라 얼마든지 바뀌는 것입니다. 감추고 싶은 것을 생각해 내도록 하는 것은 아픔을 자극시키려는 것이 아니라 그것을 서로에게 공개함으로 그 자체가 아무것도 아닌 것, 다시 말해 약점이나 부끄러운 것이 아니라는 것을 말하기 위함입니다.

• Standard of Life

본문탐구

"그러므로 이제 그리스도 예수 안에 있는 자에게는 결코 정죄함이 없나니 이는 그리스도 예수 안에 있는 생명의 성령의 법이 죄와 사망의 법에서 너를 해방하였음이라"(롬 8:1-2).

'예수 안에 있는 자에게는 결코 정죄함이 없다'는 말씀의 의미는 무엇인가요?

____

____

____

예수 그리스도를 믿지 않는 사람들은 그 믿지 않음으로 이미 죄인이라는 정죄함을 받았지만 예수 그리스도를 믿는 사람들은 예수 그리스도를 영접하는 순간 죄에서 자유함을 얻었기 때문에 어떤 생각과 행동에도 정죄함을 받지 않습니다. 물론 자신이 잘못된 행동을 했을 경우 그 행동에 대한 대가로 하나님과의 관계에서 해결해야 할 부분은 있지만 어느 누구에게도 비난이나 정죄함을 받을 필요는 없습니다. 하나님 앞에 완벽한 사람은 아무도 없기 때문입니다.

하나님도 정죄하지 않으시는 것을 인간이 마음에 들지 않는다고 정죄를 하면 어디에 속한 사람입니까?(롬 8:5-9)

롬 8:5-9 "육신을 따르는 자는 육신의 일을, 영을 따르는 자는 영의 일을 생각하나니 육신의 생각은 사망이요 영의 생각은 생명과 평안이니라 육신의 생각은 하나님과 원수가 되나니 이는 하나님의 법에 굴복하지 아니할 뿐 아니라 할 수도 없음이라 육신에 있는 자들은 하나님을 기쁘시게 할 수 없느니라 만일 너희 속에 하나님의 영이 거하시면 너희가 육신에 있지 아니하고 영에 있나니 누구든지 그리스도의 영이 없으면 그리스도의 사람이 아니라."

육신에 속한 자의 생각은 하나님과 원수가 됩니다.

• Change of Life

내 수치(부끄러움) 극복하기

사람들은 왜 자신의 부끄러움이나 수치를 감추려고 할까요?

사람들이 자신의 부끄러움이나 수치를 감추려고 하는 이유는 자신은 남들에 비해 괜찮은 사람(존재)이고 싶은 마음 때문입니다. 이것은 거꾸로 말해 자신의 연약하고 죄된 모습을 다른 사람들에게 들키고 싶지 않은 마음이 있기 때문입니다. 누구든지 자신을 비난하면 우리는 그것을 참기 힘들어 합니다. 하나님 앞에서는 벌레 같은 존재라고 고백하지만 그래도 사람 앞에서 만큼은 그런 소리를 듣고 싶지 않아 합니다. 하지만 그것은 오히려 자신을 스스로 속이는 결과를 가져 옵니다. 하나님 앞에서는 죄인이라고 하면서 사람들 앞에서는 괜찮은 존재라고 꾸미는 것은 자신을 스스로 힘들게 하는 것이며, 필요 이상의 에너지를 소모하는 결과를 초래하게 되고 괜찮은 존재로 보이기 위해 또 다른 거짓말을 해야 하고, 거기서 오는 괴리감으로 더 심한 죄책감을 가져 하나님께서 자유함을 주셨는데도 죄의식을 갖게 됩니다.

자신의 부끄러움과 수치를 극복하기 위해 어떤 방법이 필요할까요?

"그러므로 이제 그리스도 예수 안에 있는 자에게는 결코 정죄함이 없나니 이는 그리스도 예수 안에 있는 생명의 성령의 법이 죄와 사망의 법에서 너를 해방하였음이라."(롬 8:1-2)의 말씀처럼 어느 누구도 예수 그리스도 안에서 정죄할 수 없습니다. 오직 정죄는 하나님만이 하실 수 있습니다. 사람들이 나에게 하는 정죄는 죄된 것이며 자기 자신의 모습이 아닙니다. 죄된 인간이 자신의 기준에 맞지 않은 것을 마치 진리인 것처럼 속여 말을 하는 것입니다. 하나님께로부터 자유함을 얻었다면 나에게 있는 부끄러움, 수치 등은 더 이상 나의 약점이 아닙니다. 하나님 앞에 자유함이 있는 사람은 자신의 약점이 오히려 하나님을 영광스럽게 하는 은혜와 간증이 될 수 있습니다. 믿음은 결코 경쟁을 통해 얻어지는 것이 아니라 이해와 용납, 용서와 덮음, 기다려줌으로 얻어지는 것이며 성장하는 것입니다.

• Decision of Life

예수 그리스도를 믿지 않는 사람들은 그 믿지 않음으로 이미 죄인이라는 정죄함을 받았지만 예수 그리스도를 믿는 사람들은 예수 그리스도를 영접하는 순간 죄에서 자유함을 얻었기 때문에 어떤 생각과 행동에도 정죄함을 받지 않습니다. 물론 자신이 잘못된 행동을 했을 경우 그 행동에 대한 대가로 하나님과의 관계에서 해결해야 할 부분은 있지만 어느 누구에게도 비난이나 정죄함을 받을 필요는 없습니다. 인간이기에 나타나는 미성숙한 인격의 모습은 있을 수 있지만 예수 안에 있으면 그것조차도 덮고 이해하고 감싸주어야 합니다. 하나님 앞에 완벽한 사람은 아무도 없기 때문입니다.

제 3과 나(자신) 용서하기

생활편

학습목표 : 하나님이 나를 자유케 하셨기에 나는 자유함을 누릴 수 있다.

중심진리 : 하나님이 나를 자유케 하셨기에 나는 스스로의 속박에서 벗어나 기쁨과 감사의 생활을 할 수 있다.

본문말씀 : 시편 103:1-5

본과를 소개합니다

이번 과에서는 용서의 개념을 이해하고 자신은 불만이 가득한 존재가 아니라 훌륭한 하나님의 자녀라는 것을 아는데 목적이 있습니다. 우리는 하나님의 자녀임에도 불구하고 감사하지 못하고 아무 가치없는 존재라고 생각하며 사는 경우가 많습니다. 하지만 그것은 원수가 우리와 하나님과의 관계를 끊어 놓기 위해 계략한 것임을 알아야 합니다. 모든 판단은 하나님이 하십니다. 우리는 단지 하나님의 자녀로서 감사하며 최선을 다해 하나님의 영광을 위해 살아야 합니다. 본 과를 통해 자기 자신을 용서함으로 하나님 안에서 기쁨과 감사의 생활을 할 수 있는 기회가 되었으면 합니다.

• Story of Life

인간사란 것이 수수께끼 같이 난해할 때가 많습니다. 뻔히 나쁜 것인지 알면서도 그것을 하고 있는 우리를 발견할 때가 더러 있고, 어떤 경우는 용서할 마음이 있는데도 하지 못하고 괴로워하는 경우도 있는 것입니다. 사도 바울이 죄와 싸우는 인간의 이런 모습을 잘 표현해주고 있습니다.

"이제는 그것을 행하는 자가 내가 아니요 내 속에 거하는 죄니라 내 속 곧 내 육신에 선한 것이 거하지 아니하는 줄을 아노니 원함은 내게 있으나 선을 행하는 것이 없노라 내가 원하는 바 선은 행하지 아니하고 도리어 원하지 아니하는 바 악을 행하는도다 만일 내가 원하지 아니하는 그것을 하면 이를 행하는 자가 내가 아니요 내 속에 거하는 죄니라"(롬 7:17-20).

인간 마음 속에서 용서를 발견하는 것은 은혜인 동시에 신비입니다. 아놀드도 이렇게 말하고 있습니다. '아무리 명석하게 인간의 감정을 분석한다 해도 용서의 의지만큼은 만족스럽게 설명하지 못할 것이다'. 그러나 '나는 하고 싶어도 도저히 용서할 수 없다'는 식의 감정은 변명이 될 수 있습니다. '용서할 수 없다'와 '용서하지 않겠다'는 별 차이가 없는 말입니다. 용서는 우리 편에서의 선택과 하나님 편에서의 은혜를 다 포함하는 것입니다. 그렇다면 용서할 수 없거나 할 의도가 없는 우리 자신을 발견할 때 우리는 무엇을 할 수 있을까요? 기도하는 것 말고 도움이 되는 것이 있기나 한 것일까요? 용서의 씨앗이 자랄 수 있는 토양을 준비하기 위해 우리가 할 수 있는 일은 무엇일까요?

(출처: 요한 크리스토프 아놀드, ≪용서:잃어버린 기술≫, 쉴터)

• Talk Talk about Life

자신의 문제 들추기

내 안에 자신에 대한 불만이 있다면 어떤 것들이 있는지 나누어 보세요.

지금까지 자신의 문제나 불만을 어떻게 처리해 왔습니까?

Tip
생활 속에서 학생들이 겪는 문제를 나누면 좋을 것입니다. 교사가 더 좋은 방법을 가르쳐 준다고 잔소리식으로 권면을 하면 더 이상 공과진행이 안될 수 있습니다.

우리는 보통 기도할 때 다른 사람과 나와의 갈등이나 문제의 회복에 대해서는 많은 기도와 노력을 하지만, 자기 자신의 문제에 대해서는 간과하고 넘어가거나 문제로 인식하지 못하고 오히려 다른 사람에게 책임을 전가시키고 자신의 문제에 직면하기를 두려워하는 사람들이 있습니다. 때로 우리는 하나님과의 관계를 위해서라도 자기 자신을 정확하게 인지할 필요가 있습니다. 그래야 무엇을 버리고 무엇을 회개하고 감사할지를 알 수 있기 때문입니다.

• Standard of Life

본문탐구

"내 영혼아 여호와를 송축하라 내 속에 있는 것들아 다 그의 거룩한 이름을 송축하라 내 영혼아 여호와를 송축하며 그의 모든 은택을 잊지 말지어다 그가 네 모든 죄악을 사하시며 네 모든 병을 고치시며 네 생명을 파멸에서 속량하시고 인자와 긍휼로 관을 씌우시며 좋은 것으로 네 소원을 만족하게 하사 네 청춘을 독수리 같이 새롭게 하시는도다"(시 103:1-5).

내 영혼과 내 속에 있는 모든 것들의 본분은 무엇입니까?(시 103:1-2)

시 103:1-2 "내 영혼아 여호와를 송축하라 내 속에 있는 것들아 다 그의 거룩한 이름을 송축하라 내 영혼아 여호와를 송축하며 그의 모든 은택을 잊지 말지어다."

우리의 본분은 여호와를 송축하고 그의 은혜를 잊지 않는 것입니다. 이에 우리는 우리 스스로에게 불만을 가질 수 없습니다.

하나님은 우리를 어떻게 용서하셨습니까?(시 103:3-5)

시 103:3-5 "그가 네 모든 죄악을 사하시며 네 모든 병을 고치시며 네 생명을 파멸에서 속량하시고 인자와 긍휼로 관을 씌우시며 좋은 것으로 네 소원을 만족하게 하사 네 청춘을 독수리 같이 새롭게 하시는도다."

자신의 마음을 스스로 주장하게 되면 상황에 따라 마음의 변동이 심하게 됩니다. 우리가 평안하기 위해 마음을 어떻게 해야 합니까?(골 3:15)

골 3:15 "그리스도의 평강이 너희 마음을 주장하게 하라 너희는 평강을 위하여 한 몸으로 부르심을 받았나니 너희는 또한 감사하는 자가 되라."

• Change of Life

자기 자신 용서하기

자기 자신을 용서한다는 의미는 무엇이며, 자기 자신을 용서한다면 무엇을 용서할 수 있을까요?

자기 자신을 용서한다는 것은 현재 자기 자신의 모습을 받아들인다는 것과 같은 것입니다. 우리 인간은 항상 다른 사람과 비교하며 더 좋은 것을 얻기 위해 노력합니다. 그리고 그 노력은 서로간의 비교에서 나오는 것이며 그것은 욕심을 만들고 그 욕심은 죄로 발전합니다. 하나님께서 나를 지으셨을 때 다른 사람보다 탁월하며 월등하라고 만든 것이 아니라 하나님의 형상을 닮아 하나님을 찬양하고 영광을 돌리라고 만드셨습니다.

용서를 통해 얻을 수 있는 유익은 무엇이 있나요?

용서는 우리가 하겠다고 마음을 먹는다고 쉽게 할 수 있는 것이 아닙니다. 그럼에도 우리는 하나님의 명령이고 또 우리 자신의 성장을 위해 용서를 해야 합니다. 먼저 용서를 하면 우리 안에 자유함이 있습니다. 또 더 이상 죄를 짓지 않게 됩니다. 사람들은 행동에서 죄를 많이 짓기보다 반응에서 죄를 범하게 되는 경우가 많습니다. 여기서 바로 새로운 죄들이 계속 만들어지는 것입니다. 더 이상 죄를 짓지 않기 위해 우리는 용서를 해야 합니다.

우리가 자신을 용서해야 하는 이유는 무엇입니까?

우리가 용서하지 못하고 다른 사람이나 자기 자신에게 분을 품거나 화를 내면 결국 마귀에게 속아 죄를 짓게 되는 것입니다. 그렇게 되면 하나님과의 관계가 단절되고 자신도 마음이 점점 완악해져 죄에 죄를 더하게 됩니다. 사람은 죄를 지을 수 밖에 없는 연약한 존재이기에, 우리는 항상 용서할 준비가 되어 있어야 합니다. 용서는 다른 사람들의 태도와 반응에 따라 하는 것이 아니라 하나님과 나와의 관계를 위해서, 자신의 영적 성장을 위해서 해야 합니다. 용서받을 수 없는 사람이라는 판단은 하나님이 하실 것입니다. 우리는 하나님의 사랑으로 자신을 회복시키고, 심판은 하나님께 맡겨 두는 것이 바른 신앙인의 모습입니다.

하나님께 용서를 구하는 기도문을 써보세요.

"하나님 저는 무엇이든지 제 마음에 들지 않으면 무척 화가 납니다. 그리고 모든 것이 완벽해야 마음이 놓입니다. 하지만 완벽할 때가 그렇게 많지 않습니다. 그래서 항상 불만이고 짜증이 납니다. 키가 작고 뚱뚱한 외모도 마음에 들지 않습니다. 말을 함부로 하고 욕을 많이 하는 저 자신이 싫을 때가 많습니다. 그렇게 하지 않으려고 노력을 많이 하는데도 학교를 갔다오면 욕이 입에 베어 있습니다. 이런 저 자신이 싫을 때가 많습니다. 제 옆에 친구는 키도 크고 잘 생기고, 공부도 잘하고 말까지 잘합니다. 너무 부럽습니다. 하나님은 왜 걔만 이뻐하시는지 모르겠습니다. 짜증납니다.

하나님! 하지만 이제 그런 생각을 안하려고 합니다. 저도 생각해보면 꽤 괜찮은 아이인데 항상 남과 비교해서 못난 제 모습만 보였습니다. 그것이 창피했습니다. 하나님! 이제는 그렇게 하지 않으려고 합니다. 저 자신에게 만족하고 감사하며 살겠습니다. 때로는 불만스러웠던 제 모습을 인정하고 스스로를 용서하며 살겠습니다. 하나님! 이런 저의 못난 모습을 용서해주세요."

학생들이 자신을 용서한다는 것은 주로 자신의 내면의 문제이거나 성격, 외모에 대한 불만이 주를 이룰 것입니다. 학생들에게 충분한 시간을 주고 개인적으로 기도하는 시간을 주면 좋을 것입니다.

• Decision of Life

자기 자신을 용서한다는 것은 현재 자기 자신의 모습을 받아들인다는 것과 같은 것입니다. 우리 인간은 항상 다른 사람과 비교하며 더 좋은 것을 얻기 위해 노력합니다. 그리고 그 노력은 서로간의 비교에서 나오는 것이며 그것은 욕심을 만들고 그 욕심은 죄로 발전합니다. 하나님께서 나를 지으셨을 때 다른 사람보다 탁월하며 월등하라고 만든 것이 아니라, 하나님의 형상을 닮아 하나님을 찬양하고 영광을 돌리라고 만드셨습니다. 그렇다면 우리는 그 본분에 충실해야 합니다. 우리는 하나님으로 인해 만족하고 감사해야 합니다. 중요한 것은 내가 끊임없이 노력해서 성취감을 얻는 것이 아니라 내게 주어진 일을 충실히 행함으로 하나님과의 관계를 지속시키는 것입니다.

자신에게 불만이 있다는 것은 지금의 내 모습이 마음에 들지 않는다는 것입니다. 우리는 그 이유가 무엇인지 원인을 분명히 알아야 합니다. 자신의 욕심 때문인지 아니면 하나님을 모르기 때문이지 원인을 분명히 알고 거기에 맞게 행동해야 합니다.

Introduce

단원주제	가정의 공간(가정)
단원해설	신앙의 힘은 가족 구성원들의 사랑과 헌신, 포기와 양보 등을 통해 발휘될 수 있습니다. 하지만 현대 가정은 '대학입시' 라는 전제에 막혀 전인적인 교육보다 지식만 전달하는 교육으로 치우쳐 있고, 과정은 무시한채 최고의 자리에 무조건 올라야 하고 자신보다 연약한 친구는 돌봄과 배려의 대상이 아닌 경쟁에서 눌러 이겨야 하는 대상으로 가정에서 가르치고 있는 실정입니다. 본 과를 통해 하나님께서 허락하신 가정의 의미가 무엇이고 가정을 통해 무엇을 얻을 수 있는지 하나님께서 왜 가정을 소중히 여기셨는지를 알게 될 것입니다.
중심구절	"하나님이 우리를 사랑하시는 사랑을 우리가 알고 믿었노니 하나님은 사랑이시라 사랑 안에 거하는 자는 하나님 안에 거하고 하나님도 그의 안에 거하시느니라 이로써 사랑이 우리에게 온전히 이루어진 것은 우리로 심판 날에 담대함을 가지게 하려 함이니 주께서 그러하심과 같이 우리도 이 세상에서 그러하니라 사랑 안에 두려움이 없고 온전한 사랑이 두려움을 내쫓나니 두려움에는 형벌이 있음이라 두려워하는 자는 사랑 안에서 온전히 이루지 못하였느니라"(요일 4:16-18).
단원학습목표	본 단원에서는 가정을 향한 하나님의 온전하신 뜻과 계획을 안다.
단원핵심정리	가정을 통해 하나님의 온전하신 뜻을 알고 그 뜻을 이웃에게 전하는 그리스도인으로 성장할 수 있다.

2 단원

생활편

가정의 공간 (가정)

단원소개

본 단원에서는 하나님께서 허락해 주시는 가정의 공간이 얼마나 중요한지를 알게 해 줄 것입니다. 자신의 힘의 에너지는 가정에서 나오며 가정을 통해 하나님이 주시는 쉼과 안식을 경험하고 누리게 될 것입니다. 신앙의 공동체는 가정에서 시작되며 가정의 능력과 가정을 용서할 힘을 얻게 되면 모두를 용서할 수 있는 힘과 용기 또한 얻을 수 있습니다. 우리는 가정을 통해 더욱 크게 성장하게 될 것입니다.

제 4과 가정의 능력

생활편

학습목표 : 가정을 통해 하나님의 뜻을 알 수 있다.

중심진리 : 가정을 통해 하나님의 온전하신 뜻을 알고 그 뜻을 이웃에게 전하는 그리스도인으로 성장할 수 있다.

본문말씀 : 요한일서 4:16–18

본과를 소개합니다

이번 과에서는 가족 구성원들의 사랑과 헌신, 포기와 양보 등을 통해 신앙의 힘이 발휘될 수 있음을 아는데 그 목적이 있습니다. 하지만 현대 가정은 '대학입시'라는 전제에 막혀 전인적인 교육보다 지식만 전달하는 교육으로 치우쳐 있고, 과정은 무시한채 최고의 자리에 무조건 올라야 하고 자신보다 연약한 친구는 돌봄과 배려의 대상이 아닌 경쟁에서 눌러 이겨야 하는 대상으로 가정에서 가르치고 있는 실정입니다. 이것은 기독교가정이라고 크게 다르지 않습니다. 본 과를 통해 하나님께서 허락하신 가정의 의미가 무엇이고 가정을 통해 무엇을 얻을 수 있는지 하나님께서 왜 가정을 소중히 여기셨는지를 알고 깨닫는 기회가 되었으면 합니다.

• Story of Life

"저에게 생명을 주신 부모님께 이렇게 뭔가 할 수 있는 것이 오히려 고맙고 다행입니다."

간암을 앓고 있는 아버지를 위해 고등학교 1학년 아들이 자신의 간 절반 이상을 떼어주고 아버지를 살린 이야기가 감동을 주고 있습니다. 부산대병원에 따르면 2010년 12월 29일 이 병원 장기이식센터에서 아들의 간 70%를 이식하는 수술을 성공적으로 마쳤다고 전했습니다. 아버지에게 선뜻 간을 떼어준 아들은 생체 간 이식을 위한 기증을 할 수 있는 나이인 만 16세를 겨우 보름 가량 넘겼습니다. 생체 기증은 골수를 제외하고는 16세 이상이어야 기증이 가능하고 20세 미만인 경우에는 부모의 동의하에 가족에게만 기증할 수 있습니다. 아버지는 20년전부터 B형 간염 치료를 받아오다 정기검사에서 1.4cm 크기의 암세포가 발견됐고 아들은 아버지를 위해 간이식을 결정했습니다. 간 이식 수술은 무려 15시간에 걸쳐 계속됐고, 수술은 성공적으로 마쳤습니다. 수술을 마치고 아들은 "제가 외아들이고 나이가 어려 어른들은 걱정을 많이 하셨지만 이렇게 하는 것은 가족으로서 당연하다고 생각한다."고 말했습니다. 장기이식 센터장은 "수술 후 아버지와 아들은 빠르게 건강을 회복하고 있으며 희망으로 새해를 맞은 아버지와 아들의 모습을 보며 참으로 가슴 따뜻함을 느낀다"고 말했습니다.

(출처: 16살 외아들이 암 걸린 아버지에게 간기증, 〈연합뉴스〉, 2011년 1월 6일)

• Talk Talk about Life

가정의 능력

[Story of Life] 의 사례를 통해 가정의 의미가 무엇인지 나누어 보세요.

위의 이야기는 흔하진 않지만 가정의 의미를 그대로 보여준 예라고 할 수 있습니다. 위의 사례는 친밀한 가족관계가 아니면 가능하지 않을 것입니다.

가정을 이루는 각 구성원들은 각자 서로 다른 인격체이면서 때로는 하나가 되는 운명공동체가 되기도 합니다. 이 운명공동체는 서로간의 신뢰가 밑바탕이 될 때 가능합니다. 그리고 사랑과 존중 속에서 정서적 안정을 갖게 되고 그것이 자기를 사랑하는 자존감으로 발전하며, 성숙한 신앙인으로 성장하게 합니다.

가정의 기능은 가정만이 가지고 있는 능력이라고 할 수 있습니다. 가정만이 가지고 있는 능력은 무엇이 있을까요?

* 가족간의 신뢰를 경험할 수 있습니다. 가정 안에서 서로간의 신뢰를 충분히 경험한 사람은 다른 사람이나 다른 공동체에서도 신뢰를 주고 신뢰를 얻을 수 있으며, 신앙에서도 하나님을 경험함에 있어 긍정적인 신뢰감을 형성할 수 있습니다.
* 배려와 양보, 포기, 인내 등을 경험할 수 있습니다. 사회 집단에서는 이해 관계가 얽혀 자신의 진실을 100% 보여주지 못하지만 남의 진실도 100% 보지 못합니다. 하지만 가정 안에서는 자녀들이 부모의 배려, 양보, 포기, 인내 등을 보며 성장하면, 자녀들도 부모와 같은 동일한 삶을 살게 됩니다. 사람의 성품은 보고 따라함으로 몸에 베는 것임을 알게 됩니다.
* 우리는 가정 아닌 다른 곳에서도 신앙의 영향을 받지만, 그 중 부모님의 신앙태도는 자녀들의 신앙에 큰 영향을 끼치게 됩니다.
* 돌아갈 곳이 있다는 것과 쉴 곳이 있다는 것, 숨을 곳이 있다는 정서적 안정을 가질 수 있습니다.
* 그 외에도 여러 가지 기능들이 있습니다. 학생들의 발표를 통해 이어져 나갈 수 있을 것입니다.

본인의 가정을 통해 쉼이나 평안, 새 힘을 얻은 경험이 있다면 나누어 보세요.

학생들이 가지고 있는 가정에 대한 좋은 경험을 지지해주면 좋을 것입니다.

• Standard of Life

본문탐구

"하나님이 우리를 사랑하시는 사랑을 우리가 알고 믿었노니 하나님은 사랑이시라 사랑 안에 거하는 자는 하나님 안에 거하고 하나님도 그의 안에 거하시느니라 이로써 사랑이 우리에게 온전히 이루어진 것은 우리로 심판 날에 담대함을 가지게 하려 함이니 주께서 그러하심과 같이 우리도 이 세상에서 그러하니라 사랑 안에 두려움이 없고 온전한 사랑이 두려움을 내쫓나니 두려움에는 형벌이 있음이라 두려워하는 자는 사랑 안에서 온전히 이루지 못하였느니라"(요일 4:16-18).

요한일서에서 말하는 하나님의 속성은 무엇입니까?(요일 4:16)

요한일서에서 말하는 하나님의 속성은 '하나님은 사랑이시라'는 것입니다.

하나님의 사랑을 가장 먼저 그리고 온전하게 경험할 수 있는 곳은 어디입니까?

우리는 가정을 통해 무한한 하나님의 사랑을 간접적으로 경험하게 됩니다. 물론 하나님께서는 가정이 아닌 다른 방법과 통로를 통해서 하나님의 사랑을 알게도 하시지만 그것은 이미 상처 받은 이후의 모습이고 어린 시절부터 가정을 통해 무한한 사랑을 경험하고 성장하는 것이 온전한 사랑의 통로라고 할 수 있습니다.

하나님께서 가족 구성원들을 향해 명령하신 것은 무엇입니까?(신 6:6-13)

신 6:6-13 "오늘 내가 네게 명하는 **이 말씀을 너는 마음에 새기고 네 자녀에게 부지런히 가르치며 집에 앉았을 때에든지 길을 갈 때에든지 누워 있을 때에든지 일어날 때에든지 이 말씀을 강론할 것이며 너는 또 그것을 네 손목에 매어 기호를 삼으며 네 미간에 붙여 표로 삼고 또 네 집 문설주와 바깥 문에 기록할지니라**
네 하나님 여호와께서 네 조상 아브라함과 이삭과 야곱을 향하여 네게 주리라 맹세하신 땅으로 너를 들어가게 하시고 네가 건축하지 아니한 크고 아름다운 성읍을 얻게 하시며 네가 채우지 아니한 아름다운 물건이 가득한 집을 얻게 하시며 네가 파지 아니한 우물을 차지하게 하시며 네가 심지 아니한 포도원과 감람나무를 차지하게 하사 네게 배불리 먹게 하실 때에 너는 조심하여 너를 애굽 땅 종 되었던 집에서 인도하여 내신 **여호와를 잊지 말고 네 하나님 여호와를 경외하며 그를 섬기며 그의 이름으로 맹세할 것이니라.**"

하나님은 하나님을 믿는 가정에 하나님을 경외하라는 말씀을 잊지 않으셨습니다.

하나님께서 인류를 창조하시고 가정 먼저 준 복은 무엇입니까?(창 2:18, 20-25)

창 2:18 "여호와 하나님이 이르시되 사람이 혼자 사는 것이 좋지 아니하니 내가 그를 위하여 돕는 배필을 지으리라 하시니라."

창 2:20-25 "아담이 모든 가축과 공중의 새와 들의 모든 짐승에게 이름을 주니라 아담이 돕는 배필이 없으므로 여호와 하나님이 아담을 깊이 잠들게 하시니 잠들매 그가 그 갈빗대 하나를 취하고 살로 대신 채우시고 여호와 하나님이 아담에게서 취하신 그 갈빗대로 여자를 만드시고 그를 아담에게로 이끌어 오시니 아담이 이르되 이는 내 뼈 중의 뼈요 살 중의 살이라 이것을 남자에게서 취하였은즉 여자라 부르리라 하니라 이러므로 남자가 부모를 떠나 그의 아내와 합하여 둘이 한 몸을 이룰지로다 아담과 그의 아내 두 사람이 벌거벗었으나 부끄러워하지 아니하니라."

세상의 공동체 중 벌거벗었으나 부끄러움을 모르는 공동체는 가정 공동체 밖에 없습니다. 이는 벌거벗음 그 자체보다 조건없는 사랑과 안식을 무한대로 누릴 수 있는 관계이기 때문이며, 하나님께서 허락하시고 보호하신 유일한 공동체이기 때문입니다. 한 몸이 되는 사랑의 관계는 육체적인 관계뿐 아니라 신앙과 정서의 쉼을 포함하는 관계입니다.

• Change of Life

행복한 가정 만들기

'가족 구성원' 을 얘기하면 누가 생각나나요? 본인이 생각하는 미래의 가족 구성원을 그려 보세요.

단순히 가족 구성원을 말함으로 끝나는 것이 아니라 학생이 왜 그 구성원이 필요한지 그 구성원의 역할은 어떠해야할지 나누면 좋을 것입니다. 최근에 가정에 대한 기본적인 생각들이 많이 바뀌고 있고, 결손 가정이 많이 늘어나고 있으며 급변하는 사회 변화 속에 가족의 구성원과 역할이 많이 바뀌고 있는 상황입니다.

본인이 생각하는 가정의 모습을 나누어 보세요. (본인은 어떤 가정을 만들고 싶은가요?)

학생들이 생각하고 나누는 가정의 모습을 통해 그들이 가지고 있는 가정의 생각을 알 수 있으며 5과(가정의 부끄러움)와 6과(가정 용서하기)의 진행에도 도움이 될 것입니다.

하나님께서 보여주신 사랑은 가정의 원동력이 됩니다. 이 사랑의 힘이 친구나 이웃에게 전해진 사례가 있다면 나누어 보세요.

가정을 통해 하나님의 사랑을 받은 후, 그 사랑으로 친구나 이웃을 사랑하며 섬긴 경험을 나누어 보면 좋을 것입니다. 받은 사랑은 전하고 나눌수록 풍성해집니다.

• Decision of Life

세상의 공동체 중 벌거벗었으나 부끄러움을 모르는 공동체는 가정 공동체 밖에 없습니다. 이는 벌거벗음 그 자체보다 조건없는 사랑과 안식을 무한대로 누릴 수 있는 관계이기 때문이며, 하나님께서 허락하시고 보호하신 유일한 공동체이기 때문입니다.

우리는 가정을 통해 무한한 하나님의 사랑을 간접적으로 경험하며 가정 안에서 사랑의 성품을 만들어 갈 수 있습니다. 가정이 가지고 있는 능력은 이 사랑을 통해 이룰 수 있습니다. 가정 안에서 사랑을 받아 본 사람이 남을 사랑할 줄 알게 됩니다. 가정에서 쉼을 얻고, 평안을 누리는 사람이 그 사랑을 남에게 전할 수 있는 힘을 갖게 됩니다.

제5과 가정의 수치(부끄러움) 생활편

학습목표 : 가족간의 갈등을 통해 가정이 하나님을 필요로 하는 연약한 공동체임을 알 수 있다.

중심진리 : 하나님께서 허락하신 가정은 하나님의 돌봄으로 굳건한 공동체로 성장할 수 있다.

본문말씀 : 창세기 37:2-4

본과를 소개합니다

이번 과에서는 가정 안에서 겪는 갈등과 상처, 아픔 등을 하나님께서 어떻게 해결해 주시는지를 아는데 그 목적이 있습니다. 사람이 살아가는 환경에서 가족이라 할지라도 오해가 생기고, 갈등이 생길 수 있습니다. 그럴 때 우리는 오해를 풀고 갈등을 해결하려고 노력합니다. 그 일을 위해 우리는 무엇이 문제인지 먼저 생각해봐야 합니다. 본 과를 통해 가족끼리 가지고 있는 갈등이 무엇인지, 또 무엇을 원하고 있는지를 돌아봄으로 자신을 성장시키는 기회가 되었으면 합니다.

• Story of Life

성경 속에서도 가족간의 갈등이 등장합니다. 어떤 갈등이 있었을까요?

* 아담과 하와 : 창 3:12-13

"서로 책임을 전가함 등등"

(하나님께 지적을 당하자 일단 자신의 책임을 회피하고 아내에게 전가시킴)

* 가인과 아벨 : 창 4:8

"가인이 아벨을 쳐죽임"

(자세한 이야기는 나오지 않으나 가인이 아벨과의 관계에서 많은 갈등을 가지고 있었을 것이라고 판단됨, 한번의 갈등으로 동생을 죽인다는 것은 무리가 있음)

* 요셉의 형제들 : 창 37:12-35

"요셉을 노예로 팔아넘김"

(아버지의 편애로 형들에게 미움을 사고 심지어 노예로 팔려감)

• Talk Talk about Life

감춰진 상처

가정에서 힘든 일이 있다면 그것이 무엇인지 나누어 보세요.

가족 구성원간의 문제가 아니어도 좋습니다. 구조적인 갈등을 비롯해 가정의 전반적인 모든 문제를 열어두고 나누면 좋을 것입니다.

가족 중에 본인을 힘들게 하는 가족이 있다면 누구인지 왜 힘들게 하는지 나누어 보세요.

아빠 엄마와 갈등이 생긴다면 어떤 일로 갈등이 생기며 그 갈등을 어떻게 해결합니까?

아무래도 청소년 시기에 부모와 갈등이 생긴다면 학업과 관련된 갈등이 가장 많을 것입니다. 그리고 교회에 나오는 문제(신앙생활)나 컴퓨터와 관련된 갈등이 많이 나올 것으로 예상됩니다. 학생들이 갈등을 이야기할 때 옳고 그름으로 설명하려고 하지말고 갈등 자체에 초점을 맞춰 학생들이 겪는 힘듦에 비중을 두어야 합니다.

• Standard of Life

본문탐구

"야곱의 족보는 이러하니라 요셉이 십칠 세의 소년으로서 그의 형들과 함께 양을 칠 때에 그의 아버지의 아내들 빌하와 실바의 아들들과 더불어 함께 있었더니 그가 그들의 잘못을 아버지에게 말하더라 요셉은 노년에 얻은 아들이므로 이스라엘이 여러 아들들보다 그를 더 사랑하므로 그를 위하여 채색옷을 지었더니 그의 형들이 아버지가 형들보다 그를 더 사랑함을 보고 그를 미워하여 그에게 편안하게 말할 수 없었더라"(창 37:2-4).

야곱은 왜 다른 자녀들과 달리 요셉만 편애를 했습니까?(창 37:3)

야곱이 요셉을 다른 자녀들보다 편애를 한 것은 노년에 가지게 된 늦둥이 아들이기도 했지만 그보다 먼저 야곱이 사랑했던 라헬이 낳은 자식이기도 했기 때문입니다. 그리하여 야곱의 편애가 형제들에게 갈등과 반목을 일으켰습니다.

야곱의 자녀들의 갈등은 결국 어떤 결과를 초래하게 되었습니까?(창 37:19-36)

처음에는 요셉을 죽이기로 하였으나 차마 생명을 해할 수 없어 미디안 상인들에게 노예로 팔아넘기게 됩니다.

사랑하는 자녀를 잃은 야곱의 심정을 헤아려 보고 그의 마음을 나누어 보세요.

• Change of Life

가정의 갈등 극복하기

자신은 어떤 부모가 되고 싶은지 왜 그런 부모가 되고 싶은지 나누어 보세요.

각 가정에 관련된 질문들에는 형식적인 대답이 나오기 쉽습니다. 먼저 교사가 적절한 사례나 자신의 예를 들어 학생들의 대답을 이끌어 내면 좋을 것입니다. 또 학생들의 의견을 통해 그 학생의 가치관이나 현재의 어려움과 상처 등을 알 수 있을 것입니다.

만약 자신이 요셉의 형제들 중 하나였다면 이 문제를 어떻게 해결했을까요?

정해진 정답은 없습니다. 학생들의 의견을 존중하고 이해하면 될 것입니다.

하나님께서는 이 문제에 어떻게 개입하셨습니까?

구속사적 관점에서 본다면 이 모든 것은 이미 정해진 하나님의 뜻이었습니다. 하지만 우리 인간은 기계가 아닌 하나님의 형상을 닮은 인격을 가진 존재입니다. 하나님의 뜻이 이루어지는 과정에서 각 개인이 겪는 기쁨과 즐거움도 있지만 아픔, 고통, 어려움도 많이 일어납니다. 요셉을 잃은 야곱도, 그의 형들도, 또 당사자인 요셉도 그 일로 인해 당한 고통은 말로 할 수 없었습니다. 실제로 요셉은 죽을 위험도 여러번 있었습니다. 하지만 중요한 것은 요셉은 끝까지 하나님을 붙들고 있었고 하나님께서도 요셉과 함께 하셨다는 것입니다. 우리는 인간이기에 한계가 있으며 죄를 지을 수 밖에 없습니다. 갈등도 있고, 시기와 반목도 있습니다. 하지만 그 안에서 우리가 어떻게 하느냐에 따라 하나님의 놀라운 구원 역사에 동참하느냐 아니면 죄 속에서 계속 분노를 가지고 사느냐가 결정될 것입니다.

• Decision of Life

사람이 살아가는 환경에서는 가족이라 할지라도 많은 갈등을 가지고 살아갑니다. 그것은 서로의 이해득실을 따지기보다 서로 다른 생각으로 인해 오해로 생기는 갈등일 것입니다. 우리는 그 갈등을 하나님 앞에서 해결하기 전에, 나에게 있는 문제는 어떤 것인지 먼저 직시할 필요가 있습니다. 내가 힘들기는 하지만 무엇이 힘든지 정확하게 모르면 막연한 바람으로 끝나고 말 것입니다. 그러기에 우리는 하나님께 간구해야 합니다. 인간은 죄인이기에 서로에게 생긴 갈등을 해결할 능력이 없습니다. 성경을 통해 하나님께서 어떻게 개입하시고 각자에게 어떻게 평안과 위로를 주시는지 알아야 하나님이 주시는 위로와 힘을 얻을 수 있습니다. 우리는 스스로 남을 용서할 수 없습니다. 하나님께서 먼저 우리를 회복시켜주셔야 그 은혜로 용서가 가능한 것입니다.

제6과 가정 용서하기

생활편

학습목표 : 하나님의 말씀에 따라 가정을 용서할 수 있다.

중심진리 : 가정을 용서함으로 하나님이 주시는 자유함을 누릴 수 있다.

본문말씀 : 창세기 33:3-11

본과를 소개합니다

이번 과에서는 용서의 개념을 이해하고 가정의 문제를 바로 직면하여 가정을 벗어나 방황하는 청소년이 아니라 가정을 통해 만족감과 쉼을 얻는 것에 목적이 있습니다. 용서는 하나님이 주시는 능력과 은혜로 그 무엇보다도 나 자신을 위해 하나님과 나와의 관계에서 이루어지는 것입니다. 본 과를 통해 가정을 용서함으로 하나님 안에서 기쁨과 감사의 생활을 할 수 있는 기회가 되었으면 합니다.

• Story of Life

가정에서 충분한 사랑과 용납이 없는 아이는

1. 무엇이 정상적인 행동인지에 대해 혼란스러워 한다.
2. 처음에 계획한 것을 끝까지 이행하는데 어려움을 겪는다.
3. 쉽게 진실을 말할 수 있을 때에도 거짓말을 한다.
4. 자신을 무자비하게 비판한다.
5. 재미있는 시간을 보내는데 여려움을 느낀다.
6. 자기 자신을 너무 심각하게 받아들인다.
7. 친밀한 관계를 맺기 어렵다
8. 자신이 통제할 수 없는 변화에 대해 과민반응을 보인다.
9. 끊임없이 칭찬과 인정을 받기 원한다.
10. 항상 자신이 남들과 다르다고 느낀다.
11. 지나치게 책임을 지려 하거나 지나치게 무책임하다.
12. 상대가 충성을 받을 자격이 없다는 증거가 분명한 때에도 지나치게 충성한다.
13. 충동적이다.

(출처: 팀슬레지, 《가족치유 마음치유》, 요단)

위의 글을 통해 자신의 정신건강 상태를 점검해 보세요.

산술적으로 판단하지 말고 통합적으로 판단하는 것이 좋으며, 서로의 문항은 독립적인 것이 아니라 서로 영향을 주는 문항들입니다.

• Talk Talk about Life

가정의 문제 직면하기

가정에 문제가 생기면 그것을 어떻게 처리해 왔습니까?

각 가정마다 문제가 생기지 않는 가정은 없습니다. 중요한 것은 그 문제들을 어떻게 해결하느냐입니다. 문제가 생겨도 온 가족이 지혜롭게 잘 해결하여 서로에게 상처를 주지 않으면 좋지만, 가족이라는 이름으로 서로에게 익숙해져 자신의 의도와는 상관없이 서로에게 상처를 주는 경우가 많이 있습니다. 이것이 바로 해결되지 못하고 누적되면 불만이 되고, 큰 상처가 됩니다. 아마도 대부분의 가정들이 가족간에 생기는 문제들을 가볍게 여겨 갈등이 누적되는 경우가 많을 것입니다.

가족간에 갈등이나 문제가 생길때 그것을 바로 해결하지 못하면 가족은 따로 놀게 되고 가족간의 거리는 점점 더 멀어질 것입니다. 이럴 경우 교사는 현재의 상황(지역, 나이, 가족간의 상황, 신앙의 깊이 등등)을 고려해 신앙의 힘으로 극복할 수 있도록 격려해주면 좋을 것입니다.

각 가정에서 표현하지 못하도록 제한된 감정이 있었다면 적어 보세요.

학생들은 각 가정에서 의외로 자신의 감정을 표현하는데 많은 제한을 받고 있습니다. 즐겁거나 기쁠때 감정의 표현이 과하면 절제할 것을 요구하며, 두려움, 불안, 슬픔, 분노 등이 임할 때 자제할 것을 요구받습니다. 그러한 감정은 옳지 못한 것이며 미숙한 것이라고 하여 감정 표현을 제한합니다. 하지만 사람은 자신의 감정을 억압당할 때 더 큰 분노와 슬픔, 두려움을 느낀다는 사실을 알아야 합니다.

• Standard of Life

본문탐구

"자기는 그들 앞에서 나아가되 몸을 일곱 번 땅에 굽히며 그의 형 에서에게 가까이 가니 에서가 달려와서 그를 맞이하여 안고 목을 어긋맞추어 그와 입맞추고 서로 우니라 에서가 눈을 들어 여인들과 자식들을 보고 묻되 너와 함께 한 이들은 누구냐 야곱이 이르되 하나님이 주의 종에게 은혜로 주신 자식들이니이다 그 때에 여종들이 그의 자식들과 더불어 나아와 절하고 레아도 그의 자식들과 더불어 나아와 절하고 그 후에 요셉이 라헬과 더불어 나아와 절하니 에서가 또 이르되 내가 만난 바 이 모든 떼는 무슨 까닭이냐 야곱이 이르되 내 주께 은혜를 입으려 함이니이다 에서가 이르되 내 동생아 내게 있는 것이 족하니 네 소유는 네게 두라 야곱이 이르되 그렇지 아니하니이다 내가 형님의 눈앞에서 은혜를 입었사오면 청하건대 내 손에서 이 예물을 받으소서 내가 형님의 얼굴을 뵈온즉 하나님의 얼굴을 본 것 같사오며 형님도 나를 기뻐하심이니이다 하나님이 내게 은혜를 베푸셨고 내 소유도 족하오니 청하건대 내가 형님께 드리는 예물을 받으소서 하고 그에게 강권하매 받으니라"(창 33:3-11).

야곱과 에서는 중간에 만나 화해를 한 적이 없습니다. 그럼에도 야곱과 에서는 극적인 화해를 하게 됩니다. 그 이유는 무엇일까요?

야곱과 에서가 오랜 세월을 지내며 중간에 만나 따로 화해를 하지 않았어도 극적인 화해를 할 수 있었던 것은 세월이 오래 지나서 그럴 수도 있지만 그보다 더 중요한 것은 살고자 하는 야곱의 간곡한 기도(창 32:9-11)와 에서의 용서(창 32:9, 12)를 이끌어 낸 하나님의 개입이 있었기 때문입니다.

서로의 용서없이 야곱과 에서가 만났다면 어떤 결과가 벌어졌을까요?

야곱과 에서가 서로 용서없이 옛날의 감정을 그대로 가지고 있었다면 얍복강을 사이에 두고 큰 전쟁이 있었을 것입니다. 야곱은 아마 가족과 재산에 큰 타격을 입었을 것입니다.

야곱과 에서가 화해한 이후의 삶은 어떻습니까?(창 35:29, 36:6-7)

야곱과 에서가 화해한 이후에 어떤 갈등이 생겼는지에 대해서 성경에 구체적인 언급은 없습니다. 하지만 말씀을 통해 볼 때 야곱과 에서가 예전의 장자권 싸움과 같은 큰 갈등은 없었던 것으로 보이며, 아버지 이삭의 장례와 가진 소유가 많아져 서로 헤어질 수 밖에 없는 상황을 볼 때 더 이상의 문제는 없었던 것으로 보입니다.

우리는 왜 자신의 가정을 용서해야 하나요?(고후 2:10)

고후 2:10 "너희가 무슨 일에든지 누구를 용서하면 나도 그리하고 내가 만일 용서한 일이 있으면 용서한 그것은 너희를 위하여 그리스도 앞에서 한 것이니."

첫째는 하나님의 명령이며, 둘째는 용서함으로 나도 용서받게 되며, 셋째는 우리가 가정을 용서하지 않으면 안식을 누리고 쉼을 얻을 곳을 잃게 되기 때문입니다. 물론 다른 곳에서도 쉼을 얻을 수 있지만 가정을 통해서 얻을 수 있는 무한한 쉼은 얻지 못할 것입니다.

• Change of Life

자기 가정 용서하기

자기의 가정을 용서한다는 의미는 무엇이며, 자신의 가정을 용서한다면 무엇을 용서할 수 있을까요?

가정이 나에게 큰 상처를 주었기 때문에 용서할 수 없는 것이 아니라 가정 역시 죄인들이 모인 곳이며 미숙한 가족들이 모인 곳이기에 하나님께서 나를 용서하시고 구원하셨던 것처럼 가족도 그들의 행동과 상관없이 용서하며 사는 것이 하나님의 사랑을 전하며 사는 방법입니다.

용서를 통해 얻을 수 있는 유익에는 무엇이 있나요?

용서를 통해 얻을 수 있는 가정의 유익에는 다른 곳에서 누릴 수 없는 참 평안과 쉼이 있습니다. 살아가는 자신감과 만족감, 자존감, 성취감들은 가족들의 이해와 용납에서 시작되는 것입니다.

건강한 가족과 그렇지 않은 가족은 어떤 차이가 있습니까?

* **건강한 가족 :** 충분한 대화로 의사 소통을 함, 자신의 의견을 존중 받음, 가족간의 마음(정서)이 충분히 전달됨

* **건강하지 않은 가족 :** 모든 것이 일방적으로 결정됨, 형식적인 대화가 진행되며 서로의 마음을 나누지 못함

• Decision of Life

용서는 상대방의 태도와 상관없이 하나님과 나와의 관계에서 이루어지는 것입니다. 용서는 상대방을 위한 것이 아니라 나 자신을 위한 것입니다. 완벽한 부모나 형제는 없습니다. 100% 자신의 생각에 맞을 수는 없습니다. 자신의 뜻에 맞아서 잘 맞는 것이 아니라 하나님이 주시는 능력과 은혜와 용서함을 가지고 살아가기 때문에 나와 가정과 사회를 이해하고 용서할 수 있는 것입니다. 가정이 나에게 큰 상처를 주었기 때문에 용서할 수 없는 것이 아니라 가정 역시 죄인들이 모인 곳이며 미숙한 가족들이 모인 곳이기에 하나님께서 나를 용서하시고 구원하셨던 것처럼 가족도 그들의 행동과 상관없이 용서하며 사는 것이 하나님의 사랑을 전하며 사는 방법입니다.

Introduce

단원주제	생활의 공간(학교)
단원해설	학교는 가고 싶지 않은 감옥과 같은 곳이 아니라 하나님의 영광을 이루는 선교의 현장이고 자신의 인격성장에 꼭 필요한 곳임을 아는데 그 목적이 있습니다. 학교는 학생들에게 좋은 이미지로 존재하지 못하고 있습니다. 그 이유는 학교가 학생들에게 꼭 필요한 기관이고 학생들이 필요로 하는 곳이지만 공동체 생활과 상급학교 진학이라는 특수한 상황 때문에 학생들이 원하는 생각과는 상관없이 학생들에게 억압과 통제로 비쳐지기 때문입니다. 하지만 현상 자체를 판단하기보다 근본적인 원인과 이유, 그것을 바라보는 관점을 달리하면 얼마든지 학교가 가지고 있는 특성을 학생들에게 이롭게 만들 수 있는 기회가 되기도 할 것입니다. 본 과를 통해 하나님의 영광을 위한 것이 어떤 것이고 '학교'라는 현장과 상황을 어떻게 믿음의 눈으로 볼 수 있을지에 대해 알고 깨닫는 기회가 될 것입니다.
중심구절	"그런즉 너희가 먹든지 마시든지 무엇을 하든지 다 하나님의 영광을 위하여 하라 유대인에게나 헬라인에게나 하나님의 교회에나 거치는 자가 되지 말고 나와 같이 모든 일에 모든 사람을 기쁘게 하여 자신의 유익을 구하지 아니하고 많은 사람의 유익을 구하여 그들로 구원을 받게 하라"(고전 10:31-33).
단원학습목표	본 단원에서는 학교를 통해 하나님이 계획하신 뜻을 알 수 있다
단원핵심정리	학교를 통해 하나님의 온전하신 뜻을 알고 그 뜻을 이웃에게 전하는 그리스도인으로 성장할 수 있다.

3 단원

생활편

생활의 공간 (학교)

단원소개

본 단원에서는 생활의 공간인 학교에서 어떻게 하나님을 믿는 자로서 덕을 세우고 자신을 성장시킬 것인지에 대해 알게 될 것입니다. 우리는 보이지 않게 학교에서 많은 것을 배웁니다. 친구들과의 관계성, 배려, 양보, 이기심, 질투, 경쟁 등 많은 것을 학교라는 공동체를 통해서 배우고 있습니다. 이것은 학교만이 가지고 있는 특성이자 능력입니다. 그리고 학교야말로 내가 그리스도인임을 확인하는 장소이며, 하나님의 말씀을 전하고 잃어버린 생명을 구할 수 있는 선교의 현장이 되기도 합니다. 학생들은 선교현장인 학교에 파송받은 학생 선교사로서 자부심을 갖게 될 것입니다.

제7과 학교의 능력

생활편

학습목표 : 학교를 통해 하나님이 계획하신 뜻을 알 수 있다.

중심진리 : 학교를 통해 하나님의 온전하신 뜻을 알고 그 뜻을 이웃에게 전하는 그리스도인으로 성장할 수 있다.

본문말씀 : 고전도전서 10:31-33

본과를 소개합니다

이번 과에서는 학교는 가고 싶지 않은 감옥과 같은 곳이 아니라 하나님의 영광을 이루는 선교의 현장이고 자신의 인격 성장에 꼭 필요한 곳임을 아는데 그 목적이 있습니다. 학교는 학생들에게 좋은 이미지로 존재하지 못하고 있습니다. 그 이유는 학교가 학생들에게 꼭 필요한 기관이고 학생들이 필요로 하는 곳이지만 공동체 생활과 상급학교 진학이라는 특수한 상황 때문에 학생들이 원하는 생각과는 상관없이 학생들에게 억압과 통제로 비쳐지기 때문입니다. 하지만 현상 자체를 판단하기보다 근본적인 원인과 이유, 그것을 바라보는 관점을 달리하면 얼마든지 학교가 가지고 있는 특성을 학생들에게 이롭게 만들 수 있는 기회가 되기도 할 것입니다. 본 과를 통해 하나님의 영광을 위한 것이 어떤 것이고 '학교'라는 현장과 상황을 어떻게 믿음의 눈으로 볼 수 있을지에 대해 알고 깨닫는 기회가 되었으면 합니다.

• Story of Life

학교의 장점과 단점을 열거해 보세요.

장점 : ____________________

____

____

단점 : ____________________

____

____

이 질문에 대해 학생들이 대부분 부정적인 대답을 할 것이라고 예측할 수 있습니다. 그렇다고 가르치는 자의 입장에서 학생들의 말이 맞다고 이야기를 마무리할 수는 없습니다. 중요한 것은 학교에 대한 부정적인 입장을 학생들의 입을 통해 확인하는 것이 아니라, 기독학생으로서 학교에서 어떤 기준과 생각으로 살아야 하는지에 대한 성경적인 접근이 이루어져야 합니다. 요즈음 학생들은 학교 현장에서 기독교인으로 살아가는 것이 너무 힘듭니다. 신앙에 대한 이야기를 하는 그 자체가 학생들에게 놀림을 당하는 상황이고 선생님들에게도 신앙은 대학 입시에 걸림돌이 되는 것이라고 배척을 당합니다. 그리고 자아정체감의 과도기에 있는 학생들에게 현실과 신앙은 이중적인 인격(교회에서는 믿음 강한 기독교인이지만, 학교에서는 통제가 안 되는 자유분방한 학생)을 요구하는 경우가 많습니다.

저자주) '통제가 안되고 문제를 일으키는 학생' 들에 대해 '문제아' 라는 용어는 쓰지 않고자 합니다. 조금 다른 학생일 뿐 문제아는 아니라는 뜻입니다. '문제' 라고 인정하는 그 기준은 시대에 따라 변하는 사회적 기준이며, 수시로 상황에 따라 변하는 본인의 개인적 기준이기 때문입니다.

위의 질문을 통해 우리는 학생들에게 우리가 벗어날 수 없으며 간과할 수도 없고 뛰어 넘을 수 없는 또 하나님과의 관계에서 반드시 진지한 물음이 있어야 하는 학생들의 선교지인 학교에 대해 새로운 접근을 해보고자 하는 동기를 얻을 수 있을 것입니다.

질문을 통해 옳고 그름을 말하기 보다 학교에 대한 진지한 고민을 시작하는 출발점이 되기를 바랍니다.

• Talk Talk about Life

학교의 기능

학교는 우리에게 어떠한 역할을 하는지 나누어 보세요.

첫째, 학교는 학생들에게 지식을 전달하는 기능을 합니다. 하지만 이것은 이미 오래전에 사교육에 그 역할을 빼앗긴 상황입니다. 그리고 학생들은 학교가 이미 아무 기능도 하지 못하고 학생들을 속박하며 그 어떤 것도 하지 못하게 하는 감옥과도 같은 곳이라고 생각할지 모릅니다. 하지만 우리는 학교의 순기능을 전제하고, 지금도 대부분의 학생들이 제도권에서의 학교 교육을 하나의 과정으로 마쳐야 하는 상황에서 모든 것을 학생들이 생각하는 입장에서 볼 수는 없습니다.

둘째, 학교는 사회성을 가질 수 있는 공간이기도 합니다. 집에서는 모든 일을 자신이 원하는대로 하는 학생들도 있지만 학교라는 공동체에서는 그렇지 못합니다. 자신의 의견에 동의하는 그룹이 있기도 하고 자신의 의견에 반대하는 그룹이 있기도 합니다. 이곳에서 타협과, 협조, 기다림과 양보를 배우게 됩니다.

셋째, 학교는 친구와 교사를 통해 관계성을 알게 되고 문제 해결 능력을 가지게 됩니다. 학교에서 이해나 포기, 배려보다는 자신이 원하는대로 되지 않는다고 고집을 부리면 충돌을 일으키게 되는데 이러한 것을 통해 서로의 관계성을 알아가게 되고, 또한 미숙하지만 친구들간의 관계를 통해 문제해결 능력을 키워가기도 합니다.

학생들에게 학교는 무조건 싫은 곳으로 인식되어 있다면 생각하지 못한 중요한 부분도 있다는 것을 생각하도록 도와주시기 바랍니다.

교회와 학교, 가정에 차이점이 있다면 나누어 보세요.

질문의 초점은 교회와 학교 그리고 가정을 구분지어 서로 다른 점을 말하는데 있지 않습니다. 학생들의 바른 성장은 세 가지가 서로 유기적 관계를 가지고 서로 보완적인 입장에 있을 때 가능합니다. 학교를 공부만 하는 곳, 공부를 잘하는 학생만 인정 받는 곳, 대학에 가기 위해서 있는 감옥 같은 곳이라는 생각에서 벗어나 뭔가 재미있는 일이 벌어 질 수 있는 곳으로 학생들이 생각한다면 학생들의 학교 생활은 행복해 질 수 있습니다. 교회는 행복하고 가정과 학교는 불행한 곳, 교회와 가정은 괜찮은데 학교는 감옥같은 곳이라는 생각을 가지고 있다면 학교에서 얻을 수 있는 것을 부각시키거나, 학교에서의 힘든 것은 큰 것이 아니라 작은 영향일 뿐이라는 사실을 학생들에게 알게 하도록 합니다.

• Standard of Life

본문탐구

"그런즉 너희가 먹든지 마시든지 무엇을 하든지 다 하나님의 영광을 위하여 하라 유대인에게나 헬라인에게나 하나님의 교회에나 거치는 자가 되지 말고 나와 같이 모든 일에 모든 사람을 기쁘게 하여 자신의 유익을 구하지 아니하고 많은 사람의 유익을 구하여 그들로 구원을 받게 하라"(고전 10:31-33).

하나님의 백성은 무엇을 위해 살아야 합니까?(고전 10:31)

하나님의 백성은 하나님의 영광을 위하여 살아야 합니다. 이는 무엇을 하든지, 어떤 상황에 처하든지 하나님의 영광을 위하여 하라는 뜻입니다. 학교에서의 생활도 마찬가지입니다.

본문의 말씀이 학교에서 이루어진다면 학교는 어떻게 변화될까요?(고전 10:31-33)

"그러므로 여러분은 먹든지 마시든지, 무슨 일을 하든지, 모든 것을 하나님의 영광을 위하여 하십시오. 여러분은 유대 사람에게도, 그리스 사람에게도, 하나님의 교회에도, 걸림돌이 되지 마십시오. 나도 모든 일을 모든 사람의 마음에 들게 하려고 애씁니다. 그것은, 내가 내 이로움을 구하지 않고, 많은 사람의 이로움을 추구하여, 그들이 구원을 받게 하려는 것입니다"(고전 10:31-33, 표준새번역).

서로를 위하고 배려하는 아름다운 공동체가 될 것입니다. 이 모든 것이 하나님의 영광을 위한 열매로 나타날 것입니다.

자신이 위의 말씀을 지키기 위해서는 어떤 방법이 필요할까요?

믿는 자들의 적극적인 지지와 격려가 필요할 것입니다.

• Change of Life

학교생활 100배 즐기기

우리가 학교를 통해 할 수 있는 하나님의 일이 있다면 어떤 것이 있을까요?(롬 12:1-21)

롬 12:1-21 "그러므로 형제들아 내가 하나님의 모든 자비하심으로 너희를 권하노니 **너희 몸을 하나님이 기뻐하시는 거룩한 산 제물로 드리라** 이는 너희가 드릴 영적 예배니라 **너희는 이 세대를 본받지 말고** 오직 마음을 새롭게 함으로 변화를 받아 **하나님의 선하시고 기뻐하시고 온전하신 뜻이 무엇인지 분별하도록 하라** 내게 주신 은혜로 말미암아 너희 각 사람에게 말하노니 마땅히 생각할 그 이상의 생각을 품지 말고 오직 하나님께서 각 사람에게 나누어 주신 믿음의 분량대로 지혜롭게 생각하라 우리가 한 몸에 많은 지체를 가졌으나 모든 지체가 같은 기능을 가진 것이 아니니 이와 같이 우리 많은 사람이 그리스도 안에서 한 몸이 되어 서로 지체가 되었느니라 우리에게 주신 은혜대로 받은 은사가 각각 다르니 혹 예언이면 믿음의 분수대로, 혹 **섬기는 일이면 섬기는 일로,** 혹 **가르치는 자면 가르치는 일로,** 혹 **위로하는 자면 위로하는 일로, 구제하는 자는 성실함으로, 다스리는 자는 부지런함으로, 긍휼을 베푸는 자는 즐거움으로 할 것이니라** 사랑에는 거짓이 없나니 **악을 미워하고**

선에 속하라 형제를 사랑하여 서로 우애하고 존경하기를 서로 먼저 하며 부지런하여 게으르지 말고 열심을 품고 주를 섬기라 소망 중에 즐거워하며 환난 중에 참으며 기도에 항상 힘쓰며 성도들의 쓸 것을 공급하며 손 대접하기를 힘쓰라 너희를 박해하는 자를 축복하라 축복하고 저주하지 말라 즐거워하는 자들과 함께 즐거워하고 우는 자들과 함께 울라 서로 마음을 같이하며 높은 데 마음을 두지 말고 도리어 낮은 데 처하며 스스로 지혜 있는 체 하지 말라

아무에게도 악을 악으로 갚지 말고 모든 사람 앞에서 선한 일을 도모하라 할 수 있거든 너희로서는 모든 사람과 더불어 화목하라 내 사랑하는 자들아 너희가 친히 원수를 갚지 말고 하나님의 진노하심에 맡기라 기록되었으되 원수 갚는 것이 내게 있으니 내가 갚으리라고 주께서 말씀하시니라 네 원수가 주리거든 먹이고 목마르거든 마시게 하라 그리함으로 네가 숯불을 그 머리에 쌓아 놓으리라 악에게 지지 말고 선으로 악을 이기라."

본인이 생각하는 학교의 모습을 나누어 보세요.

학생들이 바라는 교사의 모습과 친구들의 모습, 학교가 학생들을 위해 시행하는 정책이나 방향을 구체적으로 나누게 하면 좋을 것입니다. 이것을 구체적으로 나누는 이유는 나눔을 통해 학생들의 생각을 알 수 있으며, 그 생각이 학생들의 이기적인 생각인지 아니면 모두를 위한 생각인지를 가늠해 볼 수 있기 때문입니다.

• Decision of Life

학교는 학생들에게 꼭 필요한 곳일까요? 아니면 없어도 되는 곳일까요? 학교가 없어지면 그 역할을 누가 할 수 있을까요? 집이나 학원에서 그 역할을 대신할 수 있을까요? 그렇지는 않을 것입니다. 학교가 때로는 학생들에게 감옥 같아도 학교가 하는 역할을 집이나 학원에서 대신할 수 없습니다. 우리는 보이지 않게 학교에서 많은 것을 배웁니다. 친구들과의 관계성, 배려, 양보, 이기심, 질투, 경쟁 등 많은 것을 학교라는 공동체를 통해서 배우고 있습니다. 이것은 학교만이 가지고 있는 특성이자 능력입니다. 우리는 입시위주의 학교성향 때문에 학교의 특성 전부를 나쁘게 볼 수 없습니다. 그리고 학교야말로 내가 그리스도인임을 확인하는 장소이며, 하나님의 말씀을 전하고 잃어버린 생명을 구할 수 있는 선교의 현장이 되기도 합니다. 우리는 선교현장인 학교에 파송받은 학생 선교사입니다.

제 8과 학교의 수치(부끄러움) 생활편

학습목표 : 학교의 부족한 모습을 통해 하나님의 뜻을 행할 수 있다.

중심진리 : 학교의 부족한 모습을 통해 그리스도인으로서 하나님의 뜻을 알고 그 뜻대로 행함으로 진정한 그리스도인으로 성장할 수 있다.

본문말씀 : 마태복음 25:14-30

본과를 소개합니다

이번 과에서는 청소년들이 많은 시간을 보내는 학교에서의 생활이 서로를 비난하는 불평불만의 생활이 아니라 하나님의 바른 뜻을 이루고 진정한 그리스도인으로 성장하게 하는데 그 목적이 있습니다. 사람은 자기가 처한 위치에서 해결할 수 있는 문제와 자신이 해결할 수 없거나 사회 구조적으로 문제가 있는 경우가 있습니다. 학교의 경우도 마찬가지로 자신이 해결할 수 없는 부분들이 있습니다. 물론 친구와의 관계나 학급의 일처럼 작은 일들은 그리스도인의 향기를 드러낼 수 있는 영역이지만 그렇지 않은 부분도 있습니다. 문제는 학교 문제에 집착하는 것이 아니라 그리스도인으로서 어떤 기준과 관점으로 생각하고 행동하느냐입니다.

• Story of Life

우리는 최근 몇 년동안 교실이 붕괴되고 있다는 이야기를 많이 들었습니다. 그렇다면 학생들의 어떤 행동들이 교실붕괴를 말하고 있으며, 그 원인은 무엇인지 나누어 보세요.

교실을 붕괴시키는 행동들

선생님의 지시와 상관없이 하고 싶은 행동을 할 때, 수업시간에 돌아다니기, 선생님의 말보다 더 크게 떠들기, 듣고 싶은 음악을 듣거나 핸드폰 가지고 놀기 등등

교실 붕괴의 원인

교사와 학생이 서로 신뢰하지 못함, 몇 사람의 돌발적인 행동에 대해 통제 수단이 없음, 학생들은 공동체를 먼저 생각하기 보다 자신의 감정과 기분을 더 중요하게 생각함 등등

지역과 학생들의 상황에 따라 교실 붕괴의 현상은 조금씩 다를 수 있습니다. 하지만 우리가 보편적으로 생각할 수 있는 현상은 최근에 체벌이 금지되면서 학교에서 학생들이 전혀 통제가 되지 않는 것입니다. 체벌이 교육에 정당화될 수는 없지만 체벌이 많은 부분 훈육과 통제에 사용되어 왔다는 점에서 이를 갑자기 한꺼번에 금지시키면 여기에 길들여졌던 학생들은 체벌에 대체되는 훈육수단이 생기지 않는 한 통제되어지지 않는다는 것입니다. 대학입시와 성적 위주의 교육상황에서 학생들의 인성교육은 거의 이루어지지 않았고, 교사들과의 신뢰와 믿음은 처음부터 기대할 수 없는 상황이라 할 수 있습니다. 수업시간에 떠들었다고 핀잔주고, 엎드려 잠잔다고 핀잔주고, 지각했다고, 숙제안했다고, 싸웠다고 핀잔을 주는 학교와 교사들에게 학생들이 어떻게 신뢰감을 갖겠습니까? 처음부터 무리였다고 할 수 있습니다. 거기다가 체벌이 금지되었으니 학생들은 교사에 대해 큰 무기가 생긴 것과 마찬가지입니다. 아무리 돌발적인 행동을 해도 위해를 가하거나 위협적인 행동을 할 수 없으며, 모욕적인 말을 들었을 때 바로 인권단체에 신고를 하면 전후 상황과 상관없이 인격모독 자체에만 초점을 맞추게 되는 상황입니다.

이러한 상황에서 어떤 특별한 사건이나 상황이 교실을 붕괴시킨 것이 아니라, 학생들의 지지와 신뢰를 얻지 못하고 인성을 배제한 교육 속에서 학생들을 통제했던 수단이 갑자기 없어지자 한꺼번에 무너진 것이라 할 수 있습니다.

• Talk Talk about Life

학교의 편견 극복하기

나는 현재 학교가 누구를 위하여 또 무엇을 위주로 판단한다고 생각합니까?

현재 학생들은 대다수의 사람들이 생각하는 것과 다르게 생각합니다. 학교는 공부를 못하는 사람에게 학업을 잘 가르쳐 주기 위해 있는 것이 아니라 공부를 잘하는 학생들, 좋은 고등학교와 대학에 갈 수 있는 학생들을 위하여 있다고 생각합니다. 실제로 그런 정책이나 상황들이 정황으로 드러나기도 합니다. 또 학생들은 성적 위주로 모든 것을 판단한다고 생각합니다.

학교에서 느끼는 편견과 편애 때문에 친구들과 갈등이 생긴 적이 있나요? 있다면 어떤 경우에 그랬는지 나누어 보세요.

• Standard of Life

본문탐구

"또 어떤 사람이 타국에 갈 때 그 종들을 불러 자기 소유를 맡김과 같으니 각각 그 재능대로 한 사람에게는 금 다섯 달란트를, 한 사람에게는 두 달란트를, 한 사람에게는 한 달란트를 주고 떠났더니 다섯 달란트 받은 자는 바로 가서 그것으로 장사하여 또 다섯 달란트를 남기고 두 달란트 받은 자도 그 같이 하여 또 두 달란트를 남겼으되 한 달란트 받은 자는 가서 땅을 파고 그 주인의 돈을 감추어 두었더니 오랜 후에 그 종들의 주인이 돌아와 그들과 결산할새 다섯 달란트 받았던 자는 다섯 달란트를 더 가지고 와서 이르되 주인이여 내게 다섯 달란트를 주셨는데 보소서 내가 또 다섯 달란트를 남겼나이다 그 주인이 이르되 잘하였도다 착하고 충성된 종아 네가 적은 일에 충성하였으매 내가 많은 것을 네게 맡기리니 네 주인의 즐거움에 참여할지어다 하고 두 달란트 받았던 자도 와서 이르되 주인이여 내게 두 달란트를 주셨는데 보소서 내가 또 두 달란트를 남겼나이다 그 주인이 이르되 잘하였도다 착하고 충성된 종아 네가 적은 일에 충성하였으매 내가 많은 것을 네게 맡기리니 네 주인의 즐거움에 참여할지어다 하고 한 달란트 받았던 자는 와서 이르되 주인이여 당신은 굳은 사람이라 심지 않은 데서 거두고 헤치지 않은 데서 모으는 줄을 내가 알았으므로 두려워하여 나가서 당신의 달란트를 땅에 감추어 두었었나이다 보소서 당신의 것을 가지셨나이다 그 주인이 대답하여 이르되 악하고 게으른 종아 나는 심지 않은 데서 거두고 헤치지 않은 데서 모으는 줄로 네가 알았느냐 그러면 네가 마땅히 내 돈을 취리하는 자들에게나 맡겼다가 내가 돌아와서 내 원금과 이자를 받게 하였을 것이니라 하고 그에게서 그 한 달란트를 빼앗아 열 달란트 가진 자에게 주라 무릇 있는 자는 받아 풍족하게 되고 없는 자는 그 있는 것까지 빼앗기리라 이 무익한 종을 바깥 어두운 데로 내쫓으라 거기서 슬피 울며 이를 갈리라 하니라"(마 25:14-30).

사도 바울은 모든 일을 어떤 자세로 해야 한다고 말하고 있나요?(골 3:23-24)

골 3:23-24 "무슨 일을 하든지 마음을 다하여 주께 하듯 하고 사람에게 하듯 하지 말라 이는 기업의 상을 주께 받을 줄 아나니 너희는 주 그리스도를 섬기느니라."

하나님께서는 무슨 일을 하든지 마음을 다하여 주께 하듯 하라고 말씀하고 있습니다. 학생으로서 학교의 부족한 부분을 알고 있더라도 모든 판단을 하나님께 맡기고 주님을 대하듯 하라는 말씀입니다.

하나님은 어떤 사람을 사랑하시고 복을 주시나요?(마 25:14-30)

사람은 자기가 처한 위치에서 해결할 수 있는 문제와 자신이 해결할 수 없거나 사회 구조적으로 문제가 있는 경우가 있습니다. 학교의 경우도 마찬가지로 자신이 해결할 수 없는 부분들이 있습니다. 물론 친구와의 관계나 학급의 일처럼 작은 일들은 그리스도인의 향기를 드러낼 수 있는 영역이지만 그렇지 않은 부분도 있습니다. 문제는 학교 문제에 집착하는 것이 아니라 그리스도인으로서 어떤 기준과 관점으로 생각하고 행동하느냐입니다.

하나님의 일은 한 달란트 가진 사람처럼 많은 생각을 가지고 스스로 판단하는 것이 아니라 하나님의 뜻을 바로 알아 그대로 행하는 것입니다.

• Change of Life

행복한 학교 만들기

학생의 입장에서 교실 붕괴의 원인을 말해보고 그 대안을 발표해 보세요.

학생들의 눈에 보여지는 상황과 현상을 말하고 그 대안을 발표하게 합니다. 지역과 상황에 따라 다르게 나타나겠지만 학생의 입장에서 비판적인 이야기들이 많이 나올 것으로 예상됩니다. 옳고 그름을 떠나서 학생들이 판단하고 대안을 세우는 질문이니 교사가 결론을 내지 않도록 주의합니다. 그들의 판단이 편협적일수 있으나 그 판단을 존중해주어야 합니다. 그중에서 훌륭한 대안이 나올 수도 있을 것입니다.

기독교인의 입장에서 학교의 신뢰를 회복할 수 있는 실천 사례를 이야기해 보세요.

우리의 삶에서 생각하고 행동하는 모든 것은 하나님의 영광을 위하고, 십자가의 도를 따라가며, 잃어버린 영혼들을 얻는데 우선해야 합니다. 하지만 한국은 그동안 기복신앙과 물질만능적인 가치관이 교회 안에 들어와 교회를 혼란스럽게 했습니다. 그리고 청소년기의 가치관은 더더욱 진리와 자아정체감을 찾아가는 과정에서 옳고 그름의 괴리감을 느끼게 되었습니다. 그래서 학생들에게 지금의 내 생각이 무조건 옳은 것이 아니라 하나님의 뜻과 다르다면 언제든지 하나님께 내 뜻을 돌이킬 수 있어야 함을 가르쳐 주어야 합니다.

앞의 문제에서는 얼마든지 학생의 입장에서 자신의 가치를 말할 수 있으나 이번 문제에서는 자신의 생각이 아니라 하나님의 뜻을 먼저 알고 그 뜻대로 학교와 자신들이 판단되어져야 하는 것입니다. 보수와 진보, 과거의 가치와 현재의 가치, 구세대와 신세대의 가치가 아닌 변하지 않으시는 하나님의 기준으로 학교와 자신들의 연약함이 언급되어져야 할 것입니다.

• Decision of Life

학교는 가정이나 교회와는 달리 다양한 사람들이 서로 다른 환경과 상황에서 학업증진과 사회성 발달을 위해 모인 공동체입니다. 다양한 종교와 가치관을 가지고 많은 사람들이 모인 학교라는 공동체에서 자신이 존중을 받는다는 것은 쉬운 일이 아닙니다. 학교 공동체는 하나님을 모르는 사람들이 많기 때문에 각자 자기가 옳은 대로 행할 뿐 창조주 하나님을 먼저 생각하지 않습니다. 그래서 학교 안에 하나님을 믿는 자들이 사명감을 가지고 부족한 부분은 품어주고 배려해주며 좋은 일은 격려와 지지를 통해 행복한 학교로 만들고자 하는 사명감을 갖는 것이 중요합니다.

하나님께서는 맡겨진 일에 최선을 다하며 충성스럽게 생활하는 사람을 사랑하시고 복 주십니다. 그러므로 학생의 신분인 우리는 무엇보다 학교생활에 충실한 선교적 사명을 잘 감당해야 하겠습니다.

제 9과 학교 용서하기

생활편

학습목표 : 하나님의 말씀에 따라 학교를 용서할 수 있다.

중심진리 : 학교 용서하기를 함으로 하나님이 주시는 자유함을 누릴 수 있다.

본문말씀 : 고린도후서 2:8-11

본과를 소개합니다

이번 과에서는 학생들이 가장 많이 생활하고 영향을 받는 '학교'라는 공동체에 대해 바로 직면하고 옳고 그름을 따지기보다 그리스도인으로서 우리가 처해있는 상황을 어떻게 대처하고 판단해야 하는지에 대해 초점을 맞추고 있습니다. 학교를 통해서 얻을 수 있는 것은 무엇이 있는지 함께 생각해 보고 또 상처를 받았던 것은 무엇이 있는지 그 문제를 말씀 안에서 어떻게 풀어야 할지 이야기할 수 있습니다. 본 과를 통해 학교 용서하기를 함으로 하나님 안에서 기쁨과 감사의 생활을 할 수 있는 기회가 되었으면 합니다.

• Story of Life

학교가 존재해야 하는 이유와 없어도 된다는 이유를 나누어서 이야기해 보세요.

학교(제도권)가 존재해야 하는 이유

학교(제도권)는 이제 없어도 되는 이유

이 문제는 학교가 '필요하냐' '필요하지 않냐'를 묻는 질문이 아니라 학생들이 현재 생활하고 있는 학교에 대한 인식과 관점이 어떠한가를 알아보는 질문으로 이용하면 좋을 것입니다. 학생들이 제도권의 학교를 부정할 경우 왜 부정하는지를 먼저 직면하게 하고 대안학교나 학원을 선호할 경우 그것이 대안이 될 수 있는지도 학생들에게 물어보면 학생들이 가지고 있는 생각을 알 수 있을 것입니다. 본 과는 옳고 그름을 따지기보다 그리스도인으로서 우리가 처해있는 상황을 어떻게 대처하고 판단해야 하는지에 대해 초점을 맞추시길 바랍니다.

학교를 통해서 얻을 수 있는 것은 무엇이 있는지 이야기할 수 있으며, 학교를 통해 상처를 받았던 것은 무엇이 있는지 다음 문제와 연계해서 전개하면 좋을 것입니다.

• Talk Talk about Life

학교의 문제 직면하기

학교나 선생님, 친구들이 싫다면 왜 싫은지 이야기해 보세요. 또 반대로 좋다면 그 이유도 이야기해 보세요.

학교에서의 생활에 큰 불만이 없거나 싫은 부분이 없다면 일부러 싫은 부분을 만들 필요까지는 없습니다. 이 문제를 언급하는 이유는 학생들의 영역에서 학교생활이 차지하는 비중이 크고 그것이 신앙생활에까지 영향을 미치는 경우가 많기 때문에 성경적인 기준을 마련하기 위함입니다.

막연하고 추상적인 불만보다는 자신이 억울하거나 힘들었던 면을 구체적으로 이야기하도록 합니다. 먼저 자신을 힘들게 하는 것이 무엇인지 정확히 알아야 그 상처를 치유할 수 있습니다. 그냥 막연히 구속하는 학교가 싫고 간섭하는 선생님이 싫다면 그것은 대중 심리에 편승하여 자기 자신을 찾지 못하고 하나님과의 관계에서도 일대일로 만나지 못하고 우리 가정, 우리 교회의 개념으로 마치 가정이나 교회의 분위기가 내 신앙인 것처럼 착각하고 생활하는 경우일 수 있습니다. 정확히 무엇이 어떻게 싫은지를 발표하게 하고 그것을 표현하지 못하는 학생들은 교사가 최대한 정확하게 표현할 수 있도록 돕습니다.

교사는 학생들의 문제를 나눌 때 그 내용을 정리하거나 결론을 내지 않도록 주의합니다. 학생들은 결론이 궁금한 것이 아니라 과정과 변화에 관심이 있는 경우가 많습니다. 결론은 학생들이 이미 알고 있는 경우가 많습니다. 단지 머리와 가슴이 일치가 안되기 때문에 힘들어 하는 경우가 있는 것입니다. 물론 옳고 그름을 모르고 정말 개념없이 생각하고 행동하는 학생들도 있지만 그 행동에는 주위의 학생들도 동조하지 않을 것입니다.

싫다면 싫은 그 문제를 바로 직면하는 것에서부터 용서와 회복이 시작되는 것입니다.

학교나 선생님 또는 학교 친구들이 싫을 때 지금까지 그 문제를 어떻게 처리했습니까?

이 문제는 학생들이 문제를 어떻게 해결하는지를 알 수 있는 중요한 단서가 될 수 있습니다. 분노를 조절하지 못하고 그 자리에서 공격적으로 대응을 하는지 아니면 일단 그 자리에서는 분노를 참는지 아니면 생기는 분노를 다른 친구에게 전가시키거나 피해를 주는지를 알 수 있는 기회가 됩니다. 학교생활에서 인간관계의 문제가 생기면 학업에도 큰 영향을 끼치며, 학교 생활에 흥미를 잃고 매사에 자신감을 잃게 되며 학교를 거부하는 일까지 생기고 고등학생은 자퇴를 하는 경우가 생기게 됩니다.

• Standard of Life

본문탐구

"그러므로 너희를 권하노니 사랑을 그들에게 나타내라 너희가 범사에 순종하는지 그 증거를 알고자 하여 내가 이것을 너희에게 썼노라 너희가 무슨 일에든지 누구를 용서하면 나도 그리하고 내가 만일 용서한 일이 있으면 용서한 그것은 너희를 위하여 그리스도 앞에서 한 것이니 이는 우리로 사탄에게 속지 않게 하려 함이라 우리는 그 계책을 알지 못하는 바가 아니로라" (고후 2:8-11).

갈등이 있는 곳에서 나타낼 수 있는 또 하나의 사랑의 표현은 무엇인가요?(고후 2:8-10)

"용서함"

그리스도 앞에서 우리가 용서를 해야 하는 이유는 무엇인가요?(고후 2:11)

"사탄에게 속지 않기 위해"

고후 2:11 "이는 우리로 사탄에게 속지 않게 하려 함이라 우리는 그 계책을 알지 못하는 바가 아니로라."

불만이 생길 때 우리는 어떻게 해야 하나요?(골 3:13)

"서로 용납하고 피차 용서하라"

골 3:13 "누가 누구에게 불만이 있거든 서로 용납하여 피차 용서하되 주께서 너희를 용서하신 것 같이 너희도 그리하고."

우리에게 용서가 없다면 우리의 생활은 어떻게 될까요?(마 6:14-15)

"우리가 용서하지 않으면 우리도 용서받지 못한다."

마 6:14-15 "너희가 사람의 잘못을 용서하면 너희 하늘 아버지께서도 너희 잘못을 용서하시려니와 너희가 사람의 잘못을 용서하지 아니하면 너희 아버지께서도 너희 잘못을 용서하지 아니하시리라."

• Change of Life

학교 용서하기

학교와 선생님을 용서한다는 의미는 무엇이며, 학교와 선생님을 용서한다면 무엇을 용서할 수 있을까요?

누구를 용서한다고 할때 자칫 나는 전혀 잘못이 없고 학교나 선생님 또는 친구들이 나에게 큰 잘못을 했기에 용서하는거라고 생각할 수 있습니다. 이러한 생각은 학교에 대한 적대감만 불러일으킬 수 있습니다. 그렇기에 우리는 용서의 의미를 정확히 알아야 합니다. 용서란 잘못이 전혀 없는 피해자가 큰 잘못을 한 가해자를 넓은 아량으로 측은한 마음에 베푸는 자비가 아닙니다. 그리고 가해자가 자신의 잘못을 크게 뉘우쳐 피해자에게 백배 사죄를 해야 용서가 되는 것도 아닙니다. 용서는 쌍방이 서로를 이해하고 용납하므로 이루어지기도 하지만 상대방의 상태와 상관없이 한쪽에서 일방적으로 하는 경우도 있습니다. 용서를 한다는 것은 곧 내가 주님의 마음을 갖는다는 것과 마찬가지라고 볼 수 있습니다. 사람과의 관계에서 예수님이 개입되지 않은 용서와 회복은 진정한 것이라고 볼 수 없습니다. 오직 그분만이 대속자요 중재자입니다. 그분의 피 값을 통해서만 우리는 용서가 가능합니다.

학교를 용서한다는 것은 내가 넓은 아량으로 너그러이 봐준다는 의미가 아니라 주님이 주시는 사랑으로 덮는다는 의미입니다. 우리는 죄인이기에 끊임없이 죄를 반복합니다. 그렇기에 결과를 가지고 용서할 수 없습니다. 미리 용서할 준비를 하는 것입니다. 사고칠 것을 미리 용서하는 것입니다.

학교와 선생님, 친구들을 용서함으로 얻을 수 있는 유익은 무엇이 있나요?

학교와 선생님, 친구들을 용서함으로 자신이 얻을 수 있는 유익은 일단 자신이 행복할 수 있다는 것입니다. 그리고 감사할 수 있습니다. 용서는 상대방을 위해서 하는 것이 아니라 자신을 위해서 하는 것입니다. 그리고 하나님의 사랑을 드러낼 수 있습니다.

또 죄에서 벗어나게 해줍니다. 용서하지 않으면, 뭔가 정상적이지 않은 상태로 가고 있다는 것입니다. 그것은 곧 죄를 짓게 되는 단서를 제공하는 것입니다.

우리에게 상처를 준 학교와 친구들을 어떻게 해야 하나요? 용서를 해야 한다면 왜 해야 하나요?

예수님이 그렇게 하셨기에 우리는 용서해야 합니다. 남을 위한 용서는 하나님의 영광을 위한 것이며 자신의 유익을 위한 것입니다.

• Decision of Life

우리는 학교라는 공동체를 통해 즐거움과 기쁨, 지식을 알아가는 행복감을 느껴야 하는데 현실은 그렇지 않은 경우가 많습니다. 심지어 학교가 두려움이나 거부의 대상이 되기도 합니다. 이는 학교 자체에 문제가 있기보다 우리의 편견과 사회의 전반적인 문제가 복합적으로 나타나기 때문입니다. 학벌 지상주의와 대학입시의 중압감이 학교의 기능을 축소시켜 버렸습니다. 심지어 죄인인 인간들이 죄된 모습으로 서로에게 상처를 주기까지 합니다. 학교에 대한 문제 해결은 학교를 거부하는 것이 아니라 예수님의 사랑을 충분히 받은 우리가 학교라는 공동체 안에서 예수님의 사랑을 드러내고, 학교 본래의 기능을 찾을 수 있도록 돕는 선교적 사명을 다할 때 이루어질 수 있습니다. 때로는 경쟁을 부추기는 학교 자체가 우리에게 행복을 주지 못해도 예수님의 사랑이 전해지는 학교 안에서는 용납과 이해가 충분히 가능할 것입니다.

용서는 내가 주님의 마음을 갖는다는 것입니다. 사람과의 관계에서 예수님의 사랑이 개입되지 않은 용서와 회복은 진정한 것이라고 할 수 없습니다. 예수님의 마음으로 학교를 바라본다면 용서하지 못할 학교는 하나도 없을 것입니다.

Introduce

단원주제	미래의 공간(사회)
단원해설	사회의 바른 성장과 사회정의를 위해 그리스도인이 책임감을 가지고 할 수 있는 일들에 대해 생각하고 실천하는데 그 목적이 있습니다. 사회는 항상 진리를 찾고 바르게 성장하려는 요소를 가지고 있습니다. 하지만 예수 그리스도를 빼고 자유와 평등, 사회정의 등을 말할 수 없습니다. 오직 예수 그리스도만이 참된 진리이며 그분을 통해서 이루어지는 정의가 온전한 사회정의라고 할 수 있습니다. 본 과를 통해 하나님이 원하시는 진정한 사회정의와 사회의 바른 성장이 어디서 나오는지 알고 깨닫는 기회가 되었으면 합니다.
중심구절	"너희는 세상의 소금이니 소금이 만일 그 맛을 잃으면 무엇으로 짜게 하리요 후에는 아무 쓸 데 없어 다만 밖에 버려져 사람에게 밟힐 뿐이니라 너희는 세상의 빛이라 산 위에 있는 동네가 숨겨지지 못할 것이요 사람이 등불을 켜서 말 아래에 두지 아니하고 등경 위에 두나니 이러므로 집 안 모든 사람에게 비치느니라 이같이 너희 빛이 사람 앞에 비치게 하여 그들로 너희 착한 행실을 보고 하늘에 계신 너희 아버지께 영광을 돌리게 하라"(마 5:13-16).
단원학습목표	사회를 통해 하나님이 계획하신 뜻을 알 수 있다
단원핵심정리	사회를 통해 하나님의 온전하신 뜻을 알고 그 뜻을 이웃에게 전하는 그리스도인으로 성장할 수 있다.

4 단원

생활편

미래의 공간 (사회)

단원소개

본 단원에서는 사회의 부족한 영역에서 그리스도인이 책임감을 가지고 할 수 있는 일은 무엇인지 사회의 부끄러운 모습들 가운데 그리스도인의 역할은 무엇인지를 알게 될 것입니다. 하나님은 우리 인간을 창조하시고 인간에게 온 세상을 다스리고 정복하라는 말씀으로 세상에서의 역할을 강조하셨습니다. 이에 그리스도인들은 사람들에게 예수 그리스도를 전하는 일 다음으로 세상에서의 청지기 역할을 비롯해 빛과 소금의 역할을 감당할 책임이 있습니다. 우리가 이 땅에서 빛과 소금의 역할을 담당할 때 하나님을 모르는 사람들은 우리의 옳은 행실을 통해 하나님을 아는 기회를 얻게 될 것입니다.

제10과 사회의 능력

생활편

학습목표 : 사회를 통해 하나님이 계획하신 뜻을 알 수 있다.

중심진리 : 사회를 통해 하나님의 온전하신 뜻을 알고 그 뜻을 이웃에게 전하는 그리스도인으로 성장할 수 있다.

본문말씀 : 누가복음 10:29-37

본과를 소개합니다

이번 과에서는 사회의 바른 성장과 사회정의를 위해 그리스도인이 책임감을 가지고 할 수 있는 일들에 대해 생각하고 그것을 실천하는데 목적이 있습니다. 사회는 항상 진리를 찾고 바르게 성장하려는 요소를 가지고 있습니다. 하지만 예수 그리스도를 빼고 자유와 평등, 사회정의 등을 말할 수 없습니다. 오직 예수 그리스도만이 참된 진리이며 그분을 통해서 이루어지는 정의가 온전한 사회정의라고 할 수 있습니다. 본 과를 통해 하나님이 원하시는 진정한 사회정의와 사회의 바른 성장이 어디서 나오는지 알고 깨닫는 기회가 되었으면 합니다.

• Story of Life

우리가 살고 있는 사회는 일부 사람들의 개인적인 욕심 때문에 서로에게 피해를 주기도 하지만, 바른 가치와 더불어 함께 살고자하는 마음으로 사회를 건강하게 만들기도 합니다. 사회를 건강하게 하고 사람들에게 힘과 용기를 주는 사례들이 있으면 나누어 보세요.

___

___

___

사회를 건강하게 하고 사람들에게 힘을 주는 사례들은 우리 주위에 많이 있습니다. 그 중에 몇 가지를 살펴보면 2011년 3월에 있었던 일본대지진 당시 국적을 초월하여 수많은 사람들이 아픔을 함께 하며 위로와 격려를 통해 그들에게 큰 힘이 되어 주었습니다. 2001년의 911 테러사건, 2003년의 대구참사, 월드비전이나 유니세프 등 각종 후원단체들을 통한 전세계 어린이들을 위한 후원, 구세군과 공동모금회를 통한 모금운동, 기업들의 각종 기부활동 등이 사회를 건강하게 발전시키는 요소들이 될 수 있습니다.

• Talk Talk about Life

사회의 기능

우리가 사는 사회에는 정의가 있습니까? 있다면 사회정의는 무엇이며 그 정의가 어떻게 이루어지고 있습니까?

사회정의의 의미는 사전적으로 "일반인의 통념으로 판단한 올바른 사회적 윤리. 법 앞에서의 평등이나 정당한 보수 따위와 같이 모든 개인이 한결같이 인간다운 생활을 누릴 수 있는 최소한의 조건을 보장하는 것"이라고 정의합니다. 이것은 쉽게 말해 올바른 사회로 나아가는데 있어서 사람들 모두에게 같은 기준과 혜택, 책임이 부여됨을 말한다고 볼 수 있습니다.

사회정의는 국가의 정책, 방향, 사람들의 성숙도, 교육 기관의 바른 교육활동 등으로 이루어진다고 볼 수 있습니다. 설사 미흡한 부분이 있어도 사람들의 성숙과 경제활동의 확대로 사회정의는 진행되고 있습니다. 우리가 억울한 한 사건만 보고 '사회정의는 있는가' 라고 할 수 있겠지만, 실제 사회 전체가 유기적으로 움직이는 상황에서 '사회정의가 있는가?' '사회정의는 이루어졌는가?' 라는 질문으로 접근해야 하는 것입니다. 또한 예수 그리스도 없이 진정한 사회정의는 있을 수 없습니다.

당신이 생각하는 사회정의는 무엇입니까?

어떤 사건을 중심으로 발표해도 좋고 학생들이 바라는 사회를 말해도 좋습니다. 학생들이 바라는 사회의 예들이 나오면 좋을 것입니다. 예를 들어 노숙자가 없는 사회, 비리가 없는 사회, 왕따가 없는 사회, 억울한 일을 당하지 않는 사회 등등 여러 가지 사례가 나올 수 있습니다.

기독교 세계관과 일반적 사회정의에 차이점이 있다면 무엇이 있는지 나누어 보세요.

기독교 세계관과 일반 사회정의의 가장 큰 차이는 주체가 누구냐입니다. 기독교 세계관은 모든 세상의 질서와 섭리가 하나님의 전적인 주권에 있습니다. 하나님 자신이 기준이며 그분이 곧 진리이십니다. 세상의 기준이나 자신의 의가 아니라 오직 하나님의 말씀과 뜻만이 정의이며 진리이고 참입니다. 하지만 일반 사회정의는 사람을 이롭게 하는 것이며 그 이로움은 역사와 지역과 대상에 따라 달라지기 때문에 사회정의가 사람들에게 어느 정도의 이로움을 줄 수 있겠지만 진리는 될 수 없습니다. 오직 하나님의 선포와 뜻만이 진리입니다.

따라서 학생들에게 진정한 사회정의는 하나님 나라를 회복하는 것이며, 그 하나님의 나라가 서로의 마음과 현재의 삶에서 이루어질 때 사회가 능력을 발휘할 수 있음을 말해 주어야 합니다.

• Standard of Life

본문탐구

"그 사람이 자기를 옳게 보이려고 예수께 여짜오되 그러면 내 이웃이 누구니이까 예수께서 대답하여 이르시되 어떤 사람이 예루살렘에서 여리고로 내려가다가 강도를 만나매 강도들이 그 옷을 벗기고 때려 거의 죽은 것을 버리고 갔더라 마침 한 제사장이 그 길로 내려가다가 그를 보고 피하여 지나가고 또 이와 같이 한 레위인도 그 곳에 이르러 그를 보고 피하여 지나가되 어떤 사마리아 사람은 여행하는 중 거기 이르러 그를 보고 불쌍히 여겨 가까이 가서 기름과 포도주를 그 상처에 붓고 싸매고 자기 짐승에 태워 주막으로 데리고 가서 돌보아 주니라 그 이튿날 그가 주막 주인에게 데나리온 둘을 내어 주며 이르되 이 사람을 돌보아 주라 비용이 더 들면 내가 돌아올 때에 갚으리라 하였으니 네 생각에는 이 세 사람 중에 누가 강도 만난 자의 이웃이 되겠느냐 이르되 자비를 베푼 자니이다 예수께서 이르시되 가서 너도 이와 같이 하라 하시니라"(눅 10:29-37).

사람들이 다양하게 살아가는 사회 속에서 그리스도인들은 어떤 태도와 가치관으로 살아가야 합니까?(눅 10:33-34)

눅 10:33-34 "어떤 사마리아 사람은 여행하는 중 거기 이르러 그를 보고 불쌍히 여겨 가까이 가서 기름과 포도주를 그 상처에 붓고 싸매고 자기 짐승에 태워 주막으로 데리고 가서 돌보아 주니라."

사마리아 사람처럼 자신을 필요로 하는 곳에 그리스도의 마음을 가지고 돕는 역할로 살아가야 할 것입니다. 세상 사람들은 자신의 지위와 체면 때문에 살지만 그리스도인들은 자신을 필요로 하는 곳에서 하나님의 영광을 위해 살아야 합니다.

다비다의 삶이 욥바 사람들에게 어떤 영향을 끼쳤습니까?(행 9:36-42)

행 9:36-42 "욥바에 다비다라 하는 여제자가 있으니 그 이름을 번역하면 도르가라 선행과 구제하는 일이 심히 많더니 그 때에 병들어 죽으매 시체를 씻어 다락에 누이니라 룻다가 욥바에서 가까운지라 제자들이 베드로가 거기 있음을 듣고 두 사람을 보내어 지체 말고 와 달라고 간청하여 베드로가 일어나 그들과 함께 가서 이르매 그들이 데리고 다락방에 올라가니 모든 과부가 베드로 곁에 서서 울며 도르가가 그들과 함께 있을 때에 지은 속옷과 겉옷을 다 내보이거늘 베드로가 사람을 다 내보내고 무릎을 꿇고 기도하고 돌이켜 시체를 향하여 이르되 다비다야 일어나라 하니 그가 눈을 떠 베드로를 보고 일어나 앉는지라 베드로가 손을 내밀어 일으키고 성도들과 과부들을 불러 들여 그가 살아난 것을 보이니 온 욥바 사람이 알고 많은 사람이 주를 믿더라."

다비다는 여제자중의 한 사람으로 선행과 구제하는 일을 했습니다. 그녀는 가난한 과부들에게 옷을 지어 입혔습니다. 다비다가 병으로 죽었을 때, 제자들은 베드로에게 사람을 보내 그녀를 위해 기도해줄 것을 간청했습니다. 다비다의 삶은 자신 뿐 아니라 욥바 사람들을 감동시키기에 충분했던 것입니다.

• Change of Life

사회의 변화 이끌기

그리스도인들은 사회가 바르게 성장 · 발전할 수 있도록 이끌어야 합니다. 그 이유는 무엇일까요?

이는 하나님께서 인간에게 주신 첫 번째 사명이기도 합니다. 창세기 1장 27-28절("하나님이 자기 형상 곧 하나님의 형상대로 사람을 창조하시되 남자와 여자를 창조하시고 하나님이 그들에게 복을 주시며 하나님이 그들에게 이르시되 생육하고 번성하여 땅에 충만하라, 땅을 정복하라, 바다의 물고기와 하늘의 새와 땅에 움직이는 모든 생물을 다스리라 하시니라.")에 하나님은 인간에게 이 땅을 정복하고 다스리라고 말씀하고 계십니다. 이는 자연적인 정복과 다스림도 있겠지만, 그리스도인이 그리스도인답게 이 땅에서 살아가고 믿지 않는 자에게 본이 되는 삶 역시 이 땅을 정복하고 다스리는 것입니다. 믿는 자들은 이 땅에 하나님의 나라가 임할 수 있도록 믿는 자의 본분을 지켜야 합니다. 우리나라 초기 기독교의 역사를 보면 기독교문화가 이 나라와 사회에서 주도적인 역할을 했음을 알 수 있습니다.

사회의 바른 성장과 성숙을 위해 그리스도인이 할 수 있는 일들에는 어떤 것이 있을까요?

현재 학생들이 할 수 있는 일은 그리스도인으로서 자부심을 갖고 정체성을 잃지 않고 사는 것이라 할 수 있습니다. 사람이 정체성을 잃으면 목표가 없어지고 생활은 혼란스러워지거나 무의미해집니다.

또 학생들이 할 수 있는 일들 중에는 소외된 이웃에게 관심을 갖고 봉사활동을 하는 것이 있습니다. 학생들이 할 수 있는 활동들을 나누어 보고 그 활동을 직접 해볼 수 있다면 좋을 것입니다.

• Decision of Life

우리는 여러 공동체에 속해 살고 있으며 그 공동체에 많은 영향을 끼치고 있습니다. 교회, 학교, 가정, 사회 등 많은 곳에서 영향을 받기도 하고 주기도 합니다. 특히 사회 공동체가 건강하면 모든 사람이 건강해질 수 있지만, 건강하지 못하면 많은 사람이 억압과 고통을 받게 됩니다. 그렇기 때문에 사회의 바른 성장과 사회정의를 위해 그리스도인이 책임감을 가지고 할 수 있는 일들에 대해 생각하고 실천하는 것은 매우 중요합니다.

하나님께서는 창세기 1장 27-28절의 말씀을 통해 우리에게 이 땅을 정복하고 다스리라고 말씀하고 계십니다. 이는 자연적인 정복과 다스림도 있겠지만, 그리스도인이 그리스도인답게 이 땅에서 살아가고 믿지 않는 자에게 본이 되는 삶 역시 이 땅을 정복하고 다스리는 것입니다. 하나님을 믿는 자들은 이 땅에 하나님의 나라가 임할 수 있도록 믿는 자의 본분을 지켜야 합니다.

제11과 사회의 수치(부끄러움)

생활편

학습목표 : 사회의 부족한 모습을 통해 하나님의 뜻을 행할 수 있다.

중심진리 : 사회의 부족한 모습을 통해 그리스도인으로서 하나님의 뜻을 알고 그 뜻대로 행함으로 진정한 그리스도인으로 성장할 수 있다.

본문말씀 : 마태복음 5:13-16

본과를 소개합니다

이번 과에서는 사회의 부족한 영역에서 그리스도인이 책임감을 가지고 할 수 있는 일들에 대해 생각해보고 실천하는데 그 목적이 있습니다. 사회는 항상 진리를 찾고 바르게 성장해야 하는데 인간이 가지고 있는 죄성 때문에 사람들에게 여러 가지 모양으로 피해를 주고 있습니다. 때로는 그리스도인들도 자신의 연약함과 이기적인 마음 때문에 사회에 부정적인 영향을 주기도 합니다. 이 모두가 하나님의 뜻을 모르기 때문이라 할 수 있습니다. 본 과를 통해 사회의 부끄러운 모습을 보며 하나님의 공의는 어디에 있는지, 이런 사회에 그리스도인의 역할은 무엇인지를 알고 깨닫는 기회가 되었으면 합니다.

• Story of Life

최근 우리 사회의 부끄러운 모습이 인터넷이나 매스컴을 통해 종종 등장하고 있습니다. 어떤 일들이 우리 사회를 부끄럽게 하고 있으며, 그런 일들이 왜 일어나는지 나누어 보세요.

최근 우리 사회를 부끄럽게 했던 사건들을 살펴보면 정확하지 않은 정보를 기정사실화시켜 인터넷에 악플을 달아 일부 연예인들이 자살을 하거나 자살 직전까지 가는 경우가 종종 일어나고 있으며, 공공장소에서 자신보다 나이가 많은 어른에게 막말을 하는 사건, 지금도 대한민국 어디에선가 20초에 한명씩 태아가 죽어가고 있는 사건(비공식 집계), 사회 지도층의 뇌물비리, 편법승계, 세금 포탈같은 사건들이 있습니다. 이런 모든 것은 결국 죄인된 인간이 죄성을 그대로 드러내기 때문이며 하나님이 누구인지 모르고 자기의 옳은대로 행하기 때문에 발생합니다.

• Talk Talk about Life

사회의 부끄러움

[Story of Life]의 예를 통해 나타나는 모습들을 보며 하나님께서는 이런 일들을 행하는 사람들을 어떻게 처리하겠다고 말씀하고 계십니까?(롬 1:21-32)

롬 1:21-32 "하나님을 알되 하나님을 영화롭게도 아니하며 감사하지도 아니하고 오히려 그 생각이 허망하여지며 미련한 마음이 어두워졌나니 스스로 지혜 있다 하나 어리석게 되어 썩어지지 아니하는 하나님의 영광을 썩어질 사람과 새와 짐승과 기어다니는 동물 모양의 우상으로 바꾸었느니라 그러므로 하나님께서 그들을 마음의 정욕대로 더러움에 내버려 두사 그들의 몸을 서로 욕되게 하게 하셨으니 이는 그들이 하나님의 진리를 거짓 것으로 바꾸어 피조물을 조물주보다 더 경배하고 섬김이라 주는 곧 영원히 찬송할 이시로다 아멘 이 때문에 하나님께서 그들을 부끄러운 욕심에 내버려 두셨으니 곧 그들의 여자들도 순리대로 쓸 것을 바꾸어 역리로 쓰며 그와 같이 남자들도 순리대로 여자 쓰기를 버리고 서로 향하여 음욕이 불 일듯 하매 남자가 남자와 더불어 부끄러운 일을 행하여 그들의 그릇됨에 상당한 보응을 그들 자신이 받았느니라

또한 그들이 마음에 하나님 두기를 싫어하매 하나님께서 그들을 그 상실한 마음대로 내버려 두사 합당하지 못한 일을 하게 하셨으니 곧 모든 불의, 추악, 탐욕, 악의가 가득한 자요 시기, 살인, 분쟁, 사기, 악독이 가득한 자요 수군수군하는 자요 비방하는 자요 하나님께서 미워하시는 자요 능욕하는 자요 교만한 자요 자랑하는 자요 악을 도모하는 자요 부모를 거역하는 자요 우매한 자요 배약하는 자요 무정한 자요 무자비한 자라 그들이 이같은 일을 행하는 자는 사형에 해당한다고 하나님께서 정하심을 알고도 자기들만 행할 뿐 아니라 또한 그런 일을 행하는 자들을 옳다 하느니라."

그들이 마음에 하나님 두기를 싫어하매 하나님께서 그들을 그 상실한 마음대로 내버려 두사 합당하지 못한 일을 하게 하셨으며 이같은 일을 행하는 자는 사형에 해당한다고 하나님께서 정하셨습니다. 고로 이들은 결국 사형으로 심판을 받게 될 것입니다.

하나님을 믿는다고 하는 사람들도 사회에서 부정부패를 저질렀다고 언론을 통해 종종 등장하기도 합니다. 그리스도인들에게 왜 이런 일이 일어나는지 이야기해 보세요.

하나님을 믿는 사람들의 부정부패는 결국 하나님을 잘못 알고 있기 때문입니다. 하나님을 온전히 안다면 자신의 모든 것을 버리고 포기하면서까지 하나님의 나라를 이루려고 할 것입니다. 물론 하나님이 이 세상에서 권력과 명예와 재물의 축복을 허락해주시는 사람들도 있습니다. 하지만 그 모든 것을 이루는 과정에서 하나님의 뜻을 거스르거나, 죄된 마음을 품고 남의 것을 착취하거나 억압하는 행위, 자신의 이기적인 생각으로 남에게 피해를 주거나 상처를 주면서 얻는 풍요나 이득은 하나님이 주시는 복이라 할 수 없습니다. 하나님은 결코 남을 밟고 일어서면서까지 이득을 주시는 분이 아닙니다. 결국 우리가 하나님을 믿는다고 하면 하나님을 제대로 알고 믿어야 하는 것입니다. 하나님을 믿는 사람들이 하나님과 사람들에게 흠없이 최선을 다해 덕을 세우며 살아간다면 하나님을 믿지 않는 사람들은 믿는 사람들의 행위를 보고 하나님을 알게 될 것입니다.

• Standard of Life

본문탐구

"너희는 세상의 소금이니 소금이 만일 그 맛을 잃으면 무엇으로 짜게 하리요 후에는 아무 쓸 데 없어 다만 밖에 버려져 사람에게 밟힐 뿐이니라 너희는 세상의 빛이라 산 위에 있는 동네가 숨겨지지 못할 것이요 사람이 등불을 켜서 말 아래에 두지 아니하고 등경 위에 두나니 이러므로 집 안 모든 사람에게 비치느니라 이같이 너희 빛이 사람 앞에 비치게 하여 그들로 너희 착한 행실을 보고 하늘에 계신 너희 아버지께 영광을 돌리게 하라"(마 5:13-16).

하나님의 나라를 소망하는 그리스도인들은 우리가 사는 사회에서 어떤 역할들을 할 수 있을까요?

하나님의 나라를 소망하는 사람들은 세상에 미련을 두지 않습니다. 오직 하늘에 소망을 두고 하나님의 말씀에 순종할 따름입니다. 우리는 그 말씀에 순종하여 빛과 소금의 역할을 담당할 수 있습니다. 사회의 미숙하고 연약한 모습이 그리스도인들의 빛과 소금의 역할로 하나님 아버지께 영광을 돌릴 수 있습니다. 그리고 우리가 이 땅에서 빛과 소금의 역할을 담당할 때 하나님을 모르는 사람들은 우리의 옳은 행실을 통해 하나님을 아는 기회를 얻게 될 것입니다. 그리스도인들이 할 수 있는 최선의 역할은 하나님의 자녀로서의 자부심을 가지고 하나님의 영광을 위해 죄된 세상에서 최선의 생활을 하는 것이라 할 수 있습니다.

하나님께서는 로마서를 통해 더욱 분명한 태도를 요구하고 계십니다. 우리에게 어떤 요구를 하고 계십니까?(롬 12:1-3)

롬 12:1-3 "그러므로 형제들아 내가 하나님의 모든 자비하심으로 너희를 권하노니 너희 몸을 하나님이 기뻐하시는 거룩한 산 제물로 드리라 이는 너희가 드릴 영적 예배니라 너희는 이 세대를 본받지 말고 오직 마음을 새롭게 함으로 변화를 받아 하나님의 선하시고 기뻐하시고 온전하신 뜻이 무엇인지 분별하도록 하라 내게 주신 은혜로 말미암아 너희 각 사람에게 말하노니 마땅히 생각할 그 이상의 생각을 품지 말고 오직 하나님께서 각 사람에게 나누어 주신 믿음의 분량대로 지혜롭게 생각하라."

하나님께서는 이 세대를 본받지 말고 하나님의 선하시고 기뻐하시는 뜻이 무엇인지 분별하라고 말씀하십니다. 하나님께서는 세상과 분명한 선을 긋고, 분별하라고 말씀하십니다. 로마서 12장 3절의 공동번역은 다음과 같이 말씀하고 있습니다. "나는 하느님의 은총을 받은 사람으로서 여러분 한 사람 한 사람에게 말합니다. 여러분은 자신을 과대 평가하지 말고 하느님께서 각자에게 나누어주신 믿음의 정도에 따라 분수에 맞는 생각을 하십시오."

• Change of Life

사회의 부끄러움 극복하기

죄된 사회에서 그리스도인들이 하나님의 영광을 위해 실천할 수 있는 사례들을 이야기해 보세요.

하나님의 자녀로서의 자부심을 가지고 하나님의 이름을 드러내고 하나님의 나라를 위해 학생들이 현재 위치에서 할 수 있는 일들에는 어려운 이웃들을 도와주는 봉사활동 등이 있습니다.

우리 주위에서 관심받지 못하고 소외된 이웃으로 어려움을 겪고 있는 사람들이 누구며 그들을 도울 수 있는 방법들을 이야기해 보세요.

소외된 이웃들은 각 교회에서 많은 관심을 기울이고 있습니다. 하지만 그 관심들은 각 교회마다 다릅니다. 우리교회가 관심을 가지는 이웃뿐만 아니라 관심을 가져야 할 다른 이웃들이 있음을 알려주어야 할 것입니다. 우리가 관심을 가져야 할 대상들은 많지만, 그중에 몇몇 대상들을 이야기한다면 다음과 같습니다. 탈북자, 이주노동자, 산업연수생, 국제결혼자, 장애인, 한부모가족, 노인요양원, 보육원, 월드비전이나 유니세프를 통한 어린이 후원 등이 있습니다.

두 사례에서 말하는 사회적 소수자들의 주장이 무엇인지 나누어 보세요.

사례 1) 국제결혼

한국으로 시집 온지 일주일 만에 남편에게 무참히 살해된 베트남 신부 B씨의 사건이 발생했습니다.

부산에서 발생한 베트남 신부 B씨의 살해 사건이 베트남 현지에서도 사회적 이슈가 되면서 한국으로 시집간 여성들에 대한 걱정과 우려가 커졌습니다. A씨는 "베트남에 있는 가족들이 전화를 해서 남편을 비롯해 시댁식구들과 사이좋게 지내라고 당부를 하신다."며 "사건 이후 베트남에 있는 친구나 가족들에게서 안부전화가 자주 온다."고 말했습니다. 사건 이후 한국에서도 결혼 이주여성에 대한 사회적 관심이 높아지고 있습니다. 사회적 활동을 하게 되면서 결혼 이주여성 스스로도 권리의식과 현실참여에 눈을 뜨고 있습니다. 그동안 남편의 학대 등에 억눌려 있던 이주여성들이 문제 해결을 위한 발걸음을 뗀 것입니다.

사례 2) 탈북주민

27개 탈북자단체, "참을만큼 참았습니다. 북한인권법 4월 국회 통과시켜 주세요." "인권에는 이념 · 국적 · 인종 · 성별 · 종교가 있을 수 없습니다. 북한은 헌법상 대한민국의 영토이고 북한 주민도 대한민국 국민입니다. 대한민국 국민의 인권을 지키지 못하는 국회의원은 대한민국 국회의원이 아닙니다." 14일 오후 2시 여의도 국회의사당 본관 앞에서 열린 '북한인권법 4월 국회 통과를 위한 탈북단체장 기자회견 및 삭발식'에서 국회의원 A씨는 이렇게 말하며 집권 여당을 향해 각성을 촉구했습니다. 탈북자 단체 회원 150여 명은 이 날 성명에서 "미국은 2004년, 유럽연합(EU)와 일본은 2006년에 북한 주민들의 인권 개선을 위해 북한인권법을 통과시켰고, 유엔은 2005년부터 북한인권결의안을 해마다 통과시키고 있다."며 인간으로서 보장받아야 할 기본 권리조차 누리지 못하고 있는 북한 주민들의 인권실상을 강조했습니다.

그들은 사람답게 사는 것과 자신들에게도 관심을 가져주기를 원하고 있습니다.

[Change of Life]의 '사회의 부끄러움 극복하기'에서 뚜렷한 대안이 나오면 좋겠지만, 그렇지 않다고 하더라도 학생들이 지속적인 관심을 가질 수 있도록 도움을 주면 좋을 것입니다.

• Decision of Life

하나님을 믿고 천국에 소망을 두고 사는 것은 그리스도인이 받은 최고의 축복일 것입니다. 하지만 하나님께서는 우리 인간을 창조하시고 인간에게 온 세상을 다스리고 정복하라는 말씀으로 세상에서의 역할을 강조하셨습니다. 이에 그리스도인들은 사람들에게 예수 그리스도를 전하는 일 다음으로 세상에서의 청지기 역할을 비롯해 빛과 소금의 역할을 감당할 책임이 있습니다. 그리스도인이 이 역할을 감당하지 못하면 우리가 사는 사회는 인간이 가지고 있는 죄성 때문에 사람들에게 여러 가지 모양으로 피해를 주게 될 것입니다. 그리고 마태복음 25장 40절의 말씀처럼("내가 진실로 너희에게 이르노니 너희가 여기 내 형제 중에 지극히 작은 자 하나에게 한 것이 곧 내게 한 것이니라.") 소외된 이웃에게 관심을 갖는다면 우리가 속해 있는 사회는 행복해질 것입니다.

제12과 사회 용서하기

생활편

학습목표 : 하나님의 말씀에 따라 사회를 용서할 수 있다.

중심진리 : 사회 용서하기를 함으로 하나님이 주시는 자유함을 누릴 수 있다.

본문말씀 : 이사야 61:1-8

본과를 소개합니다

이번 과에서는 사회에서 나타나는 부끄러운 모습을 그리스도인이 어떻게 판단하고 이해해야 하는지 또 어떤 마음을 가져야 하는지에 대해 생각하고 실천하는데 그 목적이 있습니다. 사회는 인간들이 가지고 있는 죄성 때문에 항상 사람들에게 여러 가지 모양으로 상처와 고통을 주고 있습니다. 그리고 이 문제에 대해 우리는 하나님의 정의로 심판해야 한다고 생각합니다. 그렇다면 과연 하나님의 정의는 어디에 있을까요? 본 과를 통해 사회의 부끄러운 모습을 보며 하나님의 정의는 어디에 있는지, 이런 사회에서 그리스도인은 어떻게 해야하는지 알고 깨닫는 기회가 되었으면 합니다.

• Story of Life

세상에서는 너무나 이해가 안되는 어처구니 없는 일들이 수시로 벌어지고 있습니다. 사랑하며 살기도 모자란 세상에 어떤 불의가 일어나고 있는지 이야기해보고 그 문제를 어떻게 생각하는지 나누어 보세요.

청소년 시기는 자신의 연약하고 부족한 부분은 눈에 보이지 않고 다른 사람이나 세상에 대한 정의는 매우 민감하게 생각하는 시기입니다. 이 시기에 정의감을 살려주는 것은 좋지만 하나님만이 하시는 심판을 인간의 눈과 입으로 언급하는 것은 오히려 학생들에게 또다른 우월의식을 갖게 할 우려가 있습니다. 우리에게 필요한 것은 하나님의 마음을 헤아리는 것이지 마치 하나님이 된 것처럼 모든 것을 심판하여 쓸어버리듯 하는 행동은 옳지 않습니다. [Story of Life]에서는 결론을 말하지 말고 문제제기만 할 수 있도록 합니다. 예를 든다면 일부 중동국가들의 민주화 운동, 9.11테러사건, 각종 항공기 납치 및 폭파사건, 살인, 폭행(성폭력) 등의 문제가 있을 수 있습니다.

• Talk Talk about Life

사회의 문제 직면하기

사람들이 만든 세상에서의 법은 정의롭고 공평한지 이야기해 보세요.

사람들이 처음에 법을 만들 때는 모두에게 공평한 법이라고 생각해서 만들었습니다. 하지만 그 법은 그 사회의 시대적 상황에서 만든 것으로 시대적 상황이 변하거나 법을 집행하는 사람이 공정하지 못할 때는 법이 법으로서의 역할을 감당하지 못합니다. 그때부터 법은 권력의 종이 되고 맙니다. 그래도 법은 우리가 살고 있는 사회에서의 최소한의 질서를 유지하는 기준이 되기 때문에 법을 지킨다는 생각보다 사람들과의 최소한의 약속을 지킨다고 생각해야 합니다. 어떻게 보면 약속은 법보다 훨씬 가볍게 보일 수 있으나 법에 의해 움직이는 수동적인 사회보다 사람들의 인격과 약속을 존중히 여기는 긍정적이고 적극적인 사회가 더 사람들에게 해를 끼치지 않는 사회가 될 것입니다.

세상에서 벌어지는 폭력, 기근, 전쟁 등 사람을 고통스럽게 하는 일들은 왜 일어나나요?

세상에서 벌어지는 폭력, 기근, 전쟁 등은 자신이 처해진 위치에서 사람들을 이롭게 하기보다 자신의 힘을 이용하여 그 힘으로 하나님의 자리에 있고자 하는 죄된 마음에서 시작된 것이라 할 수 있습니다. 사람들이 처해진 위치는 어떤 위치든지 하나님의 영광과 사람들을 이롭게 하는데 사용되어져야 합니다. 자신에게 힘이 있다면 그 힘을 주신 분이 하나님이심을 절대로 잊지 말아야 하며 자신의 죄성에 사용하는 것이 아니라 고통 당하는 사람들을 위로하는데 사용해야 합니다.

• Standard of Life

본문탐구

"주 여호와의 영이 내게 내리셨으니 이는 여호와께서 내게 기름을 부으사 가난한 자에게 아름다운 소식을 전하게 하려 하심이라 나를 보내사 마음이 상한 자를 고치며 포로된 자에게 자유를, 갇힌 자에게 놓임을 선포하며 여호와의 은혜의 해와 우리 하나님의 보복의 날을 선포하여 모든 슬픈 자를 위로하되 무릇 시온에서 슬퍼하는 자에게 화관을 주어 그 재를 대신하며 기쁨의 기름으로 그 슬픔을 대신하며 찬송의 옷으로 그 근심을 대신하시고 그들이 의의 나무 곧 여호와께서 심으신 그 영광을 나타낼 자라 일컬음을 받게 하려 하심이라 그들은 오래 황폐하였던 곳을 다시 쌓을 것이며 옛부터 무너진 곳을 다시 일으킬 것이며 황폐한 성읍 곧 대대로 무너져 있던 것들을 중수할 것이며 외인은 서서 너희 양 떼를 칠 것이요 이방 사람은 너희 농부와 포도원지기가 될 것이나 오직 너희는 여호와의 제사장이라 일컬음을 받을 것이라 사람들이 너희를 우리 하나님의 봉사자라 할 것이며 너희가 이방 나라들의 재물을 먹으며 그들의 영광을 얻어 자랑할 것이니라 너희가 수치 대신에 보상을 배나 얻으며 능욕 대신에 몫으로 말미암아 즐거워할 것이라 그리하여 그들의 땅에서 갑절이나 얻고 영원한 기쁨이 있으리라 무릇 나 여호와는 정의를 사랑하며 불의의 강탈을 미워하여 성실히 그들에게 갚아 주고 그들과 영원한 언약을 맺을 것이라"(사 61:1-8).

하나님의 나라가 임하면 세상에서 고통 받는 사람들이 어떻게 되나요?(사 61:1-3)

하나님의 나라 즉 메시아이신 예수 그리스도가 이 땅에 오시고 성령 하나님이 각 사람의 영혼에 임하시면 모든 고통에서 벗어난다는 말씀입니다. 이 말씀은 이미 우리에게 이루어진 말씀이며 앞으로 하나님을 믿는 자들에게 이루어질 말씀입니다. 예수 그리스도를 믿고 성령이 임하면 상한 자, 갇힌 자, 슬픈 자 모두를 하나님께서 회복시켜 주시고, 자유함을 주시고, 위로하여 주신다는 말씀입니다. 우리는 예수 그리스도를 믿음으로 세상에서의 모든 불의와 고통에서 위로받고 회복될 수 있습니다.

하나님의 정의는 어떻게 이루어지나요? 다음의 말씀에서 찾아보세요.
(행 16:31; 마 5:44-45; 빌 2:1-8).

행 16:31 "이르되 주 예수를 믿으라 그리하면 너와 네 집이 구원을 받으리라 하고."

마 5:44-45 "나는 너희에게 이르노니 너희 원수를 사랑하며 너희를 박해하는 자를 위하여 기도하라 이같이 한즉 하늘에 계신 너희 아버지의 아들이 되리니 이는 하나님이 그 해를 악인과 선인에게 비추시며 비를 의로운 자와 불의한 자에게 내려주심이라."

빌 2:1-8 "그러므로 그리스도 안에 무슨 권면이나 사랑의 무슨 위로나 성령의 무슨 교제나 긍휼이나 자비가 있거든 마음을 같이하여 같은 사랑을 가지고 뜻을 합하며 한마음을 품어 아무 일에든지 다툼이나 허영으로 하지 말고 오직 겸손한 마음으로 각각 자기보다 남을 낫게 여기고 각각 자기 일을 돌볼뿐더러 또한 각각 다른 사람들의 일을 돌보아 나의 기쁨을 충만하게 하라 너희 안에 이 마음을 품으라 곧 그리스도 예수의 마음이니 그는 근본 하나님의 본체시나 하나님과 동등됨을 취할 것으로 여기지 아니하시고 오히려 자기를 비워 종의 형체를 가지사 사람들과 같이 되셨고 사람의 모양으로 나타나사 자기를 낮추시고 죽기까지 복종하셨으니 곧 십자가에 죽으심이라."

하나님의 정의는 나의 어떤 마음과 행동으로 이루어지나요?(고후 2:10)

고후 2:10 "너희가 무슨 일에든지 누구를 용서하면 나도 그리하고 내가 만일 용서한 일이 있으면 용서한 그것은 너희를 위하여 그리스도 앞에서 한 것이니."

하나님의 정의는 원수를 그대로 갚는 것이 아니라 예수님이 우리에게 하신 것처럼 용서를 통해서 이루어집니다.

• Change of Life

사회 용서하기

가진 자들의 이기적인 욕심으로 수치를 당하거나 억울한 일을 당하는 사람들을 위해 그리스도인은 어떻게 해야 하나요?

그리스도인은 그들에게 관심을 가져야 하고 그들을 위해 기도해야 합니다. 사회에서 수치를 당하거나 억울한 일을 당하는 사람들은 사회 구조적인 문제로 인한 경우가 많을 것입니다. 그래서 기독교인들은 구조적인 문제가 바뀌기 전까지 지속적인 관심을 가져야 합니다. 일용직 근로자, 외국인노동자, 법의 보호를 받지 못하는 계약직 아르바이트 그리고 여성, 장애인, 나이가 어리다는 이유로 무시당하고 권리를 찾지 못하는 사람들을 위해 그리스도인들은 마음을 나누고 함께해주는 역할을 감당해야 합니다.

우리는 죄된 모습을 가진 사회를 위해 기도해야 합니다. 그리고 그 사회를 용서해달라고 하나님께 간구해야 합니다. 그것이 예수 그리스도의 마음입니다.

사회의 부족한 모습(사람들의 이기적인 모습)을 보며 그리스도인들이 기대하는 심판과 하나님의 나라를 이야기해 보세요.

아마도 학생들이 생각할 수 있는 대답은 하나님께서 옳고 그름을 명확히 함으로 죄를 짓는 사람들을 엄히 심판하는 것을 이야기할지 모르겠습니다. 그 이유는 옳고 그름을 명확히 하고자 하는 청소년시기의 특성이 있기 때문입니다. 하지만 심판을 하면 그들에게 하나님의 나라를 소개할 수 있는 기회를 잃게 됩니다. 심판은 마지막에 하나님께서 최후의 심판으로 판단하실 것입니다. 우리의 삶 속에서 일어나는 일들을 일일이 하나님께서 그 대가를 물으신다면 살아남을 사람은 아무도 없습니다. 정죄와 판단보다 더 중요한 것은 용서입니다. 그들을 용서한다면 우리는 그들에게 하나님의 나라를 소개할 기회를 얻을 수 있습니다.

사회를 용서한다는 의미가 무엇일까요?

사회를 용서한다는 의미는 매우 추상적인 의미가 되거나, 내가 심판자가 되어 모든 것을 판단하고 시시비비를 가르는 사람이 되는 것 같은 생각이 들 수 있습니다. 그렇다면 우리는 조심해야 합니다. 오로지 심판은 하나님만 하실 수 있으며 우리는 세상을 바라보는 하나님의 마음을 헤아리면 되는 것입니다. 내가 정의롭다고 모든 것을 판단하는 것이 아니라 세상을 하나님의 눈과 마음으로 바라보고 하나님이 예수 그리스도를 통해 세상을 용서하시고 사랑하신 것처럼 우리도 그 마음을 가지면 될 것입니다.

• Decision of Life

하나님의 정의는 우리가 생각하는 것처럼 눈에는 눈, 이에는 이와 같이 그대로 또는 그보다 더 크게 되갚아주는 것이 아니라, 그를 용서해주고 하나님께로 돌아오게 하는 것에 있습니다. 먼저 하나님의 정의는 예수 그리스도를 믿고 구원을 얻는 것에서 시작합니다. 하나님을 모르는 자들과는 구원과 심판, 공평과 정의에 대해 그 어떤 것도 말할 수 없습니다. 그 다음으로 세상의 어떤 불의를 보더라도 그 불의를 위해 기도하는 것입니다. 마지막으로 하나님이시면서 나를 위해 육신의 몸을 입으시고 처참하게 죽기까지 하신 예수 그리스도의 사랑을 알고 실천하는데 하나님의 정의가 있습니다. 나머지 최후의 심판은 하나님이 행하실 것입니다.

English

T E E N T E E N P O W E R I N J E S U S

청·소·년·핵·심·공·과

틴틴파워 인지저스 5권

풍습과 전통편

이스라엘의 풍습과 전통 II

제1과 출생 | 제2과 장례 | 제3과 의복 | 제4과 주거

제1과 출생

풍습과 전통편

학습목표 : 이스라엘의 출생풍습을 통해 그 집안의 자녀는 하나님께서 주신 축복의 선물임을 이해한다.

중심진리 : 이스라엘에서 출생의 의미

본문말씀 : 시편 127:3

Memory verse

"보라 자식들은 여호와의 기업이요 태의 열매는 그의 상급이로다"(시 127:3).

• View of Bible

이스라엘에서 자녀의 탄생은 그 집안의 특별한 경사였습니다. 특히 이스라엘 여자들에게 있어서 자식의 출산은 무엇보다 큰 소망이며 기쁨이었습니다. 왜냐하면 자녀를 하나님이 주신 기업으로 이해했기 때문입니다(시 127:3-5). 성경은 가축의 번성과 수확물의 풍성함과 더불어 자녀 생산을 하나님이 베푸시는 복으로 제시하고 있습니다(신 28:11).

• Learn of Bible

1. 자녀의 잉태

이스라엘 여자들에게 자녀의 잉태와 출산은 큰 기쁨이었습니다. 그 이유는 아들 없는 여자의 경우 가족 내에서 어떠한 사회적인 지위도 보장되지 않았던 당시 이스라엘의 사회 구조 때문이었습니다. 자식을 낳지 못하고 남편이 죽을 경우 그 여자는 그 집에서 어떤 지위도 보장받지 못했습니다. 그러나 자식이 있게 되면 그는 영구히 그 집에 머무를 수 있는 권리가 주어졌습니다.

2. 분만

자녀를 생산하는 일은 산파들의 도움으로 주로 가정 안에서 이루어졌습니다(창 35:17; 출 1:15-19). 보통의 경우 산파는 산모의 친구나 이웃 혹은 친지들이었습니다. 산파의 주된 역할은 산모가 분만하는 것을 돕는 일이지만, 그 외에도 득남한 사실을 알려주거나(창 35:17-18), 쌍둥이를 낳았을 경우 누가 먼저 나왔는지 구별하기 위해 표식을 달아주는 역할도 했습니다(창 38:28).

"해산할 때에 손이 나오는지라 산파가 이르되 이는 먼저 나온 자라 하고 홍색 실을 가져다가 그 손에 매었더니"(창 38:28).

성경시대 이스라엘 산모들은 누워서 분만하지 않고 웅크린 자세로 돌로 만든 의자에 앉아 아이를 낳았습니다. 이 방법은 중력을 이용한 것인데, 이집트에서 유래된 것으로 보입니다. 출애굽기 1장 16절에 의하면, 산모는 나란히 놓여 있는 두 개의 돌 위에 앉아서 분만했습니다. 여기에서 '해산을 도울 때에' 라고 번역된 히브리어 본문의 의미는 '두 개의 돌 위에 있는 것을 너희들이 볼 때에' 입니다.

"이르되 너희는 히브리 여인을 위하여 해산을 도울 때에 그 자리를 살펴서 아들이거든 그를 죽이고 딸이거든 살려두라"(출 1:16).

3. 강보

아이가 태어나면 제일 먼저 해야 할 일은 탯줄을 잘라 묶는 것이었습니다. 그리고 나서 아이의 몸을 물로 씻어준 다음 소금과 기름으로 문질러 주었습니다. 그렇게 하면 아이의 피부가 단단해지고 더욱 건강하게 자랄 것이라는 믿음 때문이었습니다.

그 후 부모들은 아이의 발을 묶고 팔을 옆에다 붙인 뒤, 목면으로 된 긴 띠 모양의 천으로 둘둘 말아 단단히 묶었습니다. 성경에서는 이러한 띠 모양의 천을 '강보'(겔 16:4)라고 불렀습니다. 강보에 쌓아놓는 일은 7일 간격으로 40일간 계속되었습니다.

이러한 관습은 갓 태어난 아이의 몸을 따뜻하게 유지해주며 아이의 등뼈가 꼿꼿하고 똑바르게 자라게 하기 위하여 도입된 것으로 생각되어집니다. 베들레헴에서 탄생하신 예수님도 같은 방법으로 강보에 싸여 구유에 뉘어졌습니다(눅 2:12).

"너희가 가서 강보에 싸여 구유에 뉘어 있는 아기를 보리니 이것이 너희에게 표적이니라 하더니"(눅 2:12).

4. 수유

아이에게 젖을 먹이는 일은 어머니의 몫이었지만(창 21:7; 삼상 1:22; 왕상 3:21), 산모의 젖이 부족하거나 산모가 신체적으로 어려울 때에는 유모를 맞아들여 아이에게 젖을 먹였습니다(창 24:59; 출 2:7; 삼하 4:4).

아이가 젖을 떼는 일은 오늘날보다 훨씬 늦게 이루어졌습니다. 사무엘의 경우, 젖을 뗀 때는 그가 이미 엘리 제사장 앞에서 여호와를 섬길 수 있을 만큼 성장했을 때였습니다(삼상 1:20-24, 2:11). 젖을 떼는 날에는 온 가족이 즐거워하며 큰 잔치를 베풀었는데, 아마도 아이를 하나님께 바치는 의미가 담긴 잔치였을 것입니다(창 21:8).

"오직 한나는 올라가지 아니하고 그의 남편에게 이르되 아이를 젖 떼거든 내가 그를 데리고 가서 여호와 앞에 뵙게 하고 거기에 영원히 있게 하리이다 하니"(삼상 1:22).
"아이가 자라매 젖을 떼고 이삭이 젖을 떼는 날에 아브라함이 큰 잔치를 베풀었더라"(창 21:8).

• Test of Bible

1. 자녀의 출생이 이스라엘 여인에게 있어서 큰 기쁨이 된 이유는 무엇입니까?

아들 없는 여자의 경우 가족 내에서 어떠한 사회적인 지위도 보장되지 않았던 당시 이스라엘의 사회 구조 때문

2. 이스라엘에서 자녀가 출생할 때 주로 누구의 도움을 받았습니까?

산파

3. 태어난 아이를 천으로 둘둘 말아 묶었는데 이 천을 무엇이라 불렀습니까?

강보

• Tip of Bible

산모의 정결 의식

성경시대 이스라엘에서는 출산으로 인해 산모가 부정하여진다고 여겼습니다. 그러므로 출산한 산모는 예배에 참석할 수 없었습니다. 그런데 산모의 부정은 자녀 출생으로 인해 실제로 오염되었다는 것이 아니라, 오히려 산모가 약해져 있는 상태이기 때문에 그녀들을 보호하기 위한 조치였다고 생각됩니다.

레위기 12장에 의하면 아들을 낳은 산모는 40일간 딸을 낳은 산모는 80일간 부정했고, 이 기간이 끝난 후에 산모는 하나님께 예물을 바쳤습니다. 이러한 예물을 드리므로 산모는 하나님과의 관계를 회복할 수 있었습니다. 예물은 일 년 된 어린 양이었으나 가정 형편이 어려운 경우 집비둘기 새끼 두 마리나 산비둘기 두 마리를 취하여 각각 한 마리씩 번제와 속죄제로 바칠 수 있었습니다. 예수님의 모친 마리아가 정결 예식을 위하여 드릴 수 있는 제물이 비둘기 두 마리였다는 점으로 보아 당시 요셉의 가정 형편이 어떠했는가를 엿볼 수 있습니다(눅 2:24).

"또 주의 율법에 말씀하신 대로 산비둘기 한 쌍이나 혹은 어린 집비둘기 둘로 제사하려 함이더라" (눅 2:24).

제 2과 장례

학습목표 : 이스라엘의 장례 절차를 살펴보고 그 속에 담겨진 신앙적 의미를 이해한다.

중심진리 : 장례 절차의 특징과 목적

본문말씀 : 시편 90:10

Memory verse

"우리의 연수가 칠십이요 강건하면 팔십이라도 그 연수의 자랑은 수고와 슬픔뿐이요 신속히 가니 우리가 날아가나이다"(시 90:10).

• View of Bible

성경에 의하면 사람이 누릴 수 있는 수명은 보통 사람이 칠십, 건강한 사람은 팔십이었습니다(시 90:10). 죽음은 사람이 일생을 살면서 마지막으로 거쳐 가야 할 과정이며 이 세상에서 갖게 되는 마지막 의식이기도 합니다. 이스라엘 가정에서 죽은 자에 대한 존경은 다른 어느 것보다 중요하게 여겨졌습니다. 이 세상에서 일생을 살면서 마지막 의식이 되는 장례 절차는 죽은 이에 대한 사랑의 표현으로 받아들여졌습니다.

• Learn of Bible

1. 장례 이전의 절차

(1) 애도 : 죽음의 소식은 맨 처음 이웃 사람들에게 애도의 통곡소리로 알려졌습니다(삼하 1:12, 18:33; 막 5:38). 이러한 애도는 보통 일주일 정도 계속되었습니다. 부자들의 경우 곡하는 일을 전문적으로 하는 이들을 고용하기도 했습니다(렘 9:17-18; 암 5:16). 직업적으로 곡하는 이들은 주로 여자들로 구성되었으며 이외에 피리를 부는 자들도 있었습니다(마 9:23).

애도할 때에는 스스로 슬픔을 나타내기 위하여 가슴을 치기도 했고(눅 23:48), 머리털이나 수염을 가리거나 밀기도 했습니다(렘 7:29; 겔 24:17). 때로는 옷을 찢어 자신의 극심한 슬픔을 표현하기도 했습니다(삼하 3:31).

> "사울과 그의 아들 요나단과 여호와의 백성과 이스라엘 족속이 칼에 죽음으로 말미암아 저녁 때까지 슬퍼하여 울며 금식하니라"(삼하 1:12).

(2) 입맞춤 : 사랑의 표현으로 가족들은 시체에 입을 맞추거나 시신을 끌어안기도 했습니다(창 50:1).

> "요셉이 그의 아버지 얼굴에 구푸려 울며 입맞추고"(창 50:1).

(3) 눈을 감겨 줌 : 집안을 대표하는 장자 혹은 장자가 없을 경우에는 가장 가까운 가족이 죽은 자의 눈을 감겨 주었습니다(창 46:4). 그러한 행동은 죽음이 단지 잠을 자는 상태에 있는 것임을 상징적으로 보여주는 것이었습니다(행 7:60; 살전 4:13-18).

> "내가 너와 함께 애굽으로 내려가겠고 반드시 너를 인도하여 다시 올라올 것이며 요셉이 그의 손으로 네 눈을 감기리라 하셨더라"(창 46:4).

(4) 염 : 시신을 매장하기 위한 마지막 절차로 염 과정이 있습니다. 우선 시신을 물로 씻은 다음 향료를 발랐습니다(행 9:37; 요 12:3, 19:39). 그리고 시신에 옷을 입히고 손과 발은 천으로 묶었으며 얼굴은 수건으로 덮었습니다(요 11:44). 마리아가 예수님의 발에 부은 순전한 나드 향이나 니고데모가 가져온 몰약과 침향 섞은 것은 모두 장례에서 시신을 위해 사용되는 향료들입니다(요 11:2, 19:39).

> “그 때에 병들어 죽으매 시체를 씻어 다락에 누이니라”(행 9:37).

2. 장례 행렬

이스라엘에서는 사람이 죽으면 곧바로 매장했습니다. 가능하다면 죽은 지 24시간 안에 매장하는 것이 보통이었습니다. 오전 중에 죽게 되면 그날 매장을 하게 되고, 오후나 밤에 죽게 되면 다음날 매장을 합니다. 이러한 매장 관습이 있게 된 것은 이스라엘의 더운 기후로 인하여 시체가 곧바로 부패하는 문제 때문이기도 했지만, 시체를 오래 둠으로 가족들의 슬픔이 더 깊어진다는 의식과 사람들의 공간에 죽은 자를 오랫동안 남겨놓는 것에 대한 거부감, 그리고 시체를 부정한 것으로 받아들이는 이스라엘 사람들의 종교적 사고방식 등이 작용했기 때문입니다. 이런 관습에 따라 십자가에 달리신 예수님의 시신도 당일에 매장되었습니다(마 27:57-60; 갈 3:13).

예수께서 숨을 거두신 시각이 오후임에도 불구하고 당일에 매장된 것은 나무에 달려 죽은 자의 시신은 곧바로 내려서 매장해야 한다는 규정(신 21:22-23)과 더불어 안식일이나 절기에는 매장하지 않는다는 관습 때문이었습니다(요 19:31).

> “이 날은 준비일이라 유대인들은 그 안식일이 큰 날이므로 그 안식일에 시체들을 십자가에 두지 아니하려 하여 빌라도에게 그들의 다리를 꺾어 시체를 치워 달라 하니”(요 19:31).

염을 마친 시신은 나무로 만든 들것에 실려 매장지로 옮겨졌습니다(눅 7:14). 예수께서 나인성에서 과부의 아들을 살려낸 것도 시신이 이런 상여에 실려나갈 때였습니다(눅 7:11-15). 상여가 나가는 장례 행렬에는 가족을 비롯하여 친척과 친구들 등 많은 사람들이 모여 큰 소리로 울부짖고 가슴을 치며 옷을 찢고 자신의 슬픈 감정을 드러냈습니다.

3. 장례 방법

장례 절차의 마지막 과정은 시신을 매장하는 것입니다. 성경시대 이스라엘의 무덤은 돌로 만든 동굴 묘실이었습니다. 자연 암석 동굴을 그대로 이용하기도 하고, 연한 석회암석을 인공으로 파서 동굴 묘실을 만들어 사용하기도 했습니다(창 49:29-32; 삿 8:32).

묘실의 한 면에는 사각형 모양의 입구가 있고, 무덤 입구는 둥근 형태의 돌로 막아두었습니다. 묘실 안은 정방형으로 만들어졌는데, 벽 삼면에는 각각 하나의 시신을 누일 수 있도록 긴 의자 형태의 평석이 하나씩 위치하였습니다. 이 평석 위에 시신을 안치하였는데, 완전 부패가 될 때까지 그곳에 두었습니다.

묘실 안 중앙에는 작은 공간이 있고, 모퉁이에는 돌 항아리가 있었습니다. 평석 위에 안치된 시신이 완전히 부패되면 새로 들어오는 다른 시신에게 그 자리를 내주고, 남은 유골은 다른 유골이 담겨 있는 돌 항아리로 옮겨 보관되었습니다. 일종의 공동묘지 역할을 한 것입니다. 구약성경에서 조상들의 무덤에 묻힌다는 표현과(삿 8:32, 16:31; 삼하 2:32, 17:23, 19:37), 또한 죽음을 가리켜 자신의 열조에게로 돌아간다고 하거나 열조와 함께 잔다는 표현 역시 이런 매장 방법과 관련되어 있습니다(창 25:8, 35:29; 신 31:16; 삼하 7:12).

"그의 나이가 높고 늙어서 기운이 다하여 죽어 자기 열조에게로 돌아가매"(창 25:8).

• Test of Bible

1. 장례 이전의 절차에는 어떤 것들이 있습니까?
   ① 애도 ② 입맞춤 ③ 눈을 감겨 줌 ④ 염

2. 사람이 죽으면 보통 얼마 만에 매장을 했습니까?
   24시간 안에

3. 일반적으로 이스라엘에는 어떤 무덤이 존재했습니까?
   묘실 즉 동굴 무덤

• Tip of Bible

토장

이스라엘의 모든 집안이 묘실 형태의 매장지를 가지고 있는 것은 아니었습니다. 부유한 계층만이 묘실 매장지를 소유할 수 있었고, 가난한 평민들에게는 시신을 땅에 매장하는 간단한 방법이 보편화되었습니다. 그래서 예루살렘 주변에는 평민들을 위한 공동묘지가 있었으며, 범죄자들의 시체가 그곳에 던져지기도 했습니다(왕하 23:6).

죽은 자를 땅에 매장할 때는 먼저 시신을 땅에 묻고 나서 그 위에 돌무더기를 쌓았습니다. 돌을 쌓았던 것은 그곳이 무덤이라는 표시도 되었고 또한 시신이 들짐승에 의해 약탈당하는 것도 방지해 주었습니다. 아골 골짜기의 아간의 무덤이나 에브라임 수풀 속에 마련된 압살롬의 무덤에는 큰 돌무더기가 쌓여 있었습니다(수 7:26; 삼하 18:17).

제3과 의복

풍습과 전통편

학습목표 : 이스라엘 사람들이 입었던 옷의 특징들을 살펴보고 신앙적인 교훈을 얻을 수 있음을 이해한다.

중심진리 : 옷의 특징과 목적

본문말씀 : 출애굽기 22:26-27

Memory verse

"네가 만일 이웃의 옷을 전당 잡거든 해가 지기 전에 그에게 돌려보내라 그것이 유일한 옷이라 그것이 그의 알몸을 가릴 옷인즉 그가 무엇을 입고 자겠느냐 그가 내게 부르짖으면 내가 들으리니 나는 자비로운 자임이니라"(출 22:26-27).

• View of Bible

창세기 3장 7절에 의하면, 사람들이 옷을 입게 된 것은 수치심을 감추기 위한 목적에서 시작된 것을 알 수 있습니다. 성경은 당시의 사람들이 무엇을 어떻게 입고 살았는가에 관하여 구체적으로 밝히고 있지 않지만, 일부 부유한 계층의 사람들은 다양한 색상의 옷과 정교하게 수를 놓은 의복을 입었고 대부분의 일반 사람들은 주로 집에서 만든 단순한 옷을 입었습니다.

• Learn of Bible

1. 속옷

가장 간단한 속옷은 소매가 없이 무릎까지 내려오는 튜닉(Tunic) 형태의 짧은 옷이었습니다. 튜닉은 고대 그리스와 로마 사람들이 즐겨 입던 옷으로 허리 밑까지 내려오고 벨트를 두르는 여성용 블라우스 모양의 코트라 할 수 있습니다.

이러한 속옷의 모양은 헐렁한 자루와 비슷했습니다. 위쪽에는 머리를 내놓기 위해 V자 형태의 홈이 파여 있고, 양쪽으로는 두 팔을 내놓기 위해 구멍 모양으로 잘려져 있었습니다.

일반 서민들은 더운 여름철엔 속옷 하나가 평상복 역할을 했습니다. 성경에서는 이렇게 한 겹 속옷만을 입은 것을 가리켜 벗은 상태라고 이해했는데(삼상 19:24; 사 20:2-4; 미 1:8; 요 21:7), 이사야가 삼 년 동안 벗은 몸과 벗은 발로 지냈다는 것은 곧 속옷 하나만 입고 지낸 것을 의미합니다.

당시의 유대인들은 한 벌 이상의 속옷을 가지고 있었는데, 그래서 한 벌의 속옷 밖에 가지지 못한 사람은 가난한 사람으로 여겨졌습니다.

십자가 밑에서 네 명의 로마병정들이 나누어 가진 예수님의 속옷은 이음새가 없이 통으로 만든 것이었습니다(요 19:23). 이것은 예수님이 입으셨던 속옷이 사치스러운 옷은 아니었지만 좋은 질감의 특별한 옷이었음을 보여줍니다. 이 옷을 네 조각으로 나누게 되면 좋은 질감의 속옷을 버리게 됩니다. 그래서 로마병사들은 제비를 뽑아 한 사람이 그 옷을 가지게 하였습니다. 그렇게 함으로 시편 22편 18절에 예언된 메시아와 관련된 말씀이 이루어지게 되었습니다.

"군인들이 예수를 십자가에 못 박고 그의 옷을 취하여 네 깃에 나눠 각각 한 깃씩 얻고 속옷도 취하니 이 속옷은 호지 아니하고 위에서부터 통으로 짠 것이라"(요 19:23).
"내 겉옷을 나누며 속옷을 제비 뽑나이다"(시 22:18).

2. 겉옷

경제적 여유가 있거나 겨울과 같이 추운 계절이 닥치면 속옷 위에 겉옷을 입었습니다. 성경시대 사람들이 입었던 겉옷은 오늘날의 오버코트와 같은 역할을 하는 일종의 외투입니다.

이러한 겉옷은 사각형 모양의 천으로 몸을 감싸는 역할을 한 것으로써 낮에는 겉옷처럼 입었지만 밤이 되면 덮고 자는 이불 역할을 했습니다. 그러므로 성경은 이웃사람의 옷을 전당잡게 되어도 해가 지기 전에 돌려주어야 한다고 규정하고 있습니다. 그 이유는 그의 겉옷이 곧 그에게는 밤에 덮고 자는 이불이 되기 때문이었습니다(출 22:26-27). 이렇게 겉옷은 전당잡힐 수 있을 정도로 값어치 있는 물건으로 취급되었고 빼앗기도 쉬웠기 때문에 강도들이 노리는 물건에 속했습니다.

"네가 만일 이웃의 옷을 전당 잡거든 해가 지기 전에 그에게 돌려보내라 그것이 유일한 옷이라 그것이 그의 알몸을 가릴 옷인즉 그가 무엇을 입고 자겠느냐 그가 내게 부르짖으면 내가 들으리니 나는 자비로운 자임이니라"(출 22:26-27).

3. 신발

당시 이스라엘에는 신발의 형태가 두 종류 있었습니다. 하나는 단순한 모양의 샌들이고, 다른 하나는 목이 긴 반장화 형태의 구두였습니다. 샌들은 그 바닥이 종려나무껍데기 같은 딱딱한 나무재료로 만들어졌으며, 그것을 가죽끈으로 발에 묶어서 신었습니다. 반면에 구두는 주로 낙타와 같은 동물의 부드러운 가죽으로 만들어졌습니다. 더운 날이 계속되는 여름철에는 샌들을 즐겨 신었지만, 비가 오고 날씨가 추운 겨울에는 구두를 즐겨 신었습니다.

아모스서에 보면 가난한 사람이 신 한 켤레의 값에 팔린다고 할 정도로 당시의 신발은 값이 많이 나가는 물품이 아니었습니다(암 2:6).

성경에서 언급하고 있는 '신들메'는 곧 신발을 발에 묶어주는 신발 끈을 의미합니다. 사람이 집에 들어올 때 그 사람의 신을 벗겨주거나 집을 나설 때 신발 끈을 매주는 일은 종과 같이 가장 낮은 신분의 사람들이 하는 일이었습니다. 침례(세례) 요한이 예수께서 자기에게로 오는 것을 보고 나는 그의 신들메 풀기도 감당치 못하겠다고 한 것은 예수님 앞에서 자신을 낮추는 침례(세례) 요한의 겸손함을 보여주는 장면입니다.

"그가 전파하여 이르되 나보다 능력 많으신 이가 내 뒤에 오시나니 나는 굽혀 그의 신발끈을 풀기도 감당하지 못하겠노라"(막 1:7).

• Test of Bible

1. 일반 백성에게 여름철 평상복 역할을 했던 것은 어떤 옷입니까?
   속옷

2. 이스라엘 사람들의 겉옷은 밤에 어떤 역할을 했습니까?
   이불

3. 당시 이스라엘 사람들이 사용하던 신발에는 어떤 종류가 있습니까?
   샌들과 구두

• Tip of Bible

허리띠

속옷을 입을 때 허리띠가 없으면 행동하거나 일하는 데 여러모로 불편했습니다. 그래서 허리를 묶는 습관이 생겨나게 되었고, 이런 이유에서 허리띠 착용이 일반화되었습니다. 간단한 허리띠는 약 10cm 정도의 넓이로 된 긴 천이나 가죽으로 허리 부분을 여러 차례 감는 것이었습니다.

이러한 허리띠는 돈을 넣거나 칼과 같이 필요한 물건을 차는 데에도 사용되었습니다. 허리띠를 풀어서 그 안에 돈을 넣고 다시 허리에 두르기만 하면 그것은 훌륭하고 안전한 돈지갑의 역할을 했습니다.

성경에서는 허리띠를 두르는 것을 상징적으로 사용하여 여러 가지 교훈을 전해주고 있습니다. 허리띠를 두르는 것은 곧 일할 준비가 되어 있음을 의미했습니다. 이사야는 앞으로 오실 메시아는 공의로 허리띠를 두르고 세상을 다스린다고 하였으며(사 11:5), 바울은 사탄과 싸우기 위하여 진리의 허리띠를 띠어야 한다고 권면했습니다(엡 6:14). 베드로는 근신하는 자세를 가리켜 마음의 허리를 동이는 것이라고 했습니다(벧전 1:13).

제 4과 주거

풍습과 전통편

학습목표 : 이스라엘 사람들이 살았던 집의 특징들을 살펴보고 신앙적인 교훈을 얻을 수 있음을 이해한다.

중심진리 : 집의 특징과 목적

본문말씀 : 마태복음 10:27

Memory verse

"내가 너희에게 어두운 데서 이르는 것을 광명한 데서 말하며 너희가 귓속말로 듣는 것을 집 위에서 전파하라"(마 10:27).

• View of Bible

성경시대 사람들은 외적으로부터의 방어가 유리하면서 가축들을 위한 물 공급이 원활한 곳을 거주지로 선호했습니다. 그런 입지조건이 맞는 곳이면 어김없이 집단으로 모여 사는 거주지가 형성되었습니다. 이들은 도시를 형성하고 집을 지었습니다. 또한 목축을 생업으로 삼는 유목민들은 잦은 이동으로 인해 천막을 이용해서 살아야 했습니다.

• Learn of Bible

1. 천막생활

사막이나 광야같이 정착생활이 어려운 곳에 살던 유목민들은 이동이 용이한 천막에서 생활했습니다. 아브라함이 자신의 고향 우르에서 하나님의 부르심을 받았을 때, 그는 도시에서 안정된 정착생활을 하고 있었습니다. 그러나 하나님의 지시에 따라 안정된 삶을 버리고 천막을 치며 이곳저곳으로 떠도는 삶을 살았고, 그러한 천막생활은 이삭과 야곱에 이르러서도 계속 이어졌습니다.

애굽에서 나온 이스라엘 백성 또한 가나안 땅으로 들어가기 전까지 40년 동안을 광야에서 방랑하며 천막생활을 했습니다. 가나안 정착 후에도 초막절과 같은 명절엔 일주일 동안 천막생활을 했습니다.

천막은 검은색 염소 털을 이용했습니다. 잘 건조된 염소 털은 통풍이 잘 되고, 우기에는 비가 새지 않게 막아주는 방수 효과가 뛰어났습니다. 아가서는 좋은 재료로 만든 천막을 '게달의 장막'이라고 표현했는데(아 1:5), '게달'은 북부 아라비아사막에 위치한 지역으로 질 좋은 염소 털 생산으로 유명한 곳이었습니다.

> "예루살렘 딸들아 내가 비록 검으나 아름다우니 게달의 장막 같을지라도 솔로몬의 휘장과도 같구나"(아 1:5).

천막의 중앙에는 곡식 자루들이 쌓여 있고, 맷돌과 곡식 빻는 절구도 그 곁에 있었습니다. 천막의 말뚝에는 물이나 우유를 담는 가죽부대가 걸려 있었으며, 감람유로 불을 밝히는 등잔과 여러 그릇들이 있었습니다.

낙타와 같은 사막 짐승을 몰고 다니는 비교적 여유가 있는 가정은 천막 안에 낙타 장비를 들여놓는데 이것은 사람들이 앉는 의자 역할을 하기도 했습니다. 잃어버린 드라빔을 찾기 위해 라반이 천막 안을 살피고 있을 때 라헬은 이 낙타 장비 위에 앉아 있었던 것입니다(창 31:34).

> "라헬이 그 드라빔을 가져 낙타 안장 아래에 넣고 그 위에 앉은지라 라반이 그 장막에서 찾다가 찾아내지 못하매"(창 31:34).

화로는 천막 안의 땅바닥에 만들었습니다. 땅에 구멍을 파고 불을 지피며 불구덩이 주위에는 돌을 쌓아 놓고 불 위에는 취사도구를 올려놓고 음식을 요리했습니다.

2. 주택 생활

이스라엘 백성은 가나안 지역에 정착하면서 천막 대신 집을 지어서 살게 되었습니다. 이들은 농사를 짓고 가축을 키우며 살았습니다. 보통 시골에 사는 대부분의 사람들은 단칸방 집에서 지냈지만, 두 개 이상의 방을 갖춘 집에서 사는 사람들도 있었습니다. 이스라엘에 극심한 기근이 있는 중에 엘리야가 찾아가 함께 머물렀던 사르밧 과부는 다락방을 따로 장만하고 있었는데, 그런 점에서 그 가정은 하류 계층이 아니었음을 보여줍니다(왕상 17:19).

> "엘리야가 그에게 그의 아들을 달라 하여 그를 그 여인의 품에서 받아 안고 자기가 거처하는 다락에 올라가서 자기 침상에 누이고"(왕상 17:19).

초기의 집들은 주로 햇볕에 말린 흙벽돌로 지었는데, 점차 기술이 발달하면서 불에 구운 벽돌이 사용되었고 자연석이나 자갈로 지은 집들도 등장했습니다.

햇볕에 말린 흙벽돌로 벽을 쌓고 작은 창 하나를 두었는데 외부침입자를 막기 위해 나무 격자를 창틀 안에 설치했습니다. 겨울철에는 나무 격자를 가죽이나 천으로 덮어 바람이 들어오는 것을 막았습니다. 흙벽돌로 지어진 벽은 도둑이 집안으로 들어오기가 쉬워서 성경엔 도둑을 가리켜 '어둠을 틈타 집을 뚫는 자'(욥 24:16)라고 표현했습니다. 예수님도 '도둑이 구멍을 뚫고 도둑질한다'고 말씀하셨습니다(마 6:19, 24:43).

> "너희를 위하여 보물을 땅에 쌓아 두지 말라 거기는 좀과 동록이 해하며 도둑이 구멍을 뚫고 도둑질하느니라"(마 6:19).

창문은 크기가 작았기 때문에 바깥 빛을 방안으로 받아들이는 것은 방문이 유일한 통로였습니다. 그래서 농촌지역의 단칸방 집은 아침에 해가 뜨면 문을 열어놓고 하루 종일 닫지 않았습니다. 그래도 충분한 빛이 방안으로 들어오지 않았기 때문에 방안은 항상 어두웠습니다. 그래서 열 드라크마 중 하나를 잃어버린 여자는 동전을 찾기 위해 등불을 켜고 방안을 열심히 쓸어야만 했습니다(눅 15:8). 밤이 되면 방문을 닫고 나무 빗장을 걸어 문을 잠갔으므로 방문이 잠겨 있는 것은 밤이 되었거나 집안에 아무도 없다는 것을 표시했습니다.

> "어떤 여자가 열 드라크마가 있는데 하나를 잃으면 등불을 켜고 집을 쓸며 찾아내기까지 부지런히 찾지 아니하겠느냐"(눅 15:8).

• Test of Bible

1. 이스라엘 사람들의 주거 형태로는 어떤 것들이 있습니까?
   천막생활과 주택생활

2. 당시 집을 지을 때 주로 사용한 재료는 무엇입니까?
   햇볕에 말린 흙벽돌

• Tip of Bible

지붕

신명기 22장 8절에 의하면 새로 집을 지을 때 지붕에 난간을 만들 것을 명령하고 있습니다. 이것은 사람이 지붕에서 떨어지지 않게 하기 위함인데, 이는 그만큼 사람들이 지붕을 많이 이용했음을 의미합니다.

당시 집의 지붕은 벽과 벽을 가로지르는 대들보가 놓이고 그 위로 갈대나 가시덤불을 깔았습니다. 그리고 다시 그 위에 흙이나 진흙으로 덮었으며, 다시 그 위에 모래나 자갈을 뿌린 다음 평평하게 다져 비가 새는 것을 막았습니다. 이런 지붕 위에는 겨울철 비가 내리면서 잡초들이 자라게 됩니다. 그러나 이런 풀들은 햇볕을 조금만 쬐도 금방 말라버리게 됩니다. 그래서 시편 기자는 시온을 미워하는 자를 가리켜 자라기 전에 마르는 지붕의 풀과 같다고 했습니다(시 129:6).

고온건조한 여름철에 지붕은 좋은 잠자리 역할을 했습니다. 특히 습기가 적기 때문에 시원하고 쾌적한 저녁과 아침을 이곳에서 즐길 수 있었습니다. 형편이 좀 나은 사람들은 지붕 위에 항구적으로 사용할 수 있는 다락방을 짓기도 했습니다. 다락방은 더운 여름철에는 시원한 휴식처가 되었고, 조용하게 시간을 보내는 명상의 장소가 되기도 했습니다. 귀한 손님이 왔을 때는 접대하는 장소가 되었습니다. 또한 기도의 장소로도 사용되었습니다. 베드로가 제 육시에 기도하려고 올라간 장소가 지붕이었습니다(행 10:9).

틴틴파워 인지저스 5권

지도자 가이드북

2011년 10월 31일 | 제1판 1쇄 발행

펴낸이 | 안병창
펴낸데 | 요단출판사

주 소 | 158-053 서울특별시 양천구 목 3동 605-4
편 집 | (02) 2643-9156
영 업 | (02) 2643-7290~1 Fax (02) 2643-1877
등 록 | 1973. 8. 23. 제13-10호

저 자 | 요단 틴틴 파워 인 지저스 핵심공과 집필 위원회(김종호 홍진표 신주미)
기 획 | 김용성 이상훈 편 집 | 박성희
디자인 | (주)지키미커뮤니케이션
제 작 | 박태훈 권아름 영 업 | 김창윤 정준용 이영은 송석훈

정 가 12,000원
ISBN 978-89-350-1370-8 03230

이 교재는 개역개정판 성경을 사용하였음.

21C 교회성장과 축복의 통로

교회진흥원은 기독교한국침례회 총회의 교육, 문서선교 기관으로서 교회의 교육, 목회, 선교활동에 관한 실제적인 연구와 프로그램 개발, 기독교 정보를 제공하고, 자료 출판 및 보급사역을 하고 있습니다.

- 각 연령별 교회학교 공과, 구역공과, 제자훈련 교재, 음악도서를 기획, 출판하고 이와 관련된 각종 강습회를 실시합니다.
- 요단출판사를 운영하며 매년 70여 종의 각종 신앙도서와 제자훈련 교재를 기획, 출판합니다.
- 4개의 직영서점을 운영하고 있습니다.

요단출판사의 사역정신

그리스도인들의 올바른 신앙성장과 영성 개발에 필요한 신앙도서를 엄선하여 출판, 보급함으로써 이 땅에 하나님나라 확장을 위해 헌신하고 있습니다.

- **F**or God For Church
  하나님과 교회의 유익을 위하여 도서를 기획 출판합니다.
- **O**nly Prayer
  오직 기도뿐이라는 자세로 사역합니다.
- **W**ay To Church Growth & Blessings
  교회성장과 축복의 통로가 되기 위해 사명을 감당합니다.
- **G**ood Stewardship & Professionalism
  선한 청지기와 프로정신으로 사역합니다.
- **C**reating Christianity Culture & Developing Contents
  각종 문화 컨텐츠를 개발함으로 기독교 문화 창달에 기여합니다.

"그러므로 너희는 가서 모든 민족을 제자로 삼아 아버지와 아들과 성령의 이름으로 침(세)례를 베풀고 내가 너희에게 분부한 모든 것을 가르쳐 지키게 하라 볼지어다 내가 세상 끝날까지 너희와 항상 함께 있으리라 하시니라." _마 28:19~20